A relação entre PAI & FILHO

Antonio Carlos Trindade de Moraes Filho
André Luis Fernandes Limeira

A relação entre PAI & FILHO no processo sucessório em empresas familiares

FGV EDITORA

Direitos desta edição reservados a Editora FGV

Rua Jornalista Orlando Dantas, 37
22231-010 | Rio de Janeiro, RJ | Brasil
Tels.: 0800-021-7777 | 21-3799-4427
Fax: 21-3799-4430
editora@fgv.br | pedidoseditora@fgv.br
www.fgv.br/editora

Impresso no Brasil | *Printed in Brazil*

1ª edição – 2017

Preparação de originais: Paulo Telles Ferreira
Revisão: Aleidis de Beltran
Capa: Aspecto Design
Projeto gráfico e diagramação de miolo: Aline Carrer

Ficha catalográfica elaborada pela Biblioteca
Mario Henrique Simonsen/FGV

Moraes Filho, Antonio Carlos Trindade de
A relação entre pai e filho no processo sucessório em empresas familiares / Antonio Carlos Trindade de Moraes Filho, André Luis Fernandes Limeira. – Rio de Janeiro : FGV Editora, 2017.
228 p.

Inclui bibliografia.
ISBN: 978-85-225-1966-8.

1. Empresas familiares. 2. Empresas familiares – Sucessão. 3. Relações humanas. 4. Conflito interpessoal. I. Limeira, André Luis Fernandes. II. Fundação Getulio Vargas. III. Título.

CDD – 658.405

Psicanálise é o nome de um procedimento para investigação de processos mentais que são quase inacessíveis por qualquer outro modo.

Sigmund Freud

Lista de figuras e quadros

Figura 1. Modelo de três círculos da empresa familiar

Figura 2. Modelo tridimensional

Quadro 1. Levantamento de eventos científicos

Quadro 2. Levantamento de periódicos

Lista de tabelas

Tabela 1. Número de artigos por publicação e periódico

Tabela 2. Frequência das publicações

Tabela 3. Obras mais citadas em língua portuguesa

Tabela 4. Obras mais citadas em língua estrangeira

Tabela 5. Autores mais prolíficos

Tabela 6. Temáticas centrais

Tabela 7. Conceitos

Tabela 8. Abordagens das pesquisas

Tabela 9. Instrumentos de coleta de dados

Tabela 10. Estratégias de pesquisa

Tabela 11. Técnicas de análise de dados

Tabela 12. Pesquisas que abordam a psicanálise e a relação entre pai e filho

Sumário

Apresentação 9

Introdução 13

1. Empresas familiares: origem, importância e complexidades 21

2. Análise da produção científica sobre empresas familiares 35

3. Preparativos, antagonismos e relacionamentos na sucessão 55
   - O planejamento do processo sucessório 59
   - A família na empresa e os seus desdobramentos 63
   - O sucessor 69
   - Os *stakeholders* 86
   - O fundador 88
   - A profissionalização 90

4. O fundador da empresa familiar 101

5. *Cases*: Gerdau, Papaiz, Lacta e Mesbla 113
   - *Case* 1. Sucessão na Gerdau 118
   - *Case* 2. Sucessão na Papaiz 124
   - *Case* 3. Conflitos pelo chocolate Lacta 126
   - *Case* 4. O antigo império Mesbla 129
   - Considerações finais 132

6. A psicanálise e as empresas familiares 135
   - Implicações nas organizações familiares 156
   - Considerações finais 158

7. Estudo de caso de um grupo empresarial familiar 159
A fala dos sujeitos 159
O referencial psicanalítico 160
Descrição das empresas 162
Análise das entrevistas 163
Considerações finais 186
8. A relação entre pai e filho 191
Construindo diálogo e confiança 191
Ausência do pai 196
Os novos pais 199
Considerações finais 202
Conclusão 205
Referências 209
Agradecimentos 227

Apresentação

Estudar e trabalhar para empresas familiares são experiências fascinantes.

Inicialmente, quando comecei a ler sobre o assunto, eu queria entender melhor as empresas familiares em que eu trabalhava. Ao estudar, eu sentia como se eu estivesse me vendo nas diferentes situações relatadas pelos autores. A minha experiência, trabalhando com a minha família, me fez querer aprofundar na área. Incentivou-me a buscar as idiossincrasias dessas organizações, a querer saber como elas funcionam, quais são as suas diferenças para as empresas não familiares e por que há tantos conflitos entre os membros de uma família, quando deveria haver união e transparência entre eles.

Trabalhar numa empresa multifamiliar me trouxe uma sensibilidade ainda mais refinada sobre as empresas familiares, pois aquelas que são multifamiliares são, ainda, mais complexas do que as empresas familiares.

Nas empresas multifamiliares, os sócios (ou acionistas) não são membros de uma mesma família, mas cada dono tem um ou mais parentes trabalhando na empresa, portanto, diferentes famílias estão na empresa, mesmo sem laços de parentesco entre elas.

O cuidado em não generalizar me fazia ser precavido quanto a concluir que as empresas familiares são permeadas por brigas e pela reputação negativa a elas conferida. Neste livro, apresento pesquisas científicas que comprovam que há muitas empresas familiares, no Brasil e em vários países do mundo, com resultados superiores aos das empresas não familiares.

O interesse sobre as empresas familiares tem aumentado, vertiginosamente. Nunca houve tantas empresas de consultoria, livros, além de instituições de ensino, realizando cursos, pesquisas e parcerias com as organizações familiares.

O aumento do interesse pode ser explicado pelas variáveis e definições que tornam polêmicas essas organizações em relação às empresas não familiares.

Não é difícil ressaltar a existência de dois componentes tão díspares — família e empresa —, convivendo amistosamente e desenvolvendo conflitos.

A esse quadro, podem-se juntar o comportamento ora racional, ora emocional, na perseguição de objetivos conflitantes, em alguns momentos e de metas complementares, em outros momentos.

Acrescente-se a tudo isso a relevância que essas organizações possuem no cenário econômico e social, no Brasil e no exterior, se for considerada a contribuição, dada por elas, para mais da metade do PIB, empregos, renda e arrecadação tributária.

Como professor da Fundação Getulio Vargas, viajo pelo Brasil, ministrando aulas e me desafiam os alunos querendo saber sobre as empresas familiares. Quando o assunto é apresentado, percebo que há um grande interesse nelas.

No ambiente de trabalho, eles querem saber como lidar com os pais, os irmãos e os funcionários. Como sair da sombra do fundador da empresa familiar, como criar seu próprio nome no mercado, como conquistar seu espaço, como granjear o respeito na empresa da família, como ter mais chances de mostrar trabalho, de modo que, assim, possam crescer e alcançar maiores desafios nas empresas familiares.

De norte a sul do Brasil, na FGV e em outras instituições de ensino em que leciono, claramente, o interesse dos alunos é cada vez maior em saber mais sobre as empresas familiares. O aprendizado que tenho com os meus alunos, a maioria deles trabalhando em diversos tipos de empresas familiares, me proporciona valiosos *insights*.

Dessa maneira, essas experiências me levaram para outro repto, igualmente prazeroso: ajudar as empresas familiares a prevenir os problemas inerentes a essas organizações, bem como a alcançar os resultados almejados, por meio de consultorias.

Pude constatar, por exemplo, os padrões existentes entre as empresas familiares, independentemente do tamanho delas e do setor de atuação. Geralmente, os problemas surgem na empresa, mas eles se originam na família.

Apesar do crescente interesse, em estudar as empresas familiares, elas, ainda, não são estudadas pela perspectiva da psicanálise, mais precisamente sobre como o relacionamento entre pai e filho (especificamente, entre dois homens) margeia na sucessão, considerado o momento mais importante na vida das empresas familiares.

Nesse sentido, este livro, baseado na minha tese de doutorado, tem como objetivo estudar como a relação entre pai e filho interfere no processo sucessório em empresas familiares.

A temática da psicanálise contribui para a compreensão dos fatores subjacentes na relação entre pai e filho e dos dilemas existentes. A psicanálise favorece o sujeito a refletir sobre si mesmo e sobre sua história, bem como conhecer a construção dos significados, as representações simbólicas, os comportamentos e as interações, explícitos ou não, entre fundadores e herdeiros.

A partir das informações surgidas nas entrelinhas do discurso declarado, a psicanálise aprofunda questões com o cuidado e a atenção devidos, permitindo que sejam percebidos dados e conteúdos do indivíduo, mediante as manifestações do inconsciente.

O estudo, aqui, apresentado pode instigar pais e filhos, bem como a outros interessados na temática, observando como a psicanálise pode contribuir para a compreensão da origem dos conflitos, dos dilemas enfrentados, além de apontar possibilidades de resolução de conflitos provenientes dessa problemática.

Também, mapeamos e discutimos a produção científica sobre empresas familiares, no Brasil, no período de 1967 a 2014.

Foram utilizadas as mais importantes revistas acadêmicas nacionais que veiculam artigos científicos sobre a área de empresas familiares: RAC, RAE, Rausp, O&S, além dos anais da Anpad, o principal congresso científico, em Administração, no Brasil, bem como os periódicos acadêmicos internacionais que publicam trabalhos, exclusivamente, sobre empresas familiares: FBR e JFBS. Algumas das fontes de pesquisas, utilizadas sobre psicanálise, estão em *Ágora*, *Psicologia USP*, *Estudos de Psicologia* e *Pulsional Revista de Psicanálise*.

Introdução

As pesquisas e os livros publicados sobre as empresas familiares têm crescido vertiginosamente nos últimos anos. O aumento do interesse por esse estudo pode ser constatado, basicamente, devido a quatro aspectos: a representatividade das empresas familiares no Brasil e no mundo, a sobreposição entre família e empresa, o processo sucessório e a utilização de diferentes referenciais teóricos e metodológicos.

Inicialmente, observa-se que as organizações familiares podem ser vistas como um tipo de negócio de tradição na sociedade e predominantes na atualidade no meio empresarial, tanto no Brasil quanto no mundo. Esse modelo de negócio está representado por diferentes composições, podendo ser empresas de pequeno, médio e grande portes, com expressiva importância para a economia, o que implica considerar sua relevância na sociedade por diversas razões, entre elas, a geração de grande número de empregos e os bens que produz.

Tanto em meios acadêmicos quanto empresariais, as organizações familiares estão sendo reconhecidas pelo seu mérito social e econômico, em diversos países. Essa afirmação deve-se à representatividade e relevância que esse modelo, a forma mais antiga e simples de organização, tem alcançado nos diferentes aspectos nas sociedades em que estão inseridas. No Brasil e no mundo, as empresas familiares contribuem para mais da metade da geração do PIB, de emprego, renda e arrecadação tributária. Este livro apresenta pesquisas internacionais que evidenciaram que, a longo prazo, as empresas familiares obtêm resultados financeiros melhores do que as empresas não familiares.

Importante observar que a globalização trouxe transformações profundas no mundo dos negócios, criando desafios de toda ordem para as organizações, sejam elas familiares ou não familiares. Diante de um cenário complexo e dinâmico, acometido pela crise econômica, marcado por rápidas mudanças, o mercado passa a exigir cada vez mais facilidades e qualidade nos produtos e serviços oferecidos pelas empresas, e práticas responsáveis e éticas, como sustentabilidade e governança. Dessa maneira, faz-se necessário estudar as peculiaridades que diferentes empresas precisam manejar, bem como os motivos para a realização das mudanças organizacionais necessárias para que elas se mantenham competitivas no mercado.

O segundo aspecto pertinente de análise e que evidencia o crescimento das pesquisas sobre o tema refere-se à sobreposição entre família e empresa. Diante desse contexto, as organizações familiares enfrentam ainda diversos outros desafios que poderão ajudá-las a alcançar o seu principal objetivo – a perpetuação do patrimônio familiar – ou poderão mitigar os negócios e a relação de união entre os membros da família. O primeiro desafio consiste na difícil compatibilização da principal diferença para as organizações não familiares – a família, em que os aspectos afetivos são imanentes – e a empresa, permeada pela racionalidade, duas esferas que apresentam objetivos totalmente opostos, mas atuando em conjunto em prol de um objetivo comum.

A família e a empresa, embora sejam duas dimensões antagônicas, pela complexidade do entrelaçamento de sentimentos e relacionamentos consanguíneos e afetivos no âmbito familiar com a vida profissional, direcionam seus interesses visando o alcance de resultados financeiros e econômicos, o que nem sempre é tarefa que se realiza sem conflitos. Outro item que ratifica o aumento do número de pesquisas sobre empresas familiares é o processo sucessório. Em razão de ser a sucessão familiar o momento de maior tensão na vida das organizações familiares, ocasiona profundas mudanças na sua cultura e identidade, além de ser determinante não apenas para a longevidade do patrimônio familiar, mas, sobretudo, para a convivência saudável entre os membros familiares. A compreensão sobre os modos como as empresas familiares garantem a sua perpetuidade passa, necessariamente, pela observação do processo de sucessão, bem como pelas relações de convivência entre os familiares (sejam sociais, emotivas, subjetivas, psíquicas, temporais e simbólicas), que se desenrolam no terreno pessoal e profissional, de maneira entrelaçada.

Os estudos sobre as organizações familiares apresentam em comum o reconhecimento de que a sucessão, os processos que a encaminham e o modo como ela se efetiva precisam ser observados e estudados, pois desse encaminhamento resultam possibilidades concretas para a compreensão da dinâmica familiar.

Também é unânime na literatura e entre os empresários que passaram pelo processo sucessório o reconhecimento de que esse momento, em que se transmite a propriedade ou a sua gestão para os membros da geração seguinte, é um dos mais delicados e decisivos para a organização, no que diz respeito à sua continuidade.

Nesse momento, o sonho transmitido pelo fundador, desenvolvendo o desejo nos seus familiares de trabalharem juntos em prol da continuidade dos negócios na família, torna-se concreto. Portanto, as idealizações projetadas para os filhos ou demais familiares tornam-se reais e, em razão disso, o fundador é tomado de uma série de sensações, não podendo mais controlar todas as ações como antes, pois que as idealizações são sujeitadas à prática, e nem sempre se dão da maneira como ele as idealizara.

Entende-se, assim, que a transição sucessória é associada à manifestação de tensões e conflitos pelo poder e pelo patrimônio, bem como por disputas de gerações, além da profissionalização da gestão e da família, a necessidade de haver transparência nas atividades, a preparação dos candidatos a sucessores, e sobretudo a relação entre pai e filho. Há, portanto, um somatório de fatores que necessitam ser bem conduzidos para que nem a empresa familiar e nem a família sejam afetadas negativamente pelos impactos que o processo sucessório pode apresentar.

Este livro, portanto, aborda a temática da sucessão, discorrendo sobre as complexidades envolvidas nesse processo, entre elas a relação entre pai e filho nas empresas familiares, sob a perspectiva da psicanálise. Apresenta, além do referencial sobre Gestão e Sucessão de Empresas Familiares, o referencial sobre psicanálise, precisamente referente ao relacionamento entre pai e filho na sucessão em empresas familiares.

O estudo aqui apresentado pode interessar a pais e filhos, bem como também a outros interessados na temática, observando como a psicanálise pode contribuir para a compreensão da origem dos conflitos, dos dilemas enfrentados, além de apontar possibilidades de resolução dos problemas provenientes dessa problemática. A abordagem possibilita conhecer a construção dos significados, os aspectos subjetivos e objetivos, as representações simbólicas, os comportamentos e as interações, explícitos ou não, entre fundadores e herdeiros. Não se tem a pretensão de afirmar que a psicanálise resolva todos os dilemas, no entanto, ela auxilia o sujeito a pensar sobre si mesmo, sua história; e da reflexão sobre si, do entendimento de situações que afetam a ambos, podem emergir situações que levem pai e filho a um relacionamento com menos conflitos.

Os dilemas presentes nas empresas familiares não são determinados apenas pelo conflito de interesses entre a empresa e a família no presente, mas também pela relação entre pai e filho, seja pela ausência paterna, pela falta de vínculos saudáveis que não foram desenvolvidos em tempos anteriores na vida do filho, ou outras situações diversas experienciadas por ambos. Situações ocorridas antes e depois de nascer, ao longo da infância e puberdade, internalizadas no inconsciente, poderão se refletir na empresa familiar, durante a fase adulta. Faz-se necessário lidar com os dilemas do passado e não apenas com os problemas atuais.

A psicoterapia contribui para a melhoria da qualidade de vida, tanto do pai quanto do filho, bem como para o relacionamento entre ambos, refletindo na boa convivência na família e na longevidade da empresa, sendo possível que se desenvolva o processo sucessório de forma satisfatória. Tendo clara a observação de que a psicoterapia favorece possibilidades de resolução de conflitos dessa ordem, a psicoterapia escolhida para esta obra foi a psicanálise, de Sigmund Freud.

O último aspecto apontado como evidência do crescente interesse de pesquisas sobre as organizações familiares denota o uso de diferentes aportes metodológicos e teóricos, tais como a sociologia, a antropologia, a psicologia e a psicanálise. A pluralidade de diferentes áreas do conhecimento é salutar para compreendê-las sob diversos ângulos, possibilitando, portanto, um conhecimento mais aprofundado sobre como se estruturam, seus valores, seus conflitos, entre outros. Dessa maneira, os estudos dos diferentes campos da ciência abordam tanto a teoria quanto a realidade prática e as particularidades das organizações familiares, favorecendo clareza e entendimento dos múltiplos aspectos ligados à dinâmica dessas empresas.

A partir da proposta de delimitar esta obra ao relacionamento entre pai e filho – não contemplando os demais tipos de convivência, tais como: mãe e filho(a), pai e filha, irmão e irmã –, esta pesquisa intenta ser pioneira, no Brasil, a estudar, especificamente, a dinâmica da relação entre pai e filho, sob a perspectiva psicanalítica, no processo sucessório em organizações familiares.

Este livro está dividido em oito capítulos. O capítulo um contempla um breve apanhado histórico sobre as organizações familiares; a importância que elas possuem no cenário econômico, no Brasil e no mundo; as pesquisas internacionais que evidenciaram os resultados financeiros superiores das organizações familiares em relação às não familiares; as instituições de ensino e os centros de pesquisas que desenvolvem trabalhos científicos e oferecem cursos executivos e de pós-graduação/MBAs para organizações familiares, além de algumas das principais empresas familiares, em diversos países; as primeiras e mais importantes literaturas sobre a referida temática; a complexidade em estabelecer um conceito sobre o que é uma empresa familiar; e, por fim, a principal diferença entre as organizações familiares e as não familiares.

O capítulo dois apresenta a análise da produção científica sobre empresas familiares, com base em todas as pesquisas publicadas, no Brasil, no período de 1967 a 2014. Os resultados são apresentados em 12 categorias: (1) número de artigos por publicação e período, (2) frequência de publicações, (3) obras mais citadas em língua portuguesa, (4) assim como em língua estrangeira, (5) autores mais prolíficos, (6) temáticas centrais, (7) conceitos, (8) abordagens das pesquisas, (9) instrumentos de coleta de dados, (10) estratégias de pesquisa, (11) técnicas de análise dos dados e (12) pesquisas que abordam a relação entre pai e filho.

Foram utilizadas as pesquisas da Associação Nacional de Pós-Graduação e Pesquisa em Administração (Anpad), principal referência em eventos científicos de administração, no Brasil, além de artigos científicos de quatro das principais revistas acadêmicas, no Brasil, a saber: a *Revista de Administração Contemporânea* (RAC), da Anpad; a *Revista de Administração de Empresas* (RAE), da Escola de Administração de Empresas de São Paulo, da Fundação Getulio Vargas; a *Revista de Administração*, da Universidade de São Paulo (Rausp); e a *Revista Organizações & Sociedade* (O&S), da Universidade Federal da Bahia. Também foram utilizados trabalhos publicados nos dois principais periódicos internacionais, na área de empresas familiares: o *Family Business Review* (FBR) e o *Journal of Family Business Strategy* (JFBS).

No capítulo três, é estudada a complexidade do processo sucessório a partir de seis dimensões: (1) o planejamento do processo sucessório; (2) a família na empresa e os seus desdobramentos; (3) o sucessor, especificamente, o seu início na empresa, e as primeiras experiências, a preparação, a escolha e a sua legitimação; (4) os *stakeholders*; (5) o fundador; e (6) a profissionalização.

O capítulo quatro é destinado ao estudo da figura do fundador das organizações familiares. A sua imagem como mito, os seus aspectos psicológicos e a sua vida associada ao empreendimento. A semelhança entre os seus valores e interesses com os da empresa, incorporados pelos membros da empresa; a representação da organização, no fundador; as figuras de pai e patrão; o reconhecimento almejado pelo fundador, a exaltação da sua representação simbólica pela construção de um legado e as dificuldades enfrentadas desde o início do empreendimento; os benefícios e os conflitos da sua relação com os filhos; o desejo de que os filhos deem continuidade aos negócios, mas sua resistência à aceitação de mudanças, bem como, de abrir mão ou de dividir o poder; a dedicação do fundador à família a partir dos resultados alcançados pela empresa a fim de cumprir o seu papel de provedor da família; os tipos tradicionais de sucessão baseados no patrimonialismo e patriarcalismo; e, finalmente, formulações subjetivas referentes à sua aposentadoria e morte.

No capítulo cinco, discutem-se os *cases* da Gerdau e da Papaiz, como modelos de planejamento e execução do processo sucessório; também são analisados as dificuldades e os imbróglios enfrentados pelas empresas Lacta e Mesbla, cujas gestões resultaram na descontinuidade dessas organizações como empresas familiares. Das experiências positivas e negativas dos *cases* das quatro empresas observadas, restam ensinamentos importantes quanto aos valores que devem imperar nesse tipo de organização de modo a garantir sua perpetuidade.

No capítulo seis, aborda-se a psicanálise e a sua relação com as organizações familiares. Inicialmente, descreve-se o complexo de Édipo como uma etapa fundamental na estruturação psíquica do indivíduo e no surgimento das primeiras identificações, dividida, basicamente, em três fases: a identificação da criança com a mãe por meio do falo, a intervenção do pai na relação entre a criança e o seu objeto de desejo, e a dissolução do complexo de Édipo. Posteriormente, buscou-se compreender o estágio fálico e a teoria da personalidade desenvolvida por Freud. Neste percurso do trabalho, são abordados alguns conceitos psicanalíticos fundamentais, tais como o inconsciente, a pulsão, a energia libidinal, a castração, o recalque, os sonhos, os atos falhos, as neuroses e a sublimação. Também são apresentados os problemas mal resolvidos na vida de um indivíduo decorrentes do complexo de Édipo e do período de latência; o exercício da função paterna e sua relação com a função materna; e a importância de diálogos abertos e transparentes entre pai e filho.

O capítulo sete contempla o estudo de caso realizado em um grupo empresarial familiar, sediado no estado do Rio de Janeiro, fundamentado no referencial abordado nos capítulos anteriores. A fala dos sujeitos da pesquisa é analisada a partir de três eixos temáticos: sonho compartilhado, processo sucessório e convívio na empresa, fornecendo dados importantes que possibilitaram associar os conceitos psicanalíticos ao universo das organizações familiares.

O capítulo oito trata da relação entre pai e filho. As mudanças nas configurações da família; a presença da mulher no mercado de trabalho; os princípios norteadores para a formação do filho; a importância da convivência e do diálogo e os efeitos da sua ausência; a construção da relação de confiança; o pai como referência para o filho; a presença ou ausência do pai na vida do filho e os possíveis conflitos no relacionamento; a dedicação do pai à sua vida profissional; as mudanças inerentes à posição do pai na família; os pais divorciados, bem como os pais superprotetores; a vivência conjugal; o passado dos pais e as suas experiências anteriores.

Ao fim do trabalho, apresentam-se as conclusões da pesquisa e as referências bibliográficas utilizadas para a composição deste estudo sobre empresas familiares e o processo sucessório, cujo tema, como aqui demonstrado, vem ganhando mais espaço entre os pesquisadores, comprovando, assim, o relevo que alcança entre os especialistas do assunto, que são unânimes em confirmar a importância social e econômica dessas organizações.

1. Empresas familiares: origem, importância e complexidades

Este capítulo apresenta a importância das empresas familiares em diferentes perspectivas ao longo da história. Evidencia o predomínio dessas organizações no cenário econômico mundial e relata o crescimento vertiginoso do número de trabalhos publicados, bem como destaca o interesse de centros de pesquisa e universidades em desenvolver cursos na área, discorre sobre os primeiros e mais influentes livros e artigos científicos publicados referentes ao tema, expõe os aspectos conceituais desenvolvidos sobre as organizações familiares como o maior dilema presente, atualmente, entre os pesquisadores, destacando as suas especificidades e os motivos que as caracterizam como diferentes das empresas não familiares.

A colonização portuguesa, no Brasil, começou com inúmeras dificuldades em administrar a região recém-descoberta. Inicialmente, o tráfico do pau-brasil por parte de estrangeiros tornava-se cada vez mais intenso, o comércio nas Índias Orientais diminuía vertiginosamente e o impasse para encontrar a melhor maneira de controlar as extensas faixas de terra incitavam os ânimos da monarquia colonial. Diante desse contexto, as capitanias hereditárias foram criadas com o intuito de solucionar os referidos problemas e representavam, ainda, uma forma de explorar, mais amplamente, o novo mundo.

Para alcançar tal feito, inicialmente houve a distribuição das terras a 12 donatários, a quem competiu assumir o compromisso de levar a termo o plantio de cana, além da construção de engenhos de açúcar. Essas propriedades eram repassadas de pai para filho, pois a venda não era autorizada e, portanto, não havendo escolha pela sucessão; era um processo natural, entendido como a origem do que hoje se denomina empresas familiares (Gorgati, 2000).

Mesmo que, como afirma o autor, esse modelo de política protecionista e cartorial não tenha logrado êxito, forneceu as bases para o que ainda hoje se pratica nas empresas familiares. Este mesmo modelo, de certa forma, exaltou tempos depois o espírito empreendedor entre os paulistas quando da expansão das grandes lavouras de café do estado de São Paulo.

O ápice das empresas familiares deu-se na II Guerra Mundial, a partir da chegada de imigrantes provenientes de diversos países como Itália, Alemanha, Portugal, Polônia e Japão. Essas pessoas vinham ao Brasil com o objetivo de fugir dos movimentos nazista e fascista que proliferavam na Europa e, principalmente, em busca de melhores condições de vida.

Bueno, Fernández e Sánchez (2007) apontam o ano de 1950, especialmente as décadas de 1960 e 1970, como marco das empresas familiares, vez que, segundo eles, a maioria dessas empresas em atividade atualmente foram fundadas nessa época, destacando a participação das empresas familiares na promoção do crescimento econômico no Ocidente como um todo.

As empresas familiares são as principais responsáveis pelo crescimento do PIB, pela geração de emprego e renda, e pelo recolhimento de impostos (Faria e Vizeu, 2014; Lima et al., 2013; Flores Jr. e Grisci, 2012; Almeida-Santos, Dani e Machado, 2012; Gersick et al., 1997). Pesquisas ressaltam que a maioria das empresas, no Brasil e no mundo, é de propriedade familiar (Faria e Vizeu, 2014; Miralles-Marcelo, Miralles-Quirós e Lisboa, 2014; Leone, 2005; Sharma, 2004; Gersick et al., 1997).

A Ernst & Young e a Universidade de St. Gallen, na Suíça, publicaram, em 2015, um estudo sobre as 500 maiores empresas familiares do mundo. A receita total do grupo informada foi US$ 6,5 trilhões. Se essas empresas formassem um país, elas seriam a terceira maior economia do mundo, ficando atrás apenas dos Estados Unidos e da China e empregando em torno de 21 milhões de pessoas. A idade média dessas empresas era de 88 anos. Quarenta e quatro por cento das empresas se encontravam da quarta geração em diante, 52% possuíam capital aberto e 48% eram de capital fechado.

Wagner e colaboradores (2015) levantaram 380 pesquisas realizadas entre 1980 e 2014, em 41 países, da América do Norte, da Europa e da Ásia e identificaram que 61% das empresas familiares apresentavam resultados financeiros melhores que as empresas não familiares. Os autores ponderaram que, independentemente de essas pesquisas terem sido ou não publicadas, os periódicos fossem ou não prestigiados, bem como, indiferentemente ao ano de publicação, os resultados seriam pouco diferentes estatisticamente, ratificando, pois, a força desses empreendimentos.

A partir de uma amostra de mil empresas americanas, no período de 1997 a 2002, Miller e Le Breton-Miller (2005) constataram que 94% eram empresas familiares, 85% disseram que o sucessor seria um de seus integrantes e 90% planejavam manter o negócio no grupo familiar, dados importantes que sugerem a solidez das organizações familiares, ampliando o entendimento acerca de sua força no mercado econômico.

Anderson e Reeb (2003) estudaram a performance das 500 empresas que compõem o índice Standard & Poor's 500 (S&P 500), no período de 1992 a 1999, e concluíram que as empresas familiares apresentaram resultados melhores do que as empresas não familiares. Além disso, os autores relataram que os acionistas minoritários não são afetados, negativamente, pelo fato de as empresas serem familiares; e, ainda mais surpreendente, quando os CEOs são membros da família, a performance é melhor do que nas empresas cujos CEOs não são membros da família.

Miralles-Marcelo, Miralles-Quirós e Lisboa (2014) analisaram todas as empresas de capital aberto, de Portugal e Espanha, entre 1999 e 2008. Os autores constataram que metade das empresas que integravam o principal índice da bolsa de valores de Portugal, e um terço das empresas que faziam parte do principal índice da bolsa de valores da Espanha, eram familiares. O tamanho e a idade da empresa influenciaram no desempenho dos seus resultados. Em Portugal, as empresas familiares eram mais antigas, menores e usavam mais dívidas para financiar as suas atividades do que as empresas não familiares, mas ambas possuíam a mesma exposição ao risco. Na Espanha, as empresas familiares eram mais jovens, menores e assumiam menos riscos do que as empresas não familiares. Em ambos os países, enquanto as empresas familiares apresentaram resultados contábeis melhores do que as empresas não familiares, a performance na bolsa de valores foi praticamente a mesma. Os autores revelaram que os investidores não exigiam um "retorno extra" para investir nas empresas familiares. O resultado constatado mais surpreendente, em ambos os países, foi o impacto negativo, quando o CEO da empresa é o próprio fundador ou outro membro da família, diferentemente da pesquisa de Anderson e Reeb (2003).

Com base em dados estatísticos e em indicadores financeiros e econômicos, Miralles-Marcelo, Miralles-Quirós e Lisboa (2014) constataram que as empresas familiares apresentaram resultados contábeis melhores do que as empresas não familiares devido à cultura de longo prazo, que faz o crescimento e a rentabilidade serem sustentáveis, além das suas virtudes prevalecerem sobre as suas limitações.

No Chile, Martínez, Stöhr e Quiroga (2007) também concluíram que as empresas familiares apresentavam resultados financeiros superiores às empresas não familiares, ao compararem 100 empresas familiares e 75 empresas não familiares listadas na bolsa de valores chilena, no período de 1995 a 2004.

Atualmente, algumas das principais empresas familiares são:

- nos Estados Unidos: Ford, Cargill, Koch Industries, Wall-Mart e Hyatt Hotels;
- no Canadá: Bombardier, Rogers Communications e Canadian Tire;
- na Alemanha: Volkswagen, BMW, Faber-Castell, C&A, Berenberg Bank e Continental;
- na Inglaterra: Mars & Spencer, Guinness e Essar Energy PLC;
- na França: Michelin, Carrefour, Louis Vuitton, L'Oréal e Renault;
- na Itália: Fiat, Olivetti, Ferragamo e Benetton;
- na Espanha: Santander, Zara, El Corte Inglés e Ferrovial;
- em Portugal: Nutrinveste e Banco Espírito Santo;
- na Holanda: Heineken, Makro e BCD;
- na Suíça: Swatch e Victorinox;
- na Suécia: Tetrapark, Ikea e H&M;
- no Japão: Toyota, Nissan e Suzuki;
- na Dinamarca: Lego;
- na Coreia do Sul: Samsung, Hyundai e LG;
- na Índia: ArcelorMittal, DLF, Tata Motors e Reliance;
- no Brasil: Gerdau, Itaú-Unibanco, Rede Globo, TAM, Gol, Odebrecht, Camargo Corrêa, Andrade Gutierrez, Votorantim, JBS, Weg, Marcopolo, Magazine Luiza, Editora Atlas, Hering, Riachuelo, Arezzo, Coteminas, Banco Safra, Randon, Cadeados Papaiz, Marisol, Kablin, Aché. E diversas empresas, antes fortes e expressivas no mercado, deixaram de ser familiares, como Mesbla, Garoto, Lacta, Fotoptica, Knorr, Metal Leve, Bamerindus, Curt Laboratórios, Phebo e Eluma.

A revista *Exame*, no seu anuário Melhores e Maiores, premia as principais empresas de diversos setores, além de escolher aquela considerada a Empresa do Ano. De 2001 a 2015, metade das empresas premiadas nessa categoria foram familiares, a saber: Weg (2015), Marcopolo (2014), Hering (2010), Fiat (2008), Santa Elisa (2007), Gol (2004), Magazine Luiza (2003) e Cimento Votorantim (2000). Entre as empresas não familiares contempladas estão: Embraer (2013), Totvs (2012), Promon Engenharia (2011), Natura (2009), Alpargatas (2006), MBR (2005, mineradora, um dos braços do grupo Vale), Nestlé (2002) e CSN (2001).

Com as organizações familiares ganhando importância cada vez maior, no Brasil e no mundo, têm surgido diversas instituições de ensino e centros de pesquisas com o objetivo de desenvolver pesquisas científicas e de oferecer cursos executivos e de pós-graduação/MBAs sobre o universo particular das organizações familiares. Alguns dos institutos de pesquisa em empresas familiares que mais se destacam, internacionalmente, são: Family Firm Institute (FFI), em Boston; Family Business Network (FBN), nos Estados Unidos e no Canadá; Center for Family Business, pertencente à School of Business and Public Management, da George Washington University; Chicago Family Business Council; e Canadian Association of Family Enterprise (Cafe).

Na Europa, sobressaem-se igualmente alguns centros especializados. O European Family Businesses, na Bélgica; o Institute of Family Business Research Fellowship, pertencente à London Business School, na Inglaterra; o Instituto de Estudos Superiores de la Empresa e a Rede de Cátedras como a Empresa Familiar de la Universidad de Sevilla, na Espanha; e a Associação de Empresários Cristãos (Uniapac), na França. Todos apresentam como objetivo realizar estudos na área, criar programas voltados para executivos que trabalham em empresas familiares, além de organizar reuniões para troca de experiências.

Para Sharma (2004), também se destacam entre os institutos de pesquisa: Coleman, Cox, Kauffman, Mass Mutual, Raymond Foundations; Lombardo Odier Hentsch & Cie, na Europa; além da "Theories of Family Enterprise Conferences", organizada pelas universidades de Alberta, em Calgary, no Canadá e Wharton, nos Estados Unidos, cujo objetivo é promover e apoiar bolsas de estudos na área.

Na América Latina, o destaque é pela atuação pioneira do Instituto Argentino de Empresas Familiares (Inaref), inaugurado em 1994, na Universidade de Flores, em Buenos Aires, que, a partir de 2005, passou a se chamar Instituto Iberoamericano de Empresas Familiares. Outra organização que vem crescendo na América Latina, sobretudo a partir dos anos 1990, é o Centro de Desarrollo del Espíritu Empresarial (CDEE), da Universidad Icesi, em Cali, na Colômbia.

No Brasil, o primeiro centro de pesquisa surgiu em 1997, com o Instituto da Empresa Familiar, inspirado no FFI. Destacam-se também os cursos do programa "Gestão de Empresas Familiares", da Escola de Administração de Empresas da Fundação Getulio Vargas (Eaesp/FGV), e do Núcleo de Estudos de Empresas Familiares e Governança Corporativa, da Escola Superior de Propaganda e Marketing (ESPM), além da parceria entre a Fundação Dom Cabral e a The Family Business Network (FBN).

Diversas universidades começaram a oferecer cursos executivos e programas de MBA/pós-graduação, sobre empresas familiares: nos Estados Unidos, como a

Columbia Business School e a Kenan-Flagler Business School; e, na Europa, com a Insead, a Universidad de Salamanca, a Erasmus University Rotterdam (EUR), a Imperial College Business School e a Edhec Business School. Sharma, Chrisman e Gersick (2012) destacam o curso de pós-graduação na Stetson University, o programa interdisciplinar da University of Alberta e demais cursos na Bond University, na Kennesaw State University e na Jyväskylä University. Na Índia, destaca-se o primeiro curso de MBA em Empresas Familiares oferecido pela Center for Family Business (CFB), sediado na S. P. Jain Institute of Management and Research, em Mumbai, que também foi ofertado pela Entrepreneurship Development Institute, em Ahmedabad, e pela NM Institute, em Mumbai (Sharma e Rao, 2000). No Brasil, a FAAP oferece o MBA em Gestão da Empresa Familiar, além da PUC-RS que possui o pós-MBA em Gestão de Empresas Familiares. Também há congressos sobre empresas familiares, como a International Family Enterprise Research Academy, na Europa e, desde 2001, a Theories of Family Enterprise e Family Enterprise Research Conference, na América do Norte (Sharma, Chrisman e Gersick, 2012).

Em relação às pesquisas desenvolvidas sobre empresas familiares, destaca-se o pioneirismo de Christensen, em 1953, e, desde então, as publicações têm crescido vertiginosamente. No Brasil, a literatura sobre empresas familiares passou a ter mais relevância entre os anos 1990 e início dos anos 2000, com a publicação de livros de consultores, como João Bosco Lodi, Domingos Ricca, Renato Bernhoeft e Werner Bornholdt. O primeiro, em 1978, com Lodi (1978, 1984, 1987), tido como o precursor ao abordar diferentes dilemas enfrentados pelas empresas familiares, suas características, conflitos e mudanças. A sua obra representa um minucioso manual de práticas de gestão das empresas familiares.

Ricca (1998, 2007) trata da profissionalização da gestão, do uso do planejamento estratégico como uma ferramenta fundamental na gestão da empresa familiar, além da competição entre os membros da família, a tomada de decisão e o trabalho de um executivo de mercado não pertencente à família.

Bernhoeft (1987, 1988, 1995, 1999, 2003, 2004) teve como foco o processo de sucessão familiar, com o objetivo de preservar e perpetuar o patrimônio da empresa. Descreveu as etapas da sua elaboração, os cuidados a serem tomados, os acordos a serem considerados. Também estudou os mecanismos de governança corporativa para a profissionalização da empresa familiar, e como o herdeiro deve conquistar o que é seu e não apenas esperar receber o que ele acha que lhe é devido.

Bornholdt (2005) aprofundou o estudo sobre os órgãos de governança na empresa familiar a fim de minimizar os conflitos, proteger o patrimônio da família, separar a empresa dos interesses pessoais, o Conselho de Família como órgão para reuniões entre os familiares, diferente do Conselho de Administração.

No âmbito internacional, destaca-se a obra de Kelin Gersick e John Davis (professor de Harvard e consultor conhecido mundialmente); Marion McCollom Hampton e Ivan Lansberg com o livro seminal intitulado *De geração para geração: ciclos de vida das empresas familiares*, contribuindo para impulsionar a publicação de diversos livros (Schuman, Stutz e Ward, 2011; Kets De Vries, Carlock e Florent-Treacy, 2009; Adachi, 2006; Leone, 2005); e artigos científicos (Pinho, Bergamaschi e Melo, 2006; Andrade e Grzybovski, 2004; Mosele e Biehl, 2004; Magalhães Neto e Freitas, 2003; Silva Junior e Muniz, 2003; Silva, Fischer e Davel, 1999).

Os autores criaram o "Modelo de Três Círculos da Empresa Familiar" no qual as organizações familiares são estudadas a partir de três dimensões: a propriedade, a família e a empresa (figura 1). Em cada um desses sistemas, que são interdependentes entre si, cada indivíduo é influenciado por uma dinâmica diferente, com posições definidas, mas diferentes ao longo do desenvolvimento da empresa familiar, constituindo, assim, o "Modelo Tridimensional" (figura 2). O modelo apresenta o ciclo de vida de cada um desses estágios, auxiliando para o entendimento da história da empresa, da interação entre os sujeitos, dos conflitos, dilemas e soluções e as mudanças que influenciam a dinâmica organizacional.

Figura 1. Modelo de três círculos da empresa familiar

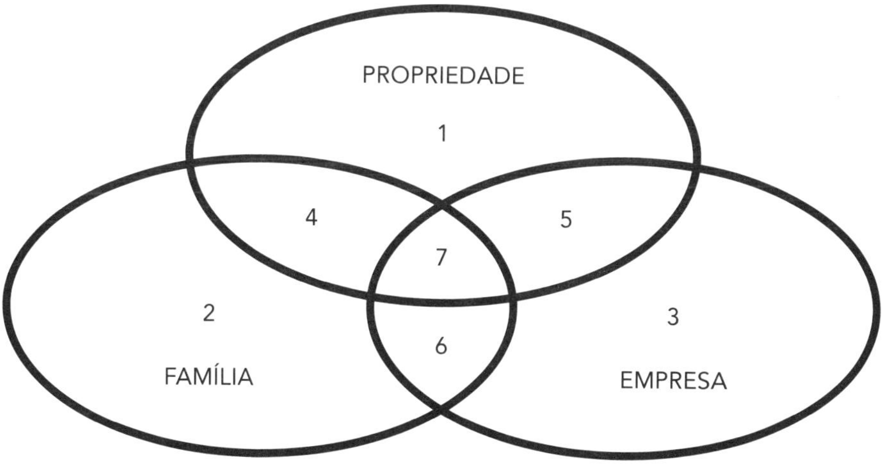

Fonte: adaptado de Gersick et al. (1997).

O modelo de três círculos demonstra os diferentes papéis desempenhados por acionistas, gestores e familiares. O número 1 representa o sócio da empresa que não pertence à família e não possui funções gerenciais. O membro da família, que não é envolvido nas atividades da empresa familiar, nem recebe dividendos, é representado pelo caractere 2. O executivo contratado, de fora da empresa, sem participação acionária, é figurado pelo 3. Por outro lado, o número 4 tem duas funções: é parte integrante da família e também um dos proprietários da empresa. O executivo, sócio da empresa, mas não pertencente a família, é simbolizado pelo número 5. O caractere 6 pode ser, por exemplo, o filho do proprietário da empresa, que não é o seu sócio, mas trabalha na empresa. Finalmente, o número 7 é quando o membro da família consegue ser acionista e executivo da empresa.

Figura 2. Modelo tridimensional

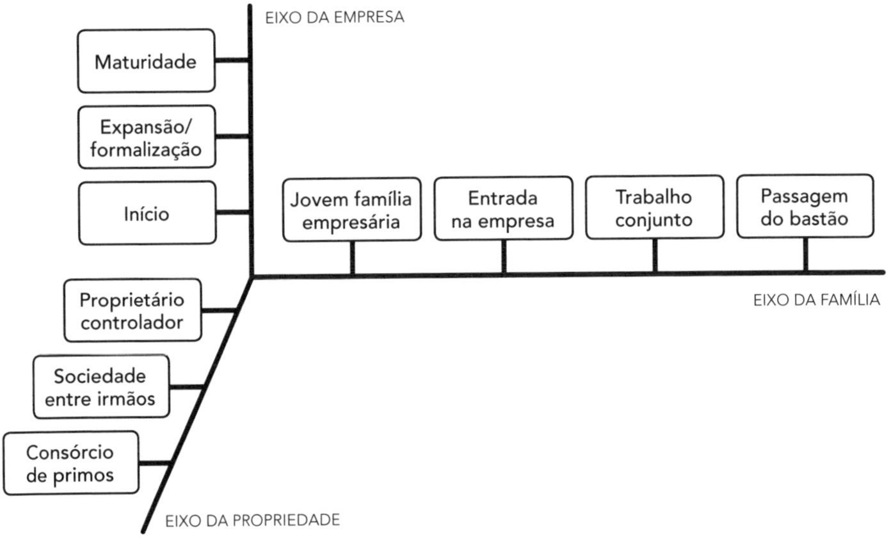

Fonte: adaptado de Gersick et al. (1997).

A dimensão propriedade é dividida em três sistemas: proprietário-controlador (a propriedade da empresa é exclusiva do proprietário), sociedade entre irmãos (fundador e filho ou duas pessoas, da mesma geração, são sócias) e consórcio de primos (diferentes membros da família, três ou mais gerações dividem a propriedade da empresa). As empresas familiares são, comumente, fundadas por um único proprietário. Quanto à dimensão família, os quatro estágios são: jovem família empresária (início da vida adulta do proprietário e infância ou juventude da segunda geração); entrada dos familiares na empresa (os filhos começam a trabalhar na empresa); trabalho conjunto (duas ou mais gerações estão totalmente envolvidas na empresa); e passagem do bastão (processo de sucessão, da propriedade e/ou da gestão, de uma geração para a outra). A dimensão empresa tem como sistemas: início (os primeiros anos de vida da empresa dependem do proprietário); expansão/formalização (estruturação organizacional, novos desafios, início da profissionalização); e maturidade (consolidação no mercado e renovação organizacional).

Os sistemas do modelo de três círculos e do modelo tridimensional – propriedade, empresa e família – foram utilizados por Bueno, Fernández e Sánchez (2007), para estabelecer os fundamentos básicos necessários para uma empresa ser considerada familiar: o controle e o poder da empresa devem estar sob responsabilidade da família, além de haver o envolvimento dos familiares na administração, com a intenção de transmitir a empresa para as próximas gerações.

Ainda não há consenso sobre a caracterização de uma empresa familiar, em razão dos diversos tipos de definições que têm sido usados pelos pesquisadores (Wagner et al., 2015; Oro e Lavarda, 2014; Lissa, Mojuski e Drachemberg, 2007). Para Miralles-Marcelo, Miralles-Quirós e Lisboa (2014), uma empresa familiar é aquela em que uma parte da propriedade pertence à família fundadora, cujos membros fazem parte do Conselho de Administração.

Ao analisar os conceitos utilizados em 217 pesquisas, Sharma (2004) observou que a variedade de definições, em média, determina que para ser familiar a empresa deve ter o envolvimento direto da família nas suas operações cotidianas. Enquanto a conceituação mais restrita considera que uma empresa familiar é somente aquela na qual a família possui o poder de voto e o controle dos negócios, além de múltiplas gerações de membros familiares estarem envolvidos na gestão da empresa.

Para compreender a dinâmica de funcionamento das empresas familiares e estabelecer um conceito mais próximo da realidade, é imprescindível analisar cada um dos seguintes sistemas: propriedade, empresa e família. A primeira prerrogativa básica para uma empresa ser familiar é que tenha, pelo menos, dois familiares juntos no negócio.

Diversos trabalhos determinam que, para ser familiar, a propriedade da empresa deve estar sob a posse de uma família, sem necessariamente mencionar que ela também precise ter a gestão (Chrisman, Chua e Litz, 2004; Gonçalves, 2000; Donckels e Fröhlich, 1991; Lansberg, Perrow e Rogolsky, 1988). Também assim a consideram sem especificar se a família precisa ter o controle da propriedade e/ou majoritário ou minoritário para se caracterizar uma empresa familiar. Algumas empresas de capital aberto, como a Ford, a Gerdau, a Arezzo, a Weg e a Hering, podem não ser consideradas empresas familiares por terem, ao longo de seu percurso, incorporado outras empresas que ainda não encontram consenso entre os pesquisadores a ponto de tomá-las como empresas familiares ou não. Em algumas empresas familiares, a família possui uma participação minoritária, no entanto tem o controle da empresa. Também não está claro se os pesquisadores consideram ou não essas empresas familiares. Igualmente importante, e que ainda precisa ser estudado na academia, é a fundação da empresa e a entrada de um sócio externo. A empresa poderá ser considerada familiar desde o princípio, desde que os dois fundadores tenham laços familiares; mas isso pode ser diferentemente interpretado se houver um terceiro sócio que nao for membro da família, mesmo que a empresa familiar já esteja na segunda geração em diante. Essas observações dão mostra da complexidade envolvida para chegar a uma conceituação universal para definir o que é uma empresa familiar, uma vez que há diversas variáveis que podem modelá-la de formas distintas, guardando traços consensuais quanto à sua definição, bem como incorporando outros que a afastam de seu modelo original. Apenas citar a propriedade familiar não é mais suficiente para caracterizar uma empresa como familiar, portanto, é imprescindível que novos trabalhos sejam desenvolvidos, fundamentados na legislação vigente, para estudar diferentes tipos de propriedade e os parâmetros a serem tomados como referenciação para identificação de empresas familiares.

Em relação à dimensão da gestão, pesquisas ressaltam que, para ser familiar, os principais administradores da empresa precisam ser membros de uma família (Cabrera-Suárez, Déniz-Déniz e Martín-Santana, 2014; Bernhoeft, 1987; Donnelley, 1964). Geralmente, a gestão da empresa, na primeira geração, é exercida pelo(s) próprio(s) fundador(es). Posteriormente, em vez de transmitir a gestão a outros integrantes da família, um profissional externo ou um colaborador interno (não membro da família) poderá ser escolhido para assumir o principal cargo executivo da empresa, podendo assim continuar, ou não, caracterizada como uma empresa familiar. Diante desse novo contexto, a família poderá exercer novas funções em órgãos de governança, como o Conselho de Família e o Conselho de Administração. Assim, a família continua a influenciar não mais as operações da empresa, mas exclusivamente as questões estratégicas.

Alguns conceitos de empresas familiares evidenciam que as relações afetivas norteiam os objetivos da empresa e da família (Lodi, 1998; Donnelley, 1964). Porém, com a profissionalização, a tendência é que os vínculos familiares influenciem cada vez menos a cultura organizacional, descaracterizando-a ou não. Se a empresa for de capital aberto, mesmo que a família possua a gestão ou apenas o controle sobre os negócios, a administração deverá ser mais profissionalizada do que em uma empresa de capital fechado. Portanto, os valores familiares não estarão mais tão evidentes na rotina da empresa.

Finalmente, o papel da família é o elemento mais importante presente nos conceitos de empresas familiares (Calegário, Fortunato e Pagliarussi, 2014; Litz, 2008; Astrachan e Klein e Smyrnios, 2002) e o que evidencia a sua diferença das empresas não familiares. A família e os seus múltiplos arranjos, como os casais sem filhos e/ou divorciados, mães e pais (sem casamento) solteiros e a família monoparental, ainda são timidamente abordados. Machado (2005) alerta que esse novo paradigma requer uma reformulação de conceitos e premissas utilizados nos estudos de organizações familiares. Diferentes concepções poderão ser determinantes para caracterizar uma empresa como familiar, a partir de relacionamentos entre sobrinhos e tios, netos e avós, padrinhos e afilhados, sejam como gestores ou apenas como proprietários, além das tradicionais relações entre pai/mãe e filho(a), como tradicionalmente associadas às empresas familiares. Há uma gama de complexidades envolvidas nessa conceituação em virtude de novas demandas que se apresentam para apreciação, como, por exemplo, uma empresa não familiar que é comprada por uma família implica questionamentos acerca de sua natureza conceitual com a troca de proprietários – passará, então, a ser considerada uma empresa familiar a partir de então. Ilustra-se a afirmação com a negociação realizada pela família que era proprietária das escolas de idioma Wizard, que, depois de vender as escolas, comprou a empresa de produtos naturais Mundo Verde.

O dilema para estabelecer uma definição de empresa familiar ganha relevo também, além dos tantos motivos já apresentados, por existirem duas dimensões – família e empresa – com objetivos ora complementares, ora conflitantes. Na família, predomina a informalidade e as relações afetivas; ao passo que na empresa, sobressaem-se a formalidade e o profissionalismo. Essa diversidade de manifestações e interesses que nesse espaço se desenrolam representa dificuldade para compreender a dinâmica e o funcionamento das empresas familiares, uma vez que tanto aspectos objetivos quanto subjetivos influenciam as ações que ali se concretizam. É a família que está na empresa, e os chefes e colaboradores estão na família, implicando uma relação complexa e conjugada entre o espaço doméstico e familiar e o espaço formal da organização. Diferenciar esses papéis é o desafio, sem o que não se compreende a organização familiar.

Para Chua, Chrisman e Sharma (1999), a complexidade conceitual ganha reforço na própria dificuldade que as empresas familiares têm em saberem se são familiares ou não. Em uma pesquisa realizada em uma empresa familiar, com uma minoria dos acionistas não pertencentes à família, administrada por membros da terceira geração da família fundadora, o CEO negou que a empresa pudesse ser considerada um empreendimento familiar; enquanto outra companhia, com atributos semelhantes, declarou-se uma empresa familiar. Essas respostas diferentes, entre duas empresas com as mesmas características, evidenciam a complexidade que motiva os estudos e as discussões na tentativa de encontrar um conceito que dê conta de definir as empresas familiares com objetividade, apontando o que a constitui e o que a descaracteriza. Chrisman, Chua e Sharma (2005) constataram que membros da mesma família que, juntos, possuem e administram completamente o negócio, de forma veemente, discutem se o seu negócio é familiar ou não, porque eles acreditam que somente uma companhia completamente constituída por uma família, sem um único funcionário não familiar, pode ser considerada uma empresa familiar. Enquanto isso, irmãos e cunhados que são proprietários e ocupam funções em órgãos de governança, mas não administram seus negócios, insistem que suas empresas sejam familiares.

A definição mais completa de empresa familiar foi estabelecida por Chua, Chrisman e Sharma (1999). Os autores estabelecem que, para uma empresa ser familiar, uma ou mais famílias que controlam a coalisão dominante da empresa precisam de uma visão, já elaborada, e que esteja sendo seguida, ou esteja se formando e buscando uma nova visão, além de ser necessário que propósitos e valores familiares sejam potencialmente sustentáveis através de gerações. Os autores ressaltam que diferentes níveis de envolvimento da família no negócio – propriedade, gestão, a presença de sucessores, além da governança – não necessariamente qualificam uma empresa como familiar; mas que as suas diferenças com as empresas não familiares são delimitadas pelas suas visões, objetivos e condutas.

De acordo com Cabrera-Suárez, Déniz-Déniz e Martín-Santana (2014), a principal diferença entre as empresas familiares e as empresas não familiares está no processo de tomada de decisões, dependente do nível de identificação que os membros da família têm com a empresa, de critérios não financeiros e de aspectos emotivos (Bee e Neubaum, 2014).

Observa-se que a complexidade inerente às tentativas de definição e formulação de conceito para as empresas familiares é paralela à importância econômica dessas organizações para as economias dos mercados de que fazem parte. Merecem ênfase os estudos científicos na área não unicamente pela importância de encontrar consenso quanto ao que as caracteriza, mas, sobretudo, para encontrar aspectos referentes aos mecanismos de gestão desses empreendimentos visando à sua solidez, continuidade e perpetuação no mercado.

Com base na análise dos estudos sobre organizações familiares mostrada até aqui, buscou-se apresentar uma breve perspectiva histórica da empresa familiar e do seu surgimento no Brasil, a sua importância para o desenvolvimento econômico e social de diversos países, bem como os resultados financeiros, econômicos e contábeis superiores comparados às empresas não familiares. Foram apresentados alguns dos principais empreendimentos familiares, no Brasil e no mundo, as instituições de ensino superior pioneiras na implantação de cursos e especializações na área em seus currículos, o aumento da quantidade de institutos de pesquisas destinados a estudar o universo da organização familiar, além dos principais livros publicados. Por fim, foram citados os principais dilemas sobre a conceituação que envolve as empresas familiares e suas diferenças em relação às organizações não familiares.

2. Análise da produção científica sobre empresas familiares[1]

Este capítulo tem inicialmente como proposta mapear e discutir a produção científica sobre empresas familiares, no Brasil, no período de 1967 a 2014. Esse período foi escolhido para demonstrar a evolução das pesquisas científicas, desde a publicação do primeiro artigo (Donnelley, 1967), principalmente quanto ao seu conceito do que vem a ser uma empresa familiar, em relação a diversas pesquisas publicadas, como pode ser observado em Lima e colaboradores (2013), Cavedon e Ferraz (2003), Andrade, Lima e Antonialli (2006), e Lima, Soares e Souza (2006), bem como, o crescimento vertiginoso das publicações a partir do fim dos anos 1990.

Foram utilizadas as mais importantes revistas acadêmicas nacionais da área de empresas familiares, a saber: a *Revista de Administração Contemporânea* (RAC), da Anpad; a *Revista de Administração de Empresas* (RAE), da Escola de Administração de Empresas de São Paulo, da Fundação Getulio Vargas; a *Revista de Administração*, da Universidade de São Paulo (Rausp); e a *Revista Organizações & Sociedade* (O&S), da Universidade Federal da Bahia. Além dos Anais da Associação Nacional de Pós-Graduação e Pesquisa em Administração (Anpad), principal referência em eventos científicos de administração, no Brasil.

1 Capítulo baseado na minha dissertação de mestrado (Moraes Filho, 2009).

Os artigos obtidos de periódicos foram acessados por meio dos seus endereços eletrônicos, enquanto para os anais dos eventos da Anpad, o acesso se deu tanto pelo seu sítio (artigos de 1997 a 2007) quanto por CD-ROM (artigos de 2008 a 2014). Também foram obtidos artigos científicos por meio de consultas realizadas junto à biblioteca da Fundação Getulio Vargas, no Rio de Janeiro.

Mesmo tomada esta atitude a fim de evitar que pesquisas relevantes a respeito da temática sejam excluídas da investigação, é importante ressaltar, conforme referendam Leal, Oliveira e Soluri (2003), que eventuais ausências de artigos não são significativas e consequentemente não alteram de forma substancial a análise aqui proposta.

Os quadros 1 e 2 demonstram todos os periódicos e eventos científicos que são contemplados na presente análise:

Quadro 1. Levantamento de eventos científicos

EnAnpad: Encontro da Anpad (Associação Nacional de Pós-Graduação e Pesquisa em Administração).	18 eventos: de 1997 a 2014.
EnEO: Encontro de Estudos Organizacionais.	8 eventos: 2000, 2002, 2004, 2006, 2008, 2010, 2012 e 2014.
3Es: Encontro de Estudos em Estratégia.	6 eventos: 2003, 2005, 2007, 2009, 2011 e 2013.
EnGPR: Encontro de Gestão de Pessoas e Relações de Trabalho.	4 eventos: 2007, 2009, 2011 e 2013.
EnAPG: Encontro de Administração Pública e Governança.	6 eventos: 2004, 2006, 2008, 2010, 2012 e 2014.
Simpósio de Gestão da Inovação Tecnológica.	18 eventos: de 1997 a 2014.

Quadro 2. Levantamento de periódicos

RAC: *Revista de Administração Contemporânea* (da Anpad).	89 edições: de 1997 a 2014.
RAE: *Revista de Administração de Empresas* (da Escola de Administração de Empresas de São Paulo, da Fundação Getulio Vargas).	234 edições: de 1967 a 2014.
Rausp: *Revista de Administração da Universidade de São Paulo.*	150 edições: de 1977 a 2014.
O&S: *Revista Organizações & Sociedade* (da Universidade Federal da Bahia).	72 edições: 1993 a 2004.

O quadro 1 demonstra quais foram os eventos contemplados na presente pesquisa, assim como todos esses 60 eventos que foram utilizados como fonte de pesquisas de artigos científicos. Importante ressaltar que todos os eventos mencionados pertencem a Anpad (Associação Nacional de Pós-Graduação e Pesquisa em Administração), que organiza, no Brasil, o evento científico de principal referência na área de Administração: o EnAnpad (Encontro da Anpad).

O próximo quadro aborda as 545 edições dos quatro periódicos selecionados para estudo. Foram incluídas apenas revistas acadêmicas que possuem uma significativa publicação de artigos científicos sobre empresas familiares.

Os resultados da pesquisa foram alocados em 12 categorias: número de artigos por publicação e período, frequência de publicações, obras mais citadas em língua portuguesa, assim como em língua estrangeira, autores mais prolíficos, temáticas centrais, conceitos, abordagens da pesquisa, instrumentos de coleta de dados, estratégias de pesquisa, técnicas de análise dos dados e pesquisas que abordam a relação entre pai e filho.

Tabela 1: Número de artigos por publicação e periódico

Periódicos/Anais	Período	Incluídos	Excluídos
EnAnpad	1997 a 2014	75	48
EnEO	1997 a 2014	28	9
3Es	1997 a 2014	2	2
EnGPR	1997 a 2014	1	1
EnAPG	1997 a 2014	0	3
Simpósio	1997 a 2014	0	1
RAC	1997 a 2014	6	3
RAE	1967 a 2014	8	3
Rausp	1977 a 2014	12	8
O&S	1993 a 2014	16	6
Total	**1967 a 2014**	**148**	**84**

Fonte: elaboração própria.

A partir dessas considerações, constataram-se a presença de 232 artigos científicos sobre empresas familiares (tabela 1). Desse total, 148 foram selecionados para análise, pois apresentaram como foco de discussão as empresas familiares. Os artigos que trabalham essas organizações apenas como objeto de estudo foram excluídos. Com base em Leal, Oliveira e Soluri (2003), classificações como esta, baseadas em critérios, como qualquer outro procedimento de seleção, estão sujeitas à subjetividade.

A tabela 2 possibilita uma análise mais detalhada da quantidade de publicações sobre empresas familiares, por ano, e em cada um dos eventos e periódicos.

Tabela 2. Frequência das publicações

Ano/ Publicação	EnAnpad	EnEO	3Es	EnGPR	RAC	RAE	Rausp	O&S	Total
1967	-	-	-	-	-	1	-	-	1
1978	-	-	-	-	-	-	1	-	1
1983	-	-	-	-	-	1	-	-	1
1987	-	-	-	-	-	-	1	-	1
1991	-	-	-	-	-	1	-	-	1
1992	-	-	-	-	-		1	-	1
1994	-	-	-	-	-	1	1	-	2
1995	-	-	-	-	-	-	1	-	1
1996	-	-	-	-	-	-	1	-	1
1997	2	-	-	-	-	-	-	-	2
1998	2	-	-	-	-	-	-	-	2
1999	1	-	-	-	-	-	-	-	1
2000	1	-	-	-	-	1	2	5	9
2001	2	-	-	-	-	-	-	-	2
2002	2	-	-	-	1	1	-	1	5
2003	4	-	-	-	-	-	-	2	6
2004	1	4	-	-	-	-	-	1	6
2005	3	-	-	-	-	-	-	1	4
2006	7	3	-	-	1	-	1	-	12
2007	4	-	2	1	-	-	-	1	8
2008	10	11	-	-	1	-	-	-	22
2009	7	-	-	-	-	1	-	1	9
2010	6	6	-	-	1	-	-	-	13
2011	7	-	-	-	-	-	-	-	7
2012	9	3	-	-	1	-	1	1	15
2013	4	-	-	-	1	-	2	3	10
2014	3	1	-	-	-	1	-	-	5
Total	75	28	2	1	6	8	12	16	148

Fonte: elaboração própria.

Os eventos da Anpad são as principais referências para a publicação de artigos científicos sobre empresas familiares, tendo sido encontradas 106 pesquisas, o que representa 72% de todos os artigos científicos presentes nas oito publicações. Em todos os anos pelo menos um artigo foi aprovado no EnAnpad, considerado o principal evento da comunidade científica na área de administração, que criou uma área temática exclusiva para pesquisas sobre empresas familiares.

A limitação do número de páginas e o tempo para avaliação, revisão e publicação podem explicar o reduzido número de pesquisas publicadas em periódicos. Percebe-se que apenas 42 trabalhos foram publicados em revistas acadêmicas, com destaque para a revista *Organização & Sociedade*, da Ufba, e para a *Revista de Administração*, da USP, com 16 e 12 publicações, respectivamente.

No total, 148 pesquisas foram publicadas tendo as empresas familiares como foco central de discussão nas oito das principais referências de estudos acadêmicos em administração.

O primeiro artigo sobre empresas familiares foi publicado em 1967, na *Revista de Administração de Empresas*, por Robert G. Donnelley, e somente 11 anos depois, Stephen Charles Kanitz publicou um artigo intitulado "A relação pai e filho nas empresas familiares". Durante os anos 1980, houve apenas dois artigos publicados. As empresas familiares começaram a chamar a atenção da comunidade científica, nos anos 1990, mesmo que de forma ainda tímida, com apenas uma ou duas publicações por ano. O ano 2000 foi o estopim, com nove pesquisas publicadas sobre enpresas familiares.

As tabelas 3 e 4 contemplam os autores, nacionais e estrangeiros, mais citados nos artigos científicos sobre empresas familiares. Importante conhecer os autores mais utilizados para fundamentar os argumentos dos pesquisadores. Para Caldas e Tinoco (2004), as citações constituem uma abordagem imprescindível para trabalhos científicos, pois fornecem ao leitor indicações importantes sobre o assunto estudado. Fica-se assim conhecendo a contribuição de autores referenciados para determinada pesquisa, bem como a origem ou o fundamento das considerações que o pesquisador discute em seu próprio texto.

Tabela 3. Obras mais citadas em língua portuguesa

Autor	Qtd. de citações
Davel	52
Grzybovski	51
Gersick	32
Lodi	30
Bernhoeft	26
Machado	20
Leone	19
Donnelley	19

Fonte: elaboração própria.

Conforme pesquisa de Moraes Filho, Barone e Pinto (2011), os trabalhos mais citados, até 2009, são dos autores Lodi, Gersick e Bernhoeft, por terem lançado obras num período de crescimento da publicação de artigos científicos sobre empresas familiares, assim como várias das suas dicas de consultoria terem sido referendadas. Vários dos seus modelos de compressão do funcionamento da gestão e da sucessão familiar foram amplamente discutidos pela comunidade científica destacando-se o modelo dos três círculos de Gersick e colaboradores (1997). Verificou-se, entretanto, que essas ferramentas têm sido cada vez menos utilizadas.

Todavia, a tabela 3 demonstra que os artigos científicos são fundamentados mais em trabalhos acadêmicos, como Davel e Grzybovski, em detrimento de consultores, que foram os precursores dos estudos da área de empresas familiares, como Lodi, Gersick e Bernhoeft.

Tabela 4. Obras mais citadas em língua estrangeira

Autor	Qtd. de citações
Dyer Jr.	31
Sharma	21
Christensen	19
Litz	14
Kets de Vries	13

Fonte: elaboração própria.

Dyer Jr. e Sharma são os autores mais citados de língua estrangeira, tendo a preferência de 52 artigos científicos. O motivo pelo qual Christensen é o terceiro autor mais citado, pode ser explicado por ter sido o precursor na área de empresas familiares, nos Estados Unidos, com a publicação da obra *Management Success In Small And Growing Enterprises*, em 1953.

Autores brasileiros são mais citados do que autores estrangeiros, com Davel sendo tão citado quanto Dyer Jr. e Sharma juntos.

A tabela 5 identifica os autores que mais produziram trabalhos científicos sobre empresas familiares de acordo com o critério estabelecido por Bertero, Vasconcelos e Binder (2003). A classificação dos autores mais prolíficos em Estratégia Empresarial, entre 1991 e 2002, se deu pela média ponderada da participação em artigos pelo número de investigadores. Uma obra individual valeu um ponto, uma pesquisa com dois autores valeu 0,5 ponto, com três valeu 0,33, e com quatro 0,25. Os que se apresentaram como o quinto ou o sexto autor não receberam pontuação.

Tabela 5. Autores mais prolíficos

Autor	Autor principal	Número de autores						Total	Média Ponderada	Instituição
		1	2	3	4	5	6			
Alex Borges	6	1	2	5	4			11	4.7	Universidade Federal de Lavras (Ufla)
Eduardo Davel	5		6	2				8	3.7	Universidade Federal da Bahia (Ufba)
Nilda Maria Leone	4	3		2				5	3.7	Universidade Potiguar (UnP)
Denize Grzybovski	4		4	2	2		1	9	3.2	Universidade de Passo Fundo (UPF)
Juvêncio Braga de Lima	1		1	3	4			8	2.5	Universidade Fumec
Fernanda Tarabal Lopes	3	2		1				3	2.3	Universidade Federal de Minas Gerais (UFMG)
Janete Lara de Oliveira Bertucci	2		2	4				6	2.3	Universidade Federal de Minas Gerais (UFMG)

Autor	Autor principal	Número de autores						Total	Média Ponderada	Instituição
		1	2	3	4	5	6			
Carolina Lescura de Carvalho Castro	6		1	3	3			6	2.2	Universidade Federal Fluminense (UFF)
Félix João Rossato Neto	2	2						2	2.0	Centro Universitário Metodista, IPA-RS
Neusa Rolita Cavedon	1		1	4				5	1.8	Universidade Federal do Rio Grande do Sul (UFRGS)

Fonte: elaboração própria.

Os 10 autores que mais publicaram artigos científicos sobre empresas familiares representam 44% de todas as pesquisas. Essa grande concentração de trabalhos representa um indício do interesse, tímido e ainda inicial, da comunidade acadêmica, em pesquisar as particularidades das empresas familiares, que além de serem a maioria em relação às empresas não familiares, são imprescindíveis para a geração de emprego e renda.

Importante frisar que as universidades públicas federais, geralmente mais direcionadas ao desenvolvimento de pesquisas, estão representadas por apenas seis autores, enquanto o interesse das instituições particulares em pesquisas sobre empresas familiares é demonstrado por quatro pesquisadores entre os 10 mais prolíficos.

A tabela 6 apresenta as temáticas centrais mais frequentemente usadas em pesquisas sobre empresas familiares.

Tabela 6. Temáticas centrais

Autor(es)	N. de referências
Conceito de empresas familiares	73
Sucessão	56
Empresas familiares	41
Cultura	28
Pontos fortes e fracos	23
Fundador	20

Autor(es)	N. de referências
Modelo de três círculos da empresa familiar (Gersick et al., 1997)	20
Família	21
Profissionalização	14
Representações sociais	12
Sucessor/herdeiro	12

Fonte: elaboração própria.

O conceito de empresas familiares é o tema mais comum abordado nos trabalhos, apresentando diversos tipos de definições, constituindo-se no principal dilema da comunidade acadêmica em relação a tais empresas. Diferentes prerrogativas são utilizadas sem que haja um consenso sobre o que é uma empresa familiar. Cada autor usa o conceito mais apropriado ao objeto que está estudando, sem, necessariamente, utilizar uma definição com prerrogativas suficientes que expliquem a mecânica de funcionamento de uma empresa familiar.

A sucessão, incialmente, é o tema que mais desperta o interesse sobre as empresas familiares, sendo amplamente abordada e estudada. Justifica-se por ser o momento mais importante da vida de uma empresa familiar. A continuidade ou não dos negócios e, geralmente, das relações familiares, dependem de como a sucessão será conduzida. São diversas as situações que devem ser consideradas: o planejamento antecipado da sucessão, a escolha e o treinamento do sucessor, o relacionamento com outros herdeiros que não foram escolhidos como sucessores, o papel do fundador, o relacionamento com os *stakeholders*, conflitos, egos, vaidades, rancores, ausência de diálogo, pouca transparência etc.

Aspectos envolvendo as empresas familiares formam o terceiro tema central nas pesquisas. A interação e a sobreposição entre empresa e família, as características das empresas familiares, bem como a sua importância para o desenvolvimento econômico em diferentes regiões, as dificuldades inerentes a essas organizações, além do ciclo de vida.

Ao revisarem as publicações, dos últimos 25 anos, na Family Business Review (FBR), Sharma, Chrisman e Gersick (2012) constataram que as temáticas mais utilizadas eram a sucessão familiar (principalmente entre os anos 1980 e 1990), a dinâmica interpessoal entre a família e a empresa, os conflitos, o empreendedorismo, a profissionalização, a internacionalização, a inovação, a consultoria em empresas familiares, gênero, ética e, principalmente nos últimos anos, os destaques são os estudos fundamentados no desempenho financeiro e na governança. A miríade de diferentes temas identificados na FBR contrasta com as principais referências em pesquisas sobre empresas familiares no Brasil.

A tabela 7 contempla os autores mais utilizados para a escolha de um conceito a respeito do que vem a ser a empresa familiar.

Tabela 7. Conceitos

Autor	N. de citações
Donnelley	40
Lodi	39
Bernhoeft	18
Leone	14
Gersick et al.	13
Demais autores	166
Total	290

Fonte: elaboração própria.

O conceito de Donnelley (1964), além de ser o mais citado, foi o primeiro que emergiu na comunidade acadêmica no Brasil. Para o autor, as empresas familiares são aquelas que estão, pelo menos, na segunda geração e cujos vínculos familiares influenciem os objetivos e os interesses da empresa e da família. Enquanto isso, Lodi (1998), seguindo o mesmo raciocínio, define empresa familiar como aquela em que a sucessão está relacionada ao vínculo hereditário e aos valores da empresa entrelaçados aos do fundador e ao sobrenome da família.

A ampla preferência pelos conceitos de Donnelley (1964) e Lodi (1998) que definem a empresa familiar somente se houver a presença da segunda geração da família nos negócios é justificada por ser, a sucessão, a segunda temática mais utilizada nas pesquisas (tabela 6).

Se uma empresa só poderá ser considerada familiar se a segunda geração estiver envolvida, então uma sociedade entre irmãos, ou entre marido e mulher, não poderá ser uma empresa familiar.

Preenchendo outra lacuna deixada por esses autores, Bernhoeft define a empresa familiar sob o ponto de vista da gestão, ao afirmar que uma empresa é familiar quando sua origem e sua história estão entrelaçadas a uma família, e quando os seus membros estão na administração dos negócios.

Por outro lado, para Gersick e colaboradores (1997) é a propriedade de uma família que define uma empresa familiar. Porém, essas definições mais estreitas começaram a ser preteridas por conceitos mais amplos.

Leone (1991) integra aspectos dos conceitos dos autores anteriores – gestão, sucessão e propriedade – considerando que uma empresa familiar seja não necessariamente por estar na segunda geração, e sim por ser fundada por um membro de uma família, com integrantes dela fazendo parte da propriedade e/ou da gestão, com valores ligados ao fundador e ao sobrenome da família e cuja sucessão esteja relacionada ao fator hereditário.

Apesar de não ser desconsiderada por esses autores, não há uma prioridade de focar a família como núcleo central de uma definição, justamente esta que é a característica que diferencia as empresas familiares daquelas não familiares. Por outro lado, as relações sociais entre os membros da família, assim como a sua interação com a empresa, têm sido cada vez mais estudadas.

Inserir tantas variáveis como sucessão, gestão, propriedade, família e a sua interação com a empresa tornaria a elaboração de uma definição unânime entre os pesquisadores um desafio hercúleo.

Conforme constataram Oro e Lavarda (2014), o nível de envolvimento da família na empresa também pode caracterizar a empresa como familiar ou não. Para Gonçalves (2000) algumas definições deixam claro que não basta apenas ter a propriedade, mas sim, especificar se a propriedade é total ou majoritária. Lima e colaboradores (2013) indagam que nas definições mais estremas uma empresa não poderia ser familiar se um executivo de fora estivesse na gestão, mesmo que a propriedade estivesse com a família.

Novas abordagens tornam-se necessárias com o surgimento das empresas multifamiliares. Uma empresa é multifamiliar quando duas ou mais famílias diferentes possuem a propriedade e a gestão da empresa, os sócios não possuem relação sanguínea, mas cada um possui um ou mais familiares envolvidos com o negócio. Para alguns pesquisadores, essas empresas podem não ser consideradas multifamiliares ou simplesmente familiares, e também as próprias empresas multifamiliares podem não se considerar familiares ou multifamiliares.

Para Grzeszczeszyn e Machado (2006), diversas áreas estudam as empresas familiares como objeto de estudo, tais como: administração, economia, contabilidade, psicologia, antropologia e sociologia, mas ainda permanecem diversos dilemas sobre a dinâmica de funcionamento das empresas familiares. Os autores ressaltam que, no Brasil, a despeito do amplo enfoque em estudos de casos, poucas são as diretrizes formuladas, o que ocasiona uma variedade de pesquisas sem a convergência necessária para a criação de uma teoria da empresa familiar. De acordo com Sharma (2004) e Chrisman, Chua e Sharma (2005), o impedimento na criação de teorias também está vinculado à indefinição do que vem a ser uma empresa familiar.

A tabela 8 apresenta os tipos de abordagens das pesquisas sobre empresas familiares.

Tabela 8. Abordagens das pesquisas

Ano	Qualitativo	Quantitativo	Quanti-Quali
1967	1	-	-
1978	1	-	-
1983	-	1	-
1987	-	1	-
1991	-	1	-
1992	-	1	-
1994	2	-	-
1995	-	-	1
1996	1	-	-
1997	1	-	1
1998	2	-	-
1999	1	-	-
2000	8	1	-
2001	2	-	-
2002	4	1	-
2003	6	-	-
2004	4	1	1
2005	4	-	-
2006	11	1	-
2007	7	1	-
2008	19	1	2
2009	8	1	-
2010	13	-	-
2011	7	-	-
2012	13	3	-
2013	8	2	-
2014	3	1	-
Total	126	17	5

Fonte: elaboração própria.

Percebe-se que os artigos científicos sobre empresas familiares estão amplamente restritos à abordagem qualitativa, o que limita o desenvolvimento de novos trabalhos haja vista que as pesquisas quantitativas possibilitam que diversos elementos sejam estudados, assim como conhecer as empresas familiares a partir de generalizações.

A preferência dos pesquisadores consiste em estudar mais profundamente uma situação específica. É imprescindível também que novas pesquisas sejam desenvolvidas fazendo uso de abordagens qualitativa e quantitativa.

A tabela 9 demonstra os instrumentos de coleta de dados utilizados nas pesquisas sobre empresas familiares.

Tabela 9. Instrumentos de coleta de dados

Ano	Documental	Bibliográfica	Observação	Questionário	Entrevista
1967	1	1	-	-	-
1978	1	1	-	-	-
1983	1	1	-	1	-
1987	-	-	-	1	-
1991	-	-	-	1	-
1992	-	1	-	1	-
1994	-	2	-	-	-
1995	-	1	-	1	1
1996	-	1	-	-	-
1997	1	1	-	-	1
1998	1	-	2	-	2
1999	1	-	-	-	-
2000	4	3	2	1	3
2001	1	1	-	-	1
2002	2	4	1	3	4
2003	3	6	3	1	4
2004	1	6	1	2	3
2005	3	4	1	1	3
2006	6	9	6	2	11
2007	3	7	2	1	8
2008	10	10	5	6	12
2009	7	4	2	1	7
2010	5	3	5	1	10
2011	5	1	4	-	6
2012	6	6	5	1	10

Ano	Documental	Bibliográfica	Observação	Questionário	Entrevista
2013	2	3	5	2	5
2014	1	2	2	-	2
Total	65	78	46	27	93

Fonte: elaboração própria.

Devido à preferência por pesquisas qualitativas, naturalmente, a coleta de dados por meio de documentos, de bibliografias, de observação e de entrevistas foi a mais utilizada, em detrimento de questionários, normalmente utilizados em trabalhos quantitativos. A entrevista foi o instrumento de coleta de dados mais utilizado, o que é congruente com a tabela 10, que apresenta o estudo de caso como a estratégia de pesquisa preferida dos pesquisadores.

A tabela 10 identifica as estratégias de pesquisa mais utilizadas nas pesquisas sobre empresas familiares.

Tabela 10. Estratégias de pesquisa

Ano	Estudo de caso	*Survey*	Historiografia	Etnografia
1967	-	-	-	-
1978	-	-	-	-
1983	-	1	-	-
1987	1	1	-	-
1991	-	1	-	-
1992	-	1	-	-
1994	-	-	-	-
1995	-	-	-	-
1996	-	-	-	-
1997	-	-	-	-
1998	2	2	1	-
1999	1	-	1	-
2000	3	1	1	1
2001	1	-	1	-
2002	2	2	-	-
2003	4	-	3	2
2004	3	-	-	-
2005	2	-	1	1
2006	11	1	1	2

Ano	Estudo de caso	*Survey*	Historiografia	Etnografia
2007	8	1	-	1
2008	14	3	2	-
2009	6	2	3	-
2010	10	-	5	-
2011	7	-	2	1
2012	11	-	3	-
2013	8	-	-	-
2014	2	-	-	-
Total	96	16	24	8

Fonte: elaboração própria.

O estudo de caso é amplamente adotado como estratégia de pesquisa, tornando quase imperceptível a utilização da historiografia,[2] do survey[3] e da etnografia.[4] A disseminação do estudo de caso, que apesar de possibilitar *insights* concisos e completos da realidade estudada, limita o desenvolvimento de novas pesquisas sobre empresas familiares.

A tabela 11 contempla as técnicas de análise dos dados utilizados nas pesquisas sobre empresas familiares.

Tabela 11. Técnicas de análise de dados

Ano	Análise de conteúdo	Análise do discurso	Estatística
1967	-	-	-
1978	-	-	-
1983	-	-	-
1987	-	-	-
1991	-	-	-
1992	-	1	-

2 O método historiográfico consiste na descrição e na interpretação da história de um objeto de estudo (Cruz, 2006).

3 A pesquisa *survey* consiste no levantamento das informações de um grupo de pessoas que se deseja conhecer por meio de análises quantitativas.

4 A etnografia é um método de pesquisa utilizado com o objetivo de conhecer a cultura ou o estilo de vida de um objeto de estudo por meio de todos os dados previamente levantados a partir da antropologia social (Cavedon, 1999).

Ano	Análise de conteúdo	Análise do discurso	Estatística
1994	-	-	-
1995	-	-	1
1996	-	-	-
1997	-	-	-
1998	-	-	-
1999	-	-	-
2000	2	-	-
2001	-	-	-
2002	3	-	-
2003	3	-	-
2004	-	2	1
2005	1	-	-
2006	7	1	1
2007	5	1	-
2008	16	-	3
2009	5	2	1
2010	11	2	-
2011	6	1	-
2012	9	-	2
2013	8	1	2
2014	2	-	-
Total	78	11	11

Fonte: elaboração própria.

A análise de conteúdo e a análise de discurso são as técnicas de análise de dados mais utilizadas em pesquisas qualitativas na área de empresas familiares, enquanto os métodos estatísticos são pouco disseminados devido ao número reduzido de pesquisas quantitativas.

A tabela 12 demonstra os trabalhos que estudaram a relação entre pais e filhos em organizações familiares.

Tabela 12. Pesquisas que abordam a psicanálise e a relação entre pai e filho

Artigo	Autores	Temáticas
1978, Rausp: A relação pai e filho nas empresas familiares.	Kanitz e Kanitz (1978)	Relacionamento pai e filho.
1998, EnAnpad: Análise do processo sucessório em empresa familiar – um estudo de caso.	Campos e Mazzilli (1998)	Relacionamento pai e filho; psicanálise (não tem referencial teórico); e sucessão.
2008, EnAnpad: Fotografia de família – contribuições da abordagem psicanalítica para o estudo sobre organizações familiares 2010, RAC: Fotografias de família pela ótica das sucessoras – um estudo sobre uma organização familiar.	Lopes (2008), Lopes e Carrieri (2010)	Vínculo; subjetividade; relação de poder; e relacionamento entre pai e filha.
2010, EnAnpad: Carreiras e processo sucessório na empresa familiar – uma análise à luz da teoria psicanalítica.	Merhi et al. (2010)	Carreiras e gestão de pessoas; psicanálise; e sucessão.
2010, EnAnpad e 2012 Rausp: Dilemas de pais e filhos no processo sucessório de empresas familiares.	Flores Jr. e Grisci (2010, 2012)	Relacionamento pai e filho; e sucessão.
2008, EnAnpad: Do mito do fundador ao mito do Édipo – possíveis contribuições psicanalíticas.	Rossato Neto (2008)	Psicanálise; e mito e fundador.
2012, EnAnpad: Papai não trabalha mais? A contribuição da psicanálise no estudo do processo sucessório em uma empresa familiar.	Desordi e Frantz (2012)	Psicanálise (Lacan); função paterna; e sucessão.

Fonte: elaboração própria.

Os precursores do estudo sobre o relacionamento entre pai e filho nas empresas familiares foram Stephen Charles Kanitz e Lilian Maria Kanitz, em artigo publicado na Rausp, em 1978. A proposta dos autores se concentra em auxiliar os empresários a fim de não se desiludirem com o filho que lhes sucederá, restringindo-se a três importantes conceitos: "aspirações do pai com relação ao próprio ser", que explica os dilemas que o fundador enfrenta com a possibilidade de se aposentar; "aspirações do pai com relação ao filho", significando aqui os desejos frustrados do pai que recaem sobre o filho, o que prejudica o relacionamento entre ambos; e "aspirações do filho com relação ao próprio ser", que consiste na busca por uma identidade própria.

Depois de 20 anos, surge no EnAnpad a segunda pesquisa que contempla não somente a convivência entre pai e filho nas empresas familiares, mas também a abordagem psicanalítica (Campos e Mazzilli, 1998). O estudo foi realizado numa empresa centenária que está na quinta geração. Os resultados da pesquisa demonstraram que para a efetivação da sucessão é preciso que o filho seja capaz de preservar a relação com o pai, mesmo que possua sentimentos de amor e culpa, e concomitantemente, transgrida e questione as leis do patriarca, o que pode constituir um novo plano para a empresa, transformando sua estrutura, estratégia e futuro.

Lopes e Carrieri (2010) e Lopes (2008) estudaram os vínculos estabelecidos entre indivíduo, a partir da sua história de vida, e organização, que caracterizam sua permanência ou exclusão da empresa familiar. Foram utilizados referenciais teóricos da psicanálise, do vínculo social e das relações de poder, bem como da relação entre pai e filhas. Os autores concluíram que a permanência do sujeito não depende apenas das questões relacionadas à organização familiar, mas também da família. A subjetividade e as relações psíquicas dos sujeitos estão vinculadas à racionalidade empresarial.

Merhi e colaboradores (2010) estudaram a psicanálise e uma empresa familiar de médio porte, com atuação há mais de 45 anos no segmento industrial no estado do Espírito Santo. A relação estabelecida desde a infância entre os pais e os filhos e a forma que estes foram criados é refletida na maneira como a empresa é administrada. Existem conflitos e rivalidades na empresa, apesar da união e harmonia entre os membros da família. O processo sucessório é pouco discutido na empresa, e tanto o fundador quanto os seus familiares não gostam de pensar na sucessão, provavelmente, pelo receio de falar sobre a futura ausência do pai.

Com o suporte teórico de Bauman, Flores Jr. e Grisci (2010, 2012) destacaram os dilemas vividos durante o processo sucessório por pais e filhos em cinco pequenas e médias empresas familiares. Os dilemas enfrentados pelos pais estão vinculados à dualidade vida-morte, que diz respeito à sua luta pela sobrevivência, ao pavor de ser excluído e, principalmente, de morrer. No que concerne aos filhos, o dilema está centrado na legitimação pessoal pela aprovação e valorização dos pais e os demais envolvidos na empresa.

Rossato Neto (2008) fez uso da psicanálise para compreender o significado dos mitos nas empresas familiares, especificamente, do mito de Édipo, de Freud, e da castração no processo sucessório. Quanto mais o pai quiser ser e determinar a lei na empresa e na família, mais difícil será a sucessão devido ao medo de perder o poder. O autor cita a obra *Totem e tabu*, de Freud, em que os herdeiros precisam destruir essa lei e matarem o pai para se apossarem de seus saberes e poderes e, consequentemente, darem prosseguimento ou não à empresa da família.

Sob a perspectiva da psicanálise, Desordi e Frantz (2012) pesquisaram o processo de mudança organizacional e o processo sucessório numa concessionária de veículos a partir das quatro modalidades de discurso de Lacan: agente, outro, produção e verdade; ocupados por quatro elementos: o sujeito barrado ou dividido ($), o significante mestre (S1), o saber (S2) e o objeto a. Em seguida, acrescentou um quinto discurso: capitalista, fruto de uma inversão no discurso do mestre. Os resultados demonstram a preocupação com a sucessão e a sua relação significativa com a função paterna.

O propósito deste capítulo foi o de mapear e discutir a produção científica sobre empresas familiares, no Brasil, no período de 1967 a 2014. Os dados evidenciam, pois, o crescimento de estudos e pesquisadores sobre o tema, favorecendo um número expressivo de artigos e publicações outras que permitem o aprofundamento nesse universo peculiar das empresas familiares, que devem conjugar os valores da empresa concomitantemente aos valores da família. São inúmeros os desafios e as possibilidades, portanto importa haver conhecimento disseminado que contribua para o fortalecimento desse tipo de empreendimento altamente importante na economia brasileira.

3. Preparativos, antagonismos e relacionamentos na sucessão

A sobrevivência das empresas familiares tem sido assunto bastante discutido no Brasil e no mundo. Uma das preocupações diz respeito à sua continuidade como forma de assegurar conforto e prosperidade para as gerações futuras. Para que isso seja possível, essas organizações devem encontrar meios para superar os desafios próprios da sua condição de propriedade, de sua configuração, entre os quais a sucessão mostra-se um dos mais importantes desafios (Capelão e Melo, 2001).

Pereira e Oliveira (2010) consideram três os eventos que tornam problemática a realidade das empresas familiares. São elas: complexidade e especificidade de sua natureza, desafios contidos nos interesses diferentes de seus *stakeholders* e momentos críticos como o da sucessão, por exemplo.

A sucessão nas empresas familiares é tema de frequentes pesquisas em virtude da importância desse aspecto na realidade das organizações no Brasil (Faria e Vizeu, 2014) e, na percepção de Lescura e colaboradores (2010), constitui o momento mais importante da empresa familiar por envolver não apenas a transmissão gerencial e patrimonial; mas, muitas vezes, implicando na transferência ideológica também.

Os estudos ganham relevo nessa área em virtude de o tema ser reconhecido como imprescindível no processo de continuidade ou não das organizações. Schlepphorst e Moog (2014) apontam aproximadamente 135 mil empresas familiares passando pelo processo de sucessão entre 2014 e 2018 na Alemanha. Castro, Morais e Crubellate (2001) reiteram a complexidade dos processos de sucessão em geral, mas entendem que na empresa familiar isso se dá em amplitude bem maior que nas demais organizações capitalistas. Em razão disso, Tillmann e Grzybovski (2005) consideram que o tema merece mais atenção dos pesquisadores.

Lourenço, Oliveira e Ferreira (2010) indicam igualmente a evidente preocupação que o tema da sucessão representa para a gestão das empresas familiares na atualidade. Uma vez que a solidez alcançada pelos fundadores é a marca do sucesso da organização, estes desejam, assim, a continuidade desse estado por eles alcançado, logo reforçando a razão para que os estudos nesse segmento sejam ampliados, pois nem sempre ocorre da parte deles a confiança de que seus sucessores deem conta da tarefa tão bem como eles, ao seu ver, o fizeram. Portanto, estudos que apontem os problemas intrínsecos a esse delicado momento na vida das organizações, além de favorecerem o sucesso do processo nas empresas e o fortalecimento do negócio, têm impacto positivo na economia de um país.

Esta observação ganha continuidade de discurso quando Flores Jr. e Grisci (2012) reafirmam a importância dos estudos sobre sucessão, no sentido de que eles possibilitam o correto entendimento sobre a natureza dessas organizações. Já Koelle (2004) indica ser a sucessão um momento previsível da vida das organizações, pois assim como é certo que as pessoas envelhecem, é certo também haver nas empresas a sucessão. Em razão disso, pensar objetivamente sobre a chegada desse momento e a forma mais adequada de enfrentá-lo deve estar entre as mais importantes preocupações de gestores de empresas familiares.

Federico e Barbosa (2001) expressam ser a sucessão uma situação que envolve emoção e razão. Uma se liga à escolha e preparação da pessoa certa na intenção de garantir continuidade à empresa; ao passo que a outra envolve sentimentos, laços familiares, disputas pelo poder e a iminência de ser substituído, abrir mão do poder. Por isso, autores como Lourenço, Oliveira e Ferreira (2010) salientam ser esse processo complexo e cheio de (re)interpretações de valores, dando reforço à necessidade de pesquisas nessas organizações sob o enfoque da dimensão social.

Por envolver assuntos como poder, expectativas, sentimentos, dinheiro e *status*, a sucessão é tema que requer tratamento sério. Deve ser conduzido de modo profissional esse processo, visando à saúde e à preservação da empresa, e com respeito ao desejo dos sócios. O processo sucessório, de modo simples, pode ser percebido como a substituição do criador de uma empresa familiar de primeira geração, na intenção de favorecer a continuidade do negócio que este geriu até então na condição de pioneiro (Duarte e Oliveira, 2007).

Comini e colaboradores (2008) apontam na sucessão outras motivações, a saber: alinhamento dos talentos atuais com os líderes exigidos no futuro, a superação dos desafios estratégicos e operacionais, garantindo a colocação das pessoas certas segundo os momentos e ocasiões que se apresentem; além de, é claro, garantir a continuidade da memória e cultura da organização.

Assim, entre os apontamentos e contribuições dos pesquisadores, destaca-se que o principal objetivo da empresa familiar é alcançar sua perpetuidade. Se esta não fosse a principal razão, a principal preocupação dos fundadores, certamente não haveria tantos conflitos em torno da temática da sucessão. Mas, como visto, a sucessão ganha expressividade nas discussões sobre empresas familiares, especialmente porque alimenta o desejo do fundador quanto à continuidade de sua função.

Koelle (2004) considera importante observar a existência de dois tipos de processos de sucessão nas empresas familiares: a sucessão familiar – quando membros da família também se dedicam à gestão do negócio – e a sucessão profissional, modelo em que a família não atua, apenas seus membros tomam parte como acionistas. Esse modelo foi bastante defendido por estudiosos e consultores de empresas familiares nas décadas de 1980 e 1990. Para eles, a atuação dos membros da família deveria ser restrita à participação no Conselho de Administração, não devendo eles serem os gestores. No entanto, o mesmo autor ressalta que não há uma maneira exata de realizar o evento e que há vantagens e desvantagens em cada tipo de sucessão.

Há que se considerar a importância da figura do fundador, uma vez que este reúne em si as duas dinâmicas fundamentais de uma empresa familiar: o capital e a gestão dos negócios. No entanto, Bernhoeft e Gallo (2003) afirmam que a partir da segunda geração, é mais difícil reunir em uma só pessoa a liderança e a legitimidade que antes se encontravam apenas no fundador. Mesmo sendo habilidoso e competente, dificilmente um herdeiro consegue ser aceito como o substituto legítimo; em razão disso, aponta-se como conveniente encaminhar uma dupla sucessão: um herdeiro administra no sentido de zelar pela sociedade e gerir os conflitos naturais entre os sócios-herdeiros, e outro dirige os negócios, funções para as quais habilidades diferentes são exigidas.

A sucessão, como apontado por Lissa, Mojuski e Drachemberg (2007), é o ponto mais importante para a continuidade da empresa. Sinalizam que a sobrevivência das empresas familiares está, não raras vezes, associada ao sucesso do processo de sucessão, pois dele resultam mudanças de valores, ideologias, políticas, modelos de gestão, bem como alterações culturais e estruturais. Também em relação ao momento de mudança, Oliveira, Albuquerque e Pereira (2013) dizem que os resultados normalmente se ligam a crises financeiras e de gestão, implicando ameaças à sobrevivência e à continuidade dos negócios. Trazem também conflitos e rompimentos entre os membros da família, seja no cotidiano da empresa, ou mesmo nas relações familiares.

Por essa razão, a empresa familiar pode ser entendida como um cenário favorável à expressão de dilemas que são explicados pela vivência de uma situação difícil ou delicada para a qual não se vislumbram saídas que não sejam complexas ou doloridas. A relação entre os protagonistas diretos da sucessão é potencialmente delicada por aliar vínculos de ordem afetiva e profissional que se agregam a diferentes entendimentos acerca do negócio, além da possível falta de diálogo. Essas situações parecem reforçar o dilema ligado ao processo sucessório; ao seu planejamento, execução e desfecho (Flores Jr. e Grisci, 2012). Em virtude dos impactos que a sucessão pode conferir à organização, ela deve ser vista como uma estratégia empresarial. Dos resultados da implementação da sucessão dependem a continuidade ou não do negócio, o sucesso ou o fracasso da empresa (Grzybovski, Hoffmann e Muhl, 2008).

Lima, Silva e Conde (2010) consideram haver, neste processo, discussões sobre a multidimensionalidade da sucessão, associando-a a um fenômeno complexo para o qual se pode proceder ou não a um planejamento. Nesse caso, incluem-se situações para o treinamento de sucessores, podendo estas serem formais e informais.

Há autores como Chittoor e Das (2007) que apontam a profissionalização como uma alternativa a esse momento de sucessão, mas considerando alguns cuidados de modo a garantir que seja um processo tranquilo e com o desempenho desejado. Eles afirmam ser necessário planejar os mecanismos de saída dos membros da família que tenham outras ambições empreendedoras ou desejem outra carreira; ao selecionar um executivo que não seja externo, que seja dada a preferência para a sucessão a um executivo com moderada experiência no negócio; também que se incluam executivos profissionais-chave para fazerem parte do Conselho de Administração, de modo que sua atuação se alinhe aos interesses dos donos.

A consultoria PricewaterhouseCoopers (PwC, 2014) divulgou dados de uma pesquisa realizada em mais de 40 países, entre eles o Brasil, abrangendo mais de 2.400 organizações. Os resultados mostraram que as empresas familiares brasileiras cresceram 79%, em 2014, 14 pontos percentuais acima do resultado global, números semelhantes aos dados da pesquisa de 2012. Entre as empresas brasileiras e globais, 67% e 70%, respectivamente, estão ainda na primeira e segunda gerações. Desse modo, o tema sucessão passa a ser pensado com maior frequência, uma vez que, como apontou também essa pesquisa, as principais prioridades das empresas familiares indicam o desejo de permanecer no negócio e melhorar a lucratividade. Questões familiares e da comunidade ficaram entre as últimas preocupações.

Assim, relativo às questões envolvendo o processo sucessório, mais da metade das empresas tem, entre suas preocupações, passar a propriedade para a próxima geração. No entanto, a consultoria observou que essa temática ainda não foi totalmente compreendida nem tratada adequadamente por muitas organizações. Neste estudo, do total, 34% das empresas familiares brasileiras responderam que tinham um plano de sucessão em vigor para algumas ou todas as funções sêniores (abaixo da média global de 53%), mas somente 30% desses planos estavam adequadamente documentados. Apenas 11% (16% no mundo) tinham algum procedimento que poderia sinalizar oficialmente um processo de sucessão. Na média global, esse índice sobe apenas para 25% entre os participantes da pesquisa com mais de 65 anos (PwC, 2014).

A partir da exposição relativa à complexidade dos processos sucessórios, o presente capítulo apresenta seis dimensões importantes a serem consideradas para a adequada implementação da sucessão: o planejamento do processo sucessório; a família na empresa e os seus desdobramentos; o sucessor, especificamente seu início na empresa e as primeiras experiências, a preparação, a escolha e a sua legitimação; os *stakeholders*; o fundador; e a profissionalização.

O planejamento do processo sucessório

Apesar de ser uma realidade iminente a muitas organizações, poucos executivos dedicam a necessária atenção ao processo sucessório, já que o planejamento para a sua execução é quase inexistente (Federico e Barbosa, 2001). Nesse sentido, também Oliveira, Albuquerque e Pereira (2013) identificam esse momento como crítico para as empresas familiares, o que vem a ser agravado pela ausência de planejamento.

A sucessão deve ser vista como um processo e não um evento (Lansberg, 1988), devendo, em virtude dessa afirmação, ser entendida como o resultado de uma jornada construída pela família, por um indivíduo e pelos membros da organização, o que significa pensar o destino dos indivíduos, alimentar ou encerrar os sonhos e expectativas em comum (soma do trabalho de décadas). Ao conceber a sucessão sob este aspecto, ela passa a ser identificada antes de os sucessores se inserirem nos negócios de modo formal (Albuquerque, Oliveira e Pereira, 2012).

Dessa maneira, amplia-se a perspectiva sobre o alcance da palavra planejamento, já que este não se dará apenas em função da sucessão em si, mas terá alcance também sobre a vida pessoal e/ou profissional de cada um dos familiares que poderão vir a ingressar na empresa. Como consequência desse entendimento, uma série de ações se desenvolvem na organização com o intuito de gerar resultados satisfatórios, a saber: observação do perfil de modo a perceber se é ou não recomendável determinada função na empresa, quais seriam as funções mais bem desempenhadas de acordo com o perfil apresentado. Além disso, a elaboração de um plano de cargos e salários, quais as expectativas alimentadas e quais as que, mais provavelmente, não serão atendidas.

Sabedores já do momento delicado que a sucessão implica, importa que o seu planejamento seja acompanhado de transparência, ou seja, é preciso ter claro o que pode e o que não pode ser feito, quais são as obrigações de cada um dos envolvidos e quais as expectativas que sobre eles se depositam. Deixar definido também quanto tempo cada líder ficará em cada departamento, se há e quais são as expectativas de crescimento na empresa, além de ser possível vir a assumir cargos mais altos na hierarquia da empresa.

Mosele e Biehl (2004) ponderam que muitas são as famílias empresárias que entram para o mercado sem demonstrar a preocupação com a continuidade ou a permanência dos empreendimentos. Dedicam-se por inteiro à tarefa de construir e manter o negócio e se esquecem de pensar para além do presente, sobre as perspectivas do negócio no futuro. Assim, se os ideais foram promissores na episteme, prescindem da capacidade para continuidade do negócio por mais de uma geração.

Além disso, é importante que o planejamento da sucessão comece no início do ciclo de vida da empresa, pois, como apontam Harvey e Evans (1994), o tempo e o modo de entrar na empresa representam situações críticas que a geração da família que está no comando dos negócios vai precisar administrar. Para isso, a sugestão é planejar a longo prazo, aos poucos, o processo sucessório de modo a minimizar os conflitos e consequências negativas para a empresa.

O sucesso no período de transição de gestores está relacionado à definição de estratégias que envolvam o espaço e as relações familiares e, ao mesmo tempo, consideram aspectos de mercado, relações empresariais e transmissão da propriedade. Relevante também é atentar para a compreensão das fases de desenvolvimento em que se encontram a empresa e a família, devendo ter igualmente prestígio a capacitação gerencial na escolha de um sucessor que vai representar a família proprietária, uma vez que o processo de gestão e o programa de sucessão são processos delicados e de grande complexidade na empresa familiar (Grzybovski, Hoffmann e Muhl, 2008).

O planejamento da sucessão contribui para ressalvar a empresa de desentendimentos e conflitos mais profundos, além de proporcionar a transparência necessária em relação aos procedimentos adotados, envolvendo a participação dos *stakeholders*, assegurando assim a sua aceitabilidade.

Do planejamento e organização do processo sucessório, resulta a amenização de possíveis disputas entre os potenciais sucessores quando da definição sobre quem vai assumir a direção da organização. Quando esta situação não está colocada claramente na empresa, aumenta a ocorrência de conflitos, podendo abalar a cultura organizacional, além de causar desestruturação na organização, ocorrências que acarretam mais demandas para a gestão em um momento já carregado de tensões (Comini et al., 2008).

Mosele e Biehl (2004) ampliam as considerações sobre a importância do planejamento a longo prazo, ao afirmarem que um planejamento elaborado por meio de ações desassociadas fundamentado nas necessidades pontuais que se apresentam implica experiências traumáticas na troca de gestão, o que, na essência, repercute na possibilidade de sobrevivência e perpetuação da empresa. Além do mais, as ameaças que a globalização impõe a esse tipo de negócio, também não deixam como legado aos seus descendentes um lugar de destaque na economia moderna, contribuindo para a resistência a mudanças em seu percurso, ocasionando o encerramento de atividades ou a aquisição da empresa familiar por grandes redes. Essas são ações possíveis de se concretizarem na organização em virtude também dos fatores inconscientes e psíquicos, que favorecem a ocorrência de sabotagens e fraquezas. Também devem ser considerados os agentes perturbadores na individualidade e na família que concorrem para o insucesso da sucessão. Os autores discorrem sobre os contratos secretos que se estabelecem e tornam mais delicada a transição entre gerações como fatores que aumentam ainda mais as dificuldades para a sobrevivência da organização. Logo, as ações bem planejadas e transparentes para a sucessão são necessárias a fim de que a organização continue ativa, com condições de dar continuidade aos negócios, mobilizando seus esforços em virtude de sua permanência e atuação no mercado, o que já representa desafios suficientes.

Como se tem observado, os estudos sobre a sucessão apontam para a sua complexidade. Lussier e Sonfield (2012) desenvolveram uma pesquisa com o objetivo de calcular e comparar os diferentes níveis de planejamento sucessório em diferentes países. Para isso, 673 empresas familiares de sete países (Croácia, Egito, França, Índia, Kosovo, Kuwait e Estados Unidos) foram observadas. Note-se que são países com diferentes características econômicas e históricas, apresentando também diferentes níveis de empreendedorismo. Constataram-se diferenças significativas em relação ao nível de planejamento da sucessão por país, salvo a Índia, que não apresentou mudanças importantes em relação aos demais países. Os autores realizaram diversas comparações entre os países participantes a partir de uma série de variáveis: tempo de vida da empresa familiar, número de empregados, setor de atuação e tipo de propriedade. Evidenciou-se que os EUA e a França apresentaram, significativamente, menos planejamento sucessório extensivo do que o Kuwait, o Egito e a Croácia. Kosovo revelou significativamente menos planejamento sucessório extensivo do que o Egito e a Croácia. A Índia está no meio, sem diferenças significativas no planejamento sucessório em relação aos outros seis países. Essas manifestações tão diversas quanto ao modo de condução do planejamento do processo sucessório nos países pesquisados reforça a delicadeza do momento com o qual as organizações se defrontam quando for chegada a hora de determinar os rumos das empresas.

O planejamento é a estratégia a ser adotada para que se minimizem os conflitos do processo sucessório, implicando, no entanto, necessidade de amadurecimento desta ferramenta para a geração de resultados que atendam às expectativas dos envolvidos. Mesmo que esse processo implique grande tensão entre gestores e herdeiros, a sucessão pode ser um momento pacífico, sem rupturas e com ponderação, desde que planejada e executada como estratégia empresarial; ela também pode ser destacada como estratégia de sobrevivência empresarial (Grzybovski, Hoffmann e Muhl, 2008).

Parte das dificuldades enfrentadas nesse momento – na organização – deve-se à ausência de planejamento familiar e, sendo a empresa familiar, as ações que nela se desenvolvem estão em sintonia com o que na família se experimenta. Nela, os eventos do dia a dia são frutos da rotina e ainda que haja uma espécie de planejamento, é uma atividade restrita aos pais, que poucas vezes envolvem os filhos nos planos da casa. Assim, essa situação se reproduz, principalmente, nas pequenas empresas familiares que, na maioria das vezes, não possuem um planejamento estratégico, tão pouco um voltado para o processo de sucessão (Bohnenberger, Schmidt e Freitas, 2007). Observa-se, ainda, que justamente são as pequenas empresas as mais expostas ao problema da sucessão, uma vez que, ao mesmo tempo, precisam se preocupar com a transmissão do poder, da propriedade e da gestão. Já nas de grande porte, pela influência da atuação de executivos externos e participação de suas ações no mercado de capitais, o processo de transição mostra-se mais ameno (Leone, 2004).

O planejamento precisa estabelecer diretrizes que minimizem ou até mesmo eliminem as divergências que poderão surgir ao longo da implementação da sucessão, além de definir critérios que garantam que a empresa e os membros da família saiam incólumes de tal processo (Grzybovski, Hoffmann e Muhl, 2008).

Simões e Carrão (1996) também expressam que o fato de a sucessão ser planejada e gradual permite a adequada capacitação de seus potenciais sucessores, levando-os a adquirirem conhecimentos específicos da atividade em que a empresa atua. Para eles, essa seria a sucessão mais aconselhável, evitando-se traumas e conflitos nocivos para a organização e para os envolvidos, reforçando-se que os envolvidos tomam parte tanto da família quanto da empresa; devendo, também neste espaço profissional, haver zelo para que as boas relações pessoais sejam mantidas, bem como o desempenho das funções técnicas que levam ao alcance dos resultados financeiros que a empresa almeja.

Assim, entende-se que o planejamento possibilita a criação de critérios com antecedência e, ao se permitir que sejam conhecidos esses critérios que conduzirão o processo sucessório, evitam-se rivalidades, ciúmes, vaidades e disputas que podem comprometer a continuidade do negócio (Oliveira, Albuquerque e Pereira, 2013).

Um empreendimento familiar deve dar ao planejamento a importância que esta ferramenta possui. Ao se conduzir o processo de sucessão de forma não transparente quanto aos critérios que vão determinar a escolha do sucessor, não se geram problemas apenas na organização, mas também se acarretam consequências danosas para a família, em virtude da dificuldade que, via de regra, apresenta-se nessas relações de se separar os aspectos pertinentes à vida familiar dos profissionais. Logo, deixar esclarecidos os meios que nortearão essa mudança, é o procedimento inicial a ser adotado num longo percurso com o propósito de alcançar sucesso em todas as etapas até a efetivação do processo sucessório.

A família na empresa e os seus desdobramentos

A empresa familiar traz, em sua adjetivação, ao mesmo tempo a sua potência e a sua fragilidade. O desempenho das atividades profissionais junto a familiares pode ser positivo na medida em que as relações de confiança sugerem comprometimento e solidez; mas, do mesmo modo, elas são propícias ao surgimento de tensões, mágoas e desentendimentos explícitos. A possibilidade de sucesso é possível em decorrência do esforço de buscar manter separados os aspectos racionais (do campo do trabalho) dos aspectos emocionais (relativos à família), almejando a realização pessoal e profissional do mesmo modo (PwC, 2014).

Lescura e colaboradores (2012) dizem que as empresas familiares são consideradas sistemas complexos em virtude de reunirem em si dois contextos muitos distintos quanto à natureza e seus objetivos, quais sejam, a família e a organização, cujos universos precisam ser compatibilizados, o que representa grande desafio. Por essa razão, é fundamental conhecer profundamente essas duas dimensões com o objetivo de compreender a lógica que rege as organizações familiares.

Flores Jr. e Grisci (2012) afirmam que a empresa familiar é diferente das outras organizações pelo fato de ela trazer consigo, inerente à sua constituição, a expectativa de perpetuidade, assumida não só no ambiente organizacional, mas também entre os membros da própria família.

Tomar as organizações familiares como espaço de coexistência desses dois sistemas (família e empresa) implica a necessidade de compreender os aspectos inerentes ao universo empresarial, bem como os aspectos próprios da família empresária como condição necessária para o entendimento desses objetos de estudo. Cumpre destacar a relevância de estudos que busquem compreender as duas dimensões de forma equivalente, analisando as suas interações e também os resultados desse entrecruzamento (Lescura et al., 2009).

Oliveira, Albuquerque e Pereira (2013) também caracterizam as empresas familiares pela existência de relações entre a família e a empresa, entendendo ainda que estas não se limitam ao âmbito da gestão apenas; segundo eles, abrangendo de modo especial o que contempla a propriedade e a influência da família no modo como os negócios são conduzidos. Consideram ainda que, embora essas duas dimensões pareçam diferentes, pesquisas continuam demonstrando, ao estudar mais profundamente as questões relativas à empresa familiar, que conhecer a cultura, o contexto e o modo de viver tanto da empresa quanto da família é de fundamental importância para compreender as particularidades dessas organizações.

A empresa familiar tem sua dinâmica empresarial delineada pelas relações familiares e não familiares que ali se desenrolam, imprimindo-lhe certo nível de complexidade por envolver relações afetivas, econômicas e financeiras numa dimensão socioempresarial. Essa dinâmica assim se apresenta pela influência dos meios simbólicos, étnicos e culturais que têm origem no modelo de gerência implementado pelo fundador quando se constituiu a empresa, que é modificado pelos sucessores em consonância com a dinâmica da instituição família empresária (Grzybovski, 2007). As relações que na empresa se efetivam são decorrentes das relações experienciadas na família, situadas num novo espaço, em que são confrontadas com outros tipos de relação, moldando, dessa forma, a dinâmica empresarial.

Nesse sentido, pesquisadores devem atentar às contradições que, com facilidade, ali se manifestam, considerando a dinâmica particularizada e a multiplicidade de sentidos que caracterizam as organizações familiares. Nesse modelo de organização, é possível que se localizem racionalidades opostas, que fiquem evidentes objetivos diversos que, às vezes, atendem a necessidades e anseios da organização, ao passo que, em outro momento, visam ao atendimento de objetivos particulares, ou de interesse da família. Essa pluralidade de manifestações e interesses implica dificuldade para se apresentar modelos, ou fórmulas que intentem compreender a dinâmica e funcionamento das empresas familiares, pois, como observado, tanto aspectos objetivos quanto subjetivos influenciam as ações que ali se concretizam cotidianamente (Lescura, Brito e Cappelle, 2010).

Devido então a esse entrecruzamento de interesses particulares, da família e da organização, as estruturas de funcionamento das empresas familiares são tão múltiplas, resultando, assim, em comportamentos singulares por parte de seus integrantes, aos quais é permitido, ao mesmo tempo, participar do convívio familiar e das relações de negócios nas esferas pessoais e profissionais (Naldi et al., 2015). Em razão disso, tem-se dificuldade em apontar modelos que deem conta de situações-problema específicas nas organizações desse formato: as esferas pessoais de uma família não se igualam às esferas pessoais de outra família, que se manifestam na empresa familiar. Da conjugação de subjetividades e objetividades moldam-se as relações nesse empreendimento. Esse entrelaçamento, segundo Lescura e colaboradores (2009), ocorre em função de o mesmo grupo de pessoas estar envolvido em sistemas que possuem objetivos muito diferentes. Os interesses da família e os interesses do sistema empresarial não são os mesmos. Enquanto este se constitui pelo espírito competitivo, aquela se empenha pela união dos integrantes, pela unidade e harmonia nos relacionamentos.

Essa oposição quanto aos objetivos de cada um destes sistemas (em coexistência) ganha visibilidade quando os papéis de pai, filho, cônjuge, genro e nora são ocupados por gerentes, diretores, empregados, acionistas e ou detentores potenciais do patrimônio. Esse fato torna muito mais complexas as relações entre gestores e subordinados, que não são unicamente funcionários, mas sujeitos que possuem laços de afetividade. Com essa simultaneidade de papéis e tensão presente entre os valores e interesses individuais e organizacionais, esse universo – o das empresas familiares – mostra-se plural, diversificado e multifacetado, nele se manifestando sentimentos de todo tipo, podendo ser negativos ou positivos. Por isso, é preciso muita sensibilidade para lidar com as emoções ao se trabalhar com integrantes da família (Lescura et al., 2012).

Atenta-se para a ocorrência frequente de conflitos devido ao entrecruzamento de papéis: um irmão ocupando cargo de chefia, por exemplo; o outro subordinado ao primeiro. Em casos como esse, é preciso discernimento para diferenciar a posição de sujeito que cada um deles ocupa nesse espaço, não devendo as circunstâncias motivadoras de conflitos na organização terem no espaço familiar a sua continuidade ou tentativa de resolução.

É possível considerar que, quando problemas dessa ordem surgem nas organizações familiares, estendendo-se para o espaço familiar, estão em jogo não apenas a sobrevivência organizacional, mas igualmente a sobrevivência do projeto familiar (Lescura et al., 2010).

Problemas assim não são encontrados nas empresas não familiares, pois são permeadas pela dinâmica sociocultural e pelo contexto profissional e organizacional. No entanto, nas empresas familiares existe um referencial subjetivo preestabelecido que permeia sua dinâmica e faz parte dela, o sistema de valores da família (Silva Junior, Martins da Silva e Leite da Silva, 2013). Esse componente subjetivo diferencia o tipo de relações que ali se desenvolvem, apontando tanto para consequências positivas quanto negativas dessa intersecção.

Garcia e Moreira (2008) reafirmam a dinâmica própria de gestão que as empresas familiares apresentam. Eles indicam haver um projeto comum entre a organização e os empregados, que toma por base os valores familiares – solidariedade, cooperação e dedicação – os quais permeiam as relações de trabalho. Mas esse projeto em comum, os valores familiares permeando a dinâmica da organização, também traz consequências ruins, como, por exemplo, as dificuldades gerenciais em separar o emocional do racional, além de caracterizar-se como cenário favorável para a trama de jogos de poder, concorrendo para que haja controle psicossocial.

Lopes e Carrieri (2010) ratificam a indissociabilidade entre a dinâmica organizacional dessas empresas das particularidades da instituição familiar, alegando que aspectos psicológicos/subjetivos relativos à família interferem na lógica das relações de trabalho.

A respeito do exposto, Faria e Vizeu (2014) acrescentam que os estudos sobre as empresas familiares geralmente abordam aspectos emocionais e psicológicos, que fogem ao escopo da racionalidade administrativa. Portanto, mesmo que os estudos sobre as empresas familiares tenham se ampliado, seu foco é justamente nos aspectos complexos das relações familiares que emanam nas organizações, salientando-se a interferência destes nos processos de gestão.

Assim, em função do desencontro de interesses e comportamentos, as empresas familiares são permeadas por aspectos, ora subjetivos, representados pela racionalidade substantiva, ora por aspectos profissionais, representados pela racionalidade instrumental.

As empresas familiares se constituem em torno de um modelo particular de gestão, misturando-se preceitos instrumentais com preceitos substantivos; evidenciando, em boa parte dos casos, mais ênfase nos fatores emocionais. Sendo assim, da atuação da família nos negócios decorre a possibilidade de aspectos simbólicos permearem a dinâmica empresarial, o que não deve ser percebido apenas como problemático. Esses aspectos podem contribuir para tornar os membros da organização mais unidos (Lescura et al., 2012).

Não há como estudar e compreender as particularidades presentes nas empresas familiares sem considerar os aspectos ora contemplados que as influenciam diretamente em algum momento do seu ciclo de vida e consentir que a racionalidade instrumental e a racionalidade substantiva sejam imprescindíveis para essas organizações. É da conjugação desses polos opostos que surge a identidade desse tipo de organização, por isso, ao estudar as mesmas, a palavra "particularidades" é tão recorrente.

Ao se buscar compreender as particularidades dessas organizações, sua complexidade deve ser associada à precedência da família sobre os negócios e a estreita relação entre relações afetivas e o contexto organizacional. Convém considerar que as relações políticas que ali ganham corpo assentam-se sobre vínculos que já existiam antes da empresa e que vão interferir, provocar comportamentos e reações, impactando de modo bem significativo na subjetividade dos envolvidos (Lopes, Carrieri e Saraiva, 2013).

Em continuidade às revisões sobre família e organização, Castro, Morais e Crubellate (2001) indicam considerar a diferença básica entre família e organização a partir dos limites ou ausência deles nas relações que se efetivam nestes dois espaços. Na família, por se considerar as relações do tipo primário, os limites de uso e contribuição não são formalizados ou nem mesmo preestabelecidos, sendo normal a ocorrência de extremos, visto que não se divisaram limites. Já no segundo tipo de unidade social, organização familiar, os limites tendem a ser oficializados e obedecem a um padrão (em diferentes graus), delineando o cargo e caracterizando a objetivação do papel social.

Castro, Morais e Crubellate (2001) ressaltam que não se deduz, porém, a natureza da organização familiar da comparação direta entre empresa e família. Sugere-se atenção à diferença de sentido expressa nas formulações família na organização e empresa como instrumento para uso da família (empresa familiar tradicional).

Pela associação, em sua raiz, da família com a organização, que tem seus valores decorrentes de fatores histórico-cultural-afetivos dos seus membros controladores, os relacionamentos que ali se traduzem são de natureza bem peculiar; frutos dos caminhos percorridos pelas famílias em prol da sua sobrevivência e da sobrevivência do seu negócio. Dessa junção de propósitos e valores é que se desenham os universos bem particularizados e diversos das organizações familiares. Nelas, desenvolve-se uma diversidade de atividades que não estão dispostas formalmente ou que façam parte de um rol instituído como competências e obrigações. Desempenham-se ali atividades que têm como base a força produtiva da família, mas não dispostas segundo uma estrutura formalizada de relações, nem de hierarquia, estando ausente também o aspecto legal em muitos casos. As organizações familiares são compostas por pessoas cujos relacionamentos podem ser informais e pessoais, envolvendo principalmente questões afetivas ligadas à família, com a qual se trabalha sem a formalização dos vínculos trabalhistas (Lima, Soares e Souza, 2006).

No entanto, como Brito e Silva (2010) afirmam, essa aproximação entre as duas esferas traz dificuldades também, podendo repercutir negativamente na gestão em virtude de os interesses diferentes gerarem tensões cuja resolução não seja tão simples assim, mas que exigem dos gestores medidas objetivas e corretas de administração. As tensões oriundas de relacionamentos no trabalho entre os membros de uma empresa normalmente são mais delicadas de administrar do que entre empregados sem os vínculos familiares. Isso acontece, segundo os autores, pela tendência de reproduzirem as situações de uma esfera na outra, ocasionando, muitas vezes, a dissolução de vínculos.

Lima, Soares e Souza (2006) discorrem acerca da dificuldade de separar família e negócios, que se imbricam de tal forma que uma esfera interfere na outra e parece não haver possibilidade de diferenciação. O trabalho está vinculado a um aspecto social da vida humana, representando um dos componentes da identidade do indivíduo, mas que se vê, nestes casos, entrecortada pela esfera da vida privada e familiar. O homem constrói sua identidade, como ser social que é, a partir de elementos oriundos de diferentes esferas que vão se misturando no decorrer de sua vida.

Essa mistura de esferas, aqui com ênfase à mistura de organização e família, não se dá de maneira única. Cada família é constituída por indivíduos que se constroem pelas vivências que experimentam, sendo, portanto, diferenciadas entre si. Essas particularidades todas vão conferir às organizações a que pertencem, seja como empregados ou na condição de proprietários, diferenças na dialética entre gestão e família (Lima, Soares e Souza, 2006). O mesmo sujeito que tem a sua identidade marcada pela influência recebida na família é o que, na organização da sua família, repercute essa vivência, implicando também a possibilidade segura de ocorrer o inverso: da vivência na organização e das relações e conflitos que lá se concretizam manifestar reflexos no ambiente familiar.

Por isso, a empresa familiar, não raro, pode ser descrita como paradoxal. Ao mesmo tempo que sua força reside na comunhão de interesses da família em prol do negócio, é necessário administrar complexas questões de fundo emocional. Uma das vantagens reside na força conjunta da família trabalhando em prol de um objetivo comum, mas essa tarefa não é desenvolvida com a formalidade própria das relações de trabalho, pois os aspectos emocionais e subjetivos das configurações familiares misturam-se com a execução das tarefas. Nesse sentido, concordam Tillmann e Grzybovski (2005), apontando que a dinâmica familiar dá uma dimensão muito maior à operação dos negócios, mas é também geradora de problemas para a administração. As tarefas de contratação, desligamento, treinamento e satisfação de empregados e ainda o acompanhamento do macroambiente da organização são tarefas tornadas mais complexas quando familiares estão envolvidos.

Cada família apresenta uma estrutura, constrói seu histórico, tem seus interesses e motivações; esses aspectos que a tornam única se refletem no funcionamento da empresa familiar. E ainda há que se observar se há pessoas da família envolvidas em outros negócios (Lourenço, Oliveira e Ferreira, 2010).

Gonçalves (2000) considera ser na família o lugar onde se desenvolvem os sentimentos mais fortes que podem marcar a vida de uma pessoa: amores e ódios; as empatias e as repugnâncias criadas em aparente subjetividade; a proximidade e a rejeição; a proteção castradora e a indiferença; e, principalmente, a inveja. Ele indica a possibilidade de esses sentimentos da esfera familiar serem transferidos para o universo da empresa e, em isso ocorrendo, os resultados não serem satisfatórios.

O clima organizacional interfere e favorece um comprometimento para com o alcance dos resultados almejados nas organizações; em empresas familiares nao deve ser diferente e, se as consequências dos sentimentos negativos oriundos da família ali se evidenciarem, isso será negativo para o bom andamento das atividades que ali se devem executar.

Assim, reitera-se a complexidade de questões que emanam no espaço das empresas familiares; além da administração do empreendimento, há que se lidar e administrar as particularidades subjetivas que se evidenciam nesse espaço, decorrentes dos valores familiares e das questões interpessoais de seus membros no espaço, que é pretensamente o objetivo das relações de trabalho (Lissa, Mojuski e Drachemberg, 2007).

Lescura e colaboradores (2009) consideram relevantes as pesquisas que visam explanar e compreender a interação família e a empresa. Descrever a esfera familiar e a organizacional de forma conjunta, dando visibilidade às suas diferentes interfaces, deve ser o objeto de constantes pesquisas, vez que os fenômenos que se desenvolvem nas organizações desse tipo precisam ainda ser mais bem delineados e compreendidos.

O sucessor

A sucessão é um momento importante para a vida das organizações familiares. Diz respeito à realização de sonhos, atendimento de expectativas e reconhecimento de papel atribuído ao filho de empresário já desde a sua infância. É natural que entre famílias empresárias, as próprias brincadeiras de criança dialoguem com essa expectativa para a vida adulta. Esse momento é impactante para as organizações, em virtude de o sucedido ter construído, por vezes, durante décadas, não só a empresa, mas também por ter alimentado sonhos e expectativas em relação a quem, no futuro, daria continuidade ao seu projeto de vida, que também está relacionado ao projeto de vida da família. Assim, como apontam Albuquerque e Oliveira (2012), a ideia da sucessão já é vislumbrada bem antes de os sucessores se inserirem formalmente nos negócios. Quando os pais, com seus filhos ainda pequenos, em certas ocasiões, os induzem a se identificarem como "proprietários de uma empresa", estão favorecendo condições para que estes possam vir a seguir o caminho deles, uma vez que os filhos se acostumam, ainda na infância, com a realidade vivenciada pelos pais, percebendo os papéis que estes ocupam e, visualizando para si, essa mesma lógica quando adulto. No entanto, quando chegado o momento, mesmo que se tenha convivido com essa possibilidade, a efetivação desse processo não é tão simples assim. Discorre-se a seguir sobre algumas etapas importantes que, pelo modo como são desenvolvidas, interferem na efetivação do processo sucessório.

Ingresso na empresa e as primeiras experiências

Quando ocorre o ingresso do sucessor na organização familiar assumindo um cargo de chefia (uma posição de comando), na empresa que sempre foi sua, agora se oficializa como proprietário com o seu ingresso, o escolhido para gerir a empresa toma parte de um espaço onde transitam indivíduos que lhe são estranhos e compete a ele defrontar e resolver problemas com o uso de ferramentas de gestão, não mais a resolução depende exclusivamente de um ato de vontade sua. Vai se deparar com um universo estruturado e autoconfiante que agora lhe é entregue para aprender a comandar, de modo que se garanta a perpetuidade do negócio da família.

Com este passo, as brincadeiras em torno do ser empresário ficam para trás e é chegado o momento de trabalhar com o pai. Aprender com a experiência do fundador (seu pai) é uma necessidade que se revela para o sucessor com toda a força, uma vez que ele sabe da responsabilidade que tem para com o futuro e continuidade dos negócios da família. De alguma forma, o filho que já tinha suas funções e obrigações outorgadas desde a infância, reconhece seu papel na organização, passando a se inteirar do seu funcionamento. É um misto de sensações que o sucessor experimenta: ele cresceu admirando o pai, ouvindo dele próprio e de funcionários como a empresa funcionava, ouvia também elogios que o pai recebia, sonhando um dia ser como ele. E esse dia chegou. Está agora na empresa aprendendo sobre seu funcionamento e reconhece a importância desse momento para todos os envolvidos na empresa familiar. Sabe também das muitas expectativas que sobre ele se depositam e, em razão disso, a sua subjetividade pode ficar comprometida, por querer ser como o pai; independente de ter desenvolvido seus próprios interesses, tende a deixá-los de lado, em virtude da influência da imagem bem-sucedida do pai altamente prestigiada por todos, almejando percorrer caminhos semelhantes ao dele. Essa atitude deve-se ao fato de que o filho aprende, desde cedo, os acertos e os erros do pai, aprende na prática como constituir uma organização empresarial de sucesso e procura aplicar e adaptar esses conhecimentos, seja na própria empresa ou, quando da opção por outro caminho, no negócio próprio que deseja criar e fazer a sua trajetória profissional (tal qual o pai fez a dele).

Os papéis outorgados aos filhos podem ou não estar de acordo com seus próprios desejos pessoais e profissionais (Lopes, Carrieri e Saraiva, 2013). O modo como os pais se expressam sobre os papéis a serem desempenhados pelos filhos, indicando que comportamentos e posturas deles se esperam, pode favorecer a identificação dos filhos com as atividades profissionais da família na organização que lhes pertence. O filho tem informações sobre a esfera profissional, socializa-se neste aspecto tendo como referência o trabalho realizado pelos seus pais desde a fundação do negócio; essa participação e interação pela convivência neste universo favorece a identificação com a empresa desde a infância (Oliveira, Albuquerque e Pereira, 2013). Os autores dizem ser possível inferir que nesse processo se identifica um dos fatores responsáveis pelo interesse das futuras gerações em prosseguir o trabalho de seu pai, em dar continuidade ao negócio da família.

No entanto, há também a possibilidade de o inverso ocorrer. Geralmente, as famílias inserem as crianças nos negócios desde cedo. Se ela resistir, sua reação pode ser interpretada como deslealdade ou falta de interesse com as questões relativas à empresa da família (Harvey e Evans, 1994). Essa condição é altamente complexa, pois, mesmo que indiretamente, sempre há a expectativa de que o filho vá dar continuidade aos negócios da família. Pode sugerir, aos olhos do pai, anulação de seu esforço por construir um negócio para a família a que dedicou a sua vida toda e, por não ser desejo do filho assumi-lo, implica grave risco de não dar continuidade ao empreendimento. Em razão da complexidade que essa situação ocasiona, Lescura e colaboradores (2012) apontam para a força das relações de parentesco – "regras, normas e obrigações" em vigor na família –, motivo suficiente para levar o herdeiro a perpetuar, de forma indesejada, a empresa familiar.

As experiências vivenciadas na família são significativas e responsáveis por uma série de eventos posteriores, que se realizam na vida adulta. Os comportamentos que se assumem desde cedo e se sabe dever cumpri-los, são reveladores de atitudes, crenças e valores da cultura familiar edificada na família. Por isso, nas organizações familiares, é possível observar que funções estabelecidas na família confundem-se com os papéis desenvolvidos na organização. Nos casos de sucessão é comum o herdeiro, aquele que vai suceder o fundador, sentir-se na responsabilidade de assumir também o projeto familiar, mesmo que este não seja o seu desejo. Cresceu observando essa correlação de papéis: o pai também sendo o gestor do negócio familiar. Assim, ao transferir para a esfera profissional a sua vivência na família, parece que naturalmente quem vai chefiar a empresa, vai liderar a família e sobre ela ter responsabilidades (Lescura et al., 2010).

Albuquerque e Oliveira (2012) ratificam que é na infância que os membros de uma família empresária absorvem papéis que podem direcioná-los ao caminho da empresa no futuro, o que se dá em virtude da apresentação deste espaço ocorrer em total sintonia com os membros da família. Porém, os autores comentam que, mais adiante, a criança pode vislumbrar para ela novas e diferentes possibilidades, o que ocasiona um conflito na vida dos sucessores. Considera-se uma vida distante dos negócios da família. Mais do que isso, é possível que surjam informações que despertem no filho o questionamento sobre os rumos do negócio, o modelo de gestão praticado, entre outros: fazendo surgir a ocasião para conflitos psicológicos e familiares de toda ordem.

Os papéis e obrigações que competem a cada sujeito são determinados pela dinâmica da família e pelos sistemas de parentesco ali efetivados. Ainda bem cedo, essas relações apresentam-se estabelecidas nesse grupo e importa segui-las. Assumem-se os comportamentos a serem seguidos, entendendo-os como aqueles que vão determinar a sua elaboração de valores, atitudes e crenças, por sua vez, baseados na cultura elaborada e vivenciada pelos seus familiares. Pelo impacto que a cultura familiar tem sobre o indivíduo, percebe-se que, no âmbito organizacional, essas funções estabelecidas no seio familiar confundem-se com os papéis lá desempenhados (Lescura et al., 2010).

Freud indica ser o herdeiro o alvo de projeção dos ideais, das frustrações e dos problemas dos pais. E descreve a empresa como um lugar de desejo, que pode bem ser o desejo da realização de desejos inconscientes, eventualmente, de desejos inconfessáveis dos pais, projetando nele uma série de realizações que ainda não foram concretizadas por eles neste espaço. Assim, a presença do herdeiro é revestida de tensões, mas havendo, ao mesmo tempo, uma complacência mútua e conivência tácita (Checchinato, 2001; Sarti, 2004; Correa, 2003).

Em complemento, Correa (2003) diz que, por vezes, parece haver, por parte dos filhos, a apropriação desse sonho, quando ao se dispor a dar continuidade ao empreendimento da família. Eles se apropriam do sonho do pai de ver perpetuar a empresa. Assim, eles assumem o sonho de crescimento e perpetuação da empresa familiar e da família, como se fossem o propósito ou o alvo dos seus sonhos e desejos (Merhi et al., 2010).

Em analogia à pesquisa de Zocca e colaboradores (2008), ao trabalhar na empresa da família, o herdeiro, muitas vezes, não se reconhece como parte desse grupo e desenvolve conflitos com seus próprios valores, numa tentativa de adequá-los aos princípios dos membros da organização, de que almeja fazer parte, para que se sinta integrado. O autor identifica que essa contradição deixa o indivíduo dividido pelos próprios conflitos internos e preocupações, repercutindo na formulação de sua identidade, levando-o a travar conflitos consigo mesmo e a distanciar-se da possibilidade de encontrar a paz de espírito e a felicidade. Passa a viver em constante tensão, pois que se esforça por desempenhar as tarefas como dele se esperam, mas, em virtude de sua não identificação com esse espaço, está sempre insatisfeito e lidando com as tensões desse ambiente.

A empresa do pai como espaço de trabalho requalifica a independência e a vantagem do espaço na cúpula, atrativos da profissão de empresário para o filho-sucessor. No entanto, a independência é bastante relativa, já que o lugar ora ocupado é praticamente imposto ao nascimento, e sua tarefa obrigatória é encontrar seu espaço de manobra e criatividade (Campos e Mazzilli, 1998).

Ou seja, mesmo que colocado nessa função por força das circunstâncias, compete ao sucessor encontrar o seu lugar, cumpre-lhe reconhecer os aspectos intrínsecos do contexto onde está inserido, como se movimenta para, efetivamente, ter o seu lugar nesse espaço e se valer dessa conquista para desempenhar a contento as funções que lhe foram outorgadas.

Durante a fase universitária e quando recém-formado, o herdeiro apresenta motivação e entusiasmo para vivenciar diferentes experiências, correr riscos e enfrentar desafios, mas determinadas atribuições já haviam sido lhe conferidas pelo pai e ele não encontra espaço para agir conforme sua instrução, entusiasmo e perspectivas. Entre a concepção vislumbrada e a realidade que se apresenta, para a qual ele é cobrado, tem-se um abismo. Logo, nesse espaço, a frustração e a mágoa se instalam e podem se tornar irreversíveis, enraizando-se na sua vida para sempre, implicando graves conflitos a serem solucionados, seja no âmbito familiar (pois antes de ser o gestor da empresa, este é o pai que não cedeu espaço na organização) ou no âmbito da própria empresa, quando em algum momento este filho precisar assumir a posição de sucessor. Assim, tem-se que o herdeiro não obteve autonomia para fazer escolhas, a cobrança e as exigências sempre presentes desde a infância giravam em torno de sua posição no empreendimento familiar. Não teve ele também a abertura que considerou necessária para (quando de sua formação universitária) interferir com maior autonomia nos rumos da organização. As cobranças excessivas favorecem a insegurança nos indivíduos impedindo que o potencial se reverta em resultados satisfatórios para os negócios.

Em históricos como esse, alguns "sucessores" atuam na empresa por se sentirem incapazes de obter outras oportunidades, pois não tiveram o apoio para o desenvolvimento de projetos pessoais. Também por terem sido obrigados a aceitar diversas imposições, que não lhes deixam confortáveis na organização, e como não dispõem de alternativas, ali permanecem.

O modo como o pai ocupa o seu lugar com a formação e educação do filho e de como se apresentam as questões do empreendimento familiar para este, determinam, em boa medida, os rumos da organização no futuro, bem como a qualidade de relacionamento entre os dois.

A preparação

A adequada preparação do herdeiro para assumir o comando da empresa começa quando ele demonstra interesse, aptidão, amor e dedicação pelos negócios da família. Dessa maneira, com a manifesta vontade dos herdeiros, é possível elaborar estratégias para que, naturalmente, o processo sucessório se efetive.

A preparação do herdeiro se dá num processo contínuo, ela nunca é definitiva. É um processo importante e cheio de complexidades. Um emaranhado de fatos se imbricam, a saber: as marcas da história singular e coletiva, a obscuridade dos fantasmas de seus pais, sua trajetória histórica e ainda a força de tudo que não foi pronunciado, mas é exigido, que está no ar e que sugere as cobranças que sobre ele recaem nesse momento. O conjunto de valores, informações e atitudes que são transmitidos pelos pais também é revelador das marcas de um atravessamento cultural e social (Martins et al., 2010).

A preparação do herdeiro revela-se importante por orientar o agir do futuro gestor. Ela faz parte de um processo maior, é o planejamento da sucessão, revelando critérios para a substituição da gestão da empresa. A sucessão é um fato real, sempre presente nas organizações. Mas prepará-la nem sempre está entre as mais importantes preocupações do gestor. Logo, ao se pensar sobre ela e implementar etapas ao sucessor para que ocupe seu lugar na organização, revela comprometimento para que o rito de passagem não impacte negativamente nela.

Sharma e Rao (2000) compararam os atributos mais importantes dos sucessores em empresas familiares do Canadá e da Índia, divididos em seis amplas categorias: relacionamento do sucessor com o fundador, relacionamentos com os membros da família, a posição familiar, a competência, os traços da personalidade e o atual envolvimento com o negócio familiar. Os autores concluíram que, apesar das diferenças significativas em termos de normas e cultura prevalecendo nesses dois países, os resultados indicaram que ambos os grupos avaliaram ser a integridade e o comprometimento com os negócios os dois mais importantes atributos de um sucessor. Entretanto, comparada com as empresas familiares canadenses, as empresas familiares indianas avaliaram relacionamento familiar e sanguíneo como mais importante. Por outro lado, as canadenses responderam que habilidades interpessoais, histórico de resultados e experiência como os mais importantes.

Os autores também identificaram que os sucessores acreditam que os atuais líderes da empresa desejam que eles mantenham o *status* da empresa, o que contradiz as suas expectativas de ter um futuro próspero, podendo, assim, dar margem para divergências e conflitos entre as diferentes gerações.

Os empresários preocupam-se com a formação dos filhos sucessores desde cedo, matriculando-os nas melhores escolas e universidades. Nesse meio tempo, proporcionam meios de eles desenvolverem uma boa rede de relações pessoais, frequentando clubes de elite e outros espaços em que essa rede possa se ampliar e fortalecer. Também, pela trajetória de estudos que percorrem, podem com relativa facilidade alcançar o título de mestre ou doutor em instituições de renome (Gonçalves, 2000).

No entanto, como apontado por Mosele e Biehl (2004), essa instrução formal somente não basta. O sucessor, independentemente de quem seja ele, precisa passar por um processo de treinamento e avaliação, competindo ao cargo que herdou junto à empresa que carrega o seu sobrenome. Eles apontam ainda que esse processo deve ocorrer antes da passagem do poder especificamente dito, fazendo parte de um todo formativo com vistas a essa preparação.

Juchem e Lovatto (2004) reiteram as qualidades exigidas para gerenciar e administrar uma organização. Destacam o conhecimento, a habilidade, a informação, e a criatividade associada à inovação. Consideram ser importante que o gestor seja uma pessoa de visão. Para tanto, este deve reconhecer as mudanças no padrão de gestão e saber quais modelos são os mais adequados hoje. Atualmente a atuação não está mais baseada em ações ordenadas e planejadas, bem como algumas organizações já desenvolvem seu processo decisório em fundamentos racionais e impessoais. Descrevem o trabalho gerencial, na atualidade, como atípico. Para fundamentar essa consideração, alegam que até pouco tempo, a eficácia de um gestor era avaliada pela especialização que ele adquirira relativamente aos objetivos da organização, além da capacidade para comandar e coordenar um trabalho coletivo. Somente estas qualidades, hoje, não são mais suficientes para as demandas que se apresentam no mundo moderno. É preciso que se leve em consideração as necessidades do ser humano. Administrar na atualidade sem essa preocupação é ineficaz.

Entre as diferentes estratégias possíveis de serem adotadas para a eficiente preparação do sucessor, pode-se considerar a possibilidade de ele trabalhar em outra empresa, distante da sua família, para ter um espaço em que possa testar suas habilidades, desenvolver e aprimorar técnicas administrativas, ampliar seus conhecimentos e o seu *networking*, para posteriormente ocupar sua posição na empresa da família, com mais experiência profissional. Assim, além da instrução formal, ele adquirirá também vivência profissional e visão de outra realidade empresarial, que não somente a da sua família, o que o deixará mais bem preparado para os desafios que serão apresentados pela sua organização. São etapas importantes que têm como propósito preparar o sucessor, garantindo que, ao ocupar o lugar do sucedido, tenha as competências desejáveis para dar continuidade aos negócios familiares.

Para os sucedidos, há que se ponderar que a sucessão não está relacionada apenas à troca da liderança, mas que eventuais mudanças de estratégias, de estrutura e de cultura dentro da organização também podem acontecer. Em razão disso, de certa forma, o sucedido também deve estar consciente das potenciais mudanças, vez que o momento da empresa é outro, situada num contexto diferente de quando esteve sob seu comando. No entanto, a contribuição da família empresária à empresa familiar continua bem-vinda, ratificando a estabilidade e a continuidade da família (Tillmann e Grzybovski, 2005).

Não apenas com experiência e competência técnica se faz uma sucessão adequada. O seu sucesso, em muito, pode estar ligado à capacidade de articulação política (Grzybovski, Boscarin e Migott, 2002). Corroboram essa ideia Lopes, Carrieri e Saraiva (2013) ao afirmarem que as relações, quando se assentam sobre laços familiares e/ou organizacionais, revelam-se, muitas vezes, decisivas na construção das trajetórias pessoais e profissionais desses sujeitos. Essa influência traz como consequência a vinculação ou rejeição à organização.

Schlepphorst e Moog (2014) estudaram os requisitos exigidos aos herdeiros para serem potenciais candidatos à sucessão. Os autores, primeiramente, levantaram, na literatura, os atributos e as exigências que os sucessores precisam cumprir, resultando, assim, em um perfil geral de requisitos, possibilitando compará-los com as expectativas e percepções dos requerimentos necessários tanto de sucedidos, quanto de sucessores, baseando-se em dados extraídos de 106 entrevistas com 53 famílias.

Os resultados indicaram que as "habilidades profissionais" são necessárias, mas são atributos insuficientes para os potenciais candidatos a sucessores. As "habilidades pessoais" são, pelo menos, tão importantes quanto aquelas. Além disso, devido aos sucedidos terem um entendimento implícito – ao invés de explícito – dos atributos, que permanecem não escritos e informais, sobre o que os sucessores devem cumprir, os gestores em atividade geralmente deixam os sucessores "no escuro" quanto às suas expectativas e requerimentos concretos. Dessa maneira, os descendentes precisam adivinhar os atributos que eles devem desenvolver, especialmente, quanto às características de sua personalidade. Assim, da ausência do registro formal desses atributos que se esperam do sucessor, criam-se expectativas que dificilmente serão atendidas em virtude de não serem sequer conhecidas.

Essa descoberta tem importantes implicações, pois essa falta de transparência pode dissuadir os sucessores de aproveitar totalmente as oportunidades de desenvolvimento ou exigir deles que despendam ainda mais tempo tentando descobrir, sozinhos, quais são os atributos. As implicações podem ser particularmente notáveis se os sucessores acreditarem que os atributos errados são importantes. Adicionalmente, os sucessores entendem quais são as "habilidades profissionais" esperadas deles, mas eles têm dificuldades para saber quais são as "habilidades pessoais" que eles devem ter, o que pode resultar na falta de experiência com este tipo de habilidade, altamente requeridas nos contextos organizacionais atualmente (Schlepphorst e Moog, 2014).

A escolha

Quando o processo de sucessão tem início sem ter definido quem é o sucessor escolhido, estimula-se a competição entre os pretendentes. Esta situação é complexa por gerar conflitos e disputas de poder entre os familiares, não bastasse a complexidade do próprio processo em si, que implica passar a gestão a qualquer um dos candidatos (Cater III e Kidwell, 2014; Capelão e Melo, 2001).

Federico e Barbosa (2001) indicam que a razão deve predominar na escolha do sucessor. Cabe, nesse processo, que o fundador se guie a partir de critérios imparciais, objetivando que as questões emocionais não interferiram na sua escolha. Mas, geralmente, predominam os critérios pessoais, como, por exemplo, o tempo de convivência devido ao forte relacionamento afetivo na relação familiar. Segundo os autores, não deve haver possibilidade de a empresa ser uma fonte de emprego, notadamente no que diz respeito aos cargos de diretoria. Ela deve oportunizar trabalho, dando ênfase cada vez maior à sua profissionalização; em razão dessa observação, talento e competência devem ser os pré-requisitos que permitam o acesso de membros da família à organização.

Portanto, dependendo das competências individuais, pelas diferentes habilidades e interesses demonstrados, diversos membros da família podem ser potenciais candidatos. A escolha de um deles é tarefa complexa e grave, observando que, independente da escolha, para os que foram preteridos, resta o sentimento de infidelidade, o que pode gerar conflito e desgaste (Tillmann e Grzybovski, 2005).

Mosele e Biehl (2004), ao concordarem que o processo de significação e escolha de um sucessor é movido por aspectos subjetivos, pois se escolhe um parente em detrimento de outros, reforçam, em razão dessa subjetividade, a indicação de que é preciso avaliar, inicialmente, as necessidades da empresa, reconhecer claramente a cultura organizacional oriunda da família gestora e a subjetividade que se construiu no cotidiano entre ações e reações peculiares do grupo empresarial. Posteriormente, é necessário analisar o potencial dos candidatos e então começar o processo de desenvolvimento gerencial, em ajuste às demandas entendidas para a empresa.

Gueiros e Oliveira (2000) reiteram que há que se considerar, na elaboração dos procedimentos e critérios para a escolha do futuro sucessor, o modo como estes vão afetar e repercutir entre os envolvidos. Em empresas familiares, esses mesmos procedimentos vão afetar os parentes, decorrendo daí tensão e insatisfação pela proposição de critérios pretensamente objetivos.

Gonçalves (2000) indica que os critérios de seleção em organizações familiares, em que a cultura organizacional é baseada no patriarcalismo e no patrimonialismo, revestem o filho mais velho do privilégio de sucessor necessário. Mas o autor, em concordância com autores anteriormente citados, diz haver outras considerações a serem analisadas e que devem orientar as sucessões nas gerações vindouras.

Já se foi o tempo em que ser o filho primogênito era razão suficiente para ser o escolhido como sucessor, uma vez que a família brasileira não é mais marcada puramente por uma cultura patriarcal. Conforme a modernização dos modelos de família, a submissão incondicional dos seus membros à vontade do pai deixou de acontecer e por haver mais candidatos interessados no posto, o processo sucessório se tornou ainda mais complexo. A decisão de quem deve ser o sucessor deve ocorrer de acordo com critérios indicados para a escolha que não são mais exigências exclusivas do primogênito que, mesmo não desejando, deveria se esforçar por adquiri-las e gerir o empreendimento da família, porque assim deveria ser e mais nada se discutia. Idade, sexo e ordem de nascimento não são fatores importantes nessa decisão. Expõe-se ainda que o filho não é unicamente um aspirante à presidência, mas um aspirante à sucessão, um processo bem mais amplo. Na sucessão, ele ratifica a sua condição de filho, herdeiro e sucessor, cabendo-lhe preservar e transgredir: manter os propósitos da organização e imprimir seu modelo de gestão, nem sempre em consonância com o que vigorou até então (Federico e Barbosa, 2001).

Para que haja êxito nesse processo, Federico e Barbosa (2001) indicam pontos fortes que favorecem esse resultado, afirmando que a confiança mútua entre pai e filhos é considerada fundamental para a definição do sucessor; também que se atente para a aptidão, pois esta favorece importantes dados para a observação e identificação de características necessárias ao sucessor; e a educação familiar também merece menção, pois o modo como as crianças veem, na casa, os adultos tratarem das questões da empresa contribui para a melhor apreensão dos valores e da cultura organizacional. Tem-se, então, que a confiança, a aptidão e a educação familiar funcionam como facilitadoras na difícil tarefa de escolha de um sucessor. Considera-se o prematuro começo do filho(a) nas atividades empresariais, uma estratégia que cria condições para que este desenvolva aptidão, obtenha informações, interesse, habilidade e competência para comandar a empresa. Para isso, é fundamental que o atual dirigente acompanhe e oriente, assim terá melhores condições de analisar suas potencialidades e/ou ainda encaminhá-lo para ajustes e aperfeiçoamento das deficiências observadas. Por outro lado, também se apresentam as fraquezas, os fatores que concorrem para a não realização com satisfação do processo sucessório, quais sejam: a falta de preparação do sucessor se configura como o motivo mais grave, além das disputas entre os sucessores.

Os autores afirmam que a escolha do sucessor não ocorre sem razão. Por isso, o período de preparação é tão importante, devendo haver acompanhamento constante e tentativas de identificar temperamentos, reconhecer as qualidades, ações que são decisivas no sentido de auxiliar na acertada escolha do sucessor para garantir, outrossim, a continuidade e o crescimento da empresa. Igualmente importante para a acertada escolha do sucessor é um trabalho contínuo com todos os filhos que na empresa trabalham, para se reconhecer, com antecedência, aqueles que manifestam real interesse de assumir os negócios futuramente.

Federico e Barbosa (2001) discorrem ainda sobre a importância de se investir em treinamentos e situações para comprovar a capacidade do sucessor em assumir tal posição futuramente; também sugerem o afastamento temporário do diretor em exercício para que o sucessor possa, aos poucos, assumir responsabilidades concretas e responder pelos seus atos.

Entretanto, cumpre registrar que é importante também atentar-se para quando será a ocasião em que o sucessor será escolhido. Quanto mais demora, menos paciência o sucessor vai demonstrando. O pai fundador diz para ele ter paciência, que um dia a escolha chegará e ele poderá assumir o seu lugar na empresa; mas se esse dia não se vislumbra concretamente, mesmo estando já os filhos acima de 40 anos, essa insegurança é nociva ao processo sucessório.

Cater III e Kidwell (2014) estudaram nove empresas familiares com grupos de sucessores que compartilhavam a liderança da empresa. Duas empresas estavam na segunda geração, quatro empresas eram administradas pela terceira geração e três se encontravam na quarta geração. De acordo com os autores, a escolha de vários sucessores para comandar os negócios pode ser um indicador de confiança por parte do sucedido, bem como, de confiança mútua entre os membros do grupo sucessor, ou falta de confiança em apenas um sucessor da nova geração. Os autores afirmam que a gestão compartilhada pode proporcionar vantagens à empresa familiar devido aos fortes vínculos familiares baseados na confiança mútua, ou desvantagens, se a confiança mútua se deteriorar ao longo do tempo ou se conduzir os negócios a resultados negativos devido à confiança cega em relação às atitudes dos familiares. O ponto importante não é que os membros do grupo sucessor sempre concordem entre si, mas os fatos subsequentes a uma importante decisão tomada. Uma vez tomada a decisão, o grupo deve manter a escolha e trabalhar para o seu sucesso.

A legitimação do sucessor

Um dos equívocos mais comuns relativo ao preparo de herdeiros é permitir que eles acreditem ter na empresa herdada a única opção vocacional possível. Segundo Silveira e Biehl (2003), é importante que eles tenham consciência da diferença entre consanguinidade e qualificação. O fato apenas de serem filhos de empresários bem-sucedidos não lhes garante qualificação para as demandas do contexto das organizações. Os autores dizem que não existe direito adquirido, o sucesso precisa ser merecido diariamente. Por isso, como herdeiros, importa dominar a competência técnica, conhecer o empreendimento familiar e, na condição de sucessor, alcançar a sua legitimação pela assertividade de suas ações, como procedimento necessário à continuidade e perpetuação dos negócios da família.

A legitimidade dos sucessores é entendida como o resultado de um processo, e não como um fundamento expresso na autoridade legal, relacionada à questão formal da herança. O direito à herança de que herdeiros e sucessores dispõem não garante a eles a aceitação do exercício da autoridade do cargo de gestor e da ocupação de um lugar dentro da organização familiar. Assim, importa observar que a construção da sua legitimidade vai além de uma aceitação automática pela imposição do organograma e pela propriedade das ações da empresa (Albuquerque, Oliveira e Pereira, 2012). A sua legitimação se dará em virtude de sua atuação na organização e, para que isso aconteça a contento, é necessário observar a pertinência de uma série de etapas, entre elas a comunhão com a cultura da organização e seu preparo para esse momento, enfatizando a sua presença na empresa como colaborador, buscando conhecer a realidade para a qual será colocado à frente como gestor futuramente.

Além do direito à herança, assegurado pela legislação, não ser suficiente para que o sucessor exerça o comando dos negócios, tão pouco resolve essa problemática o sucedido alegar apoio incondicional ao sucessor. É possível ainda que, em dado momento, o sucedido informe sobre a disposição dele em autorizar o sucessor a agir com total liberdade (a popular carta branca), acreditando ser esta a fórmula para que os demais vejam nele a autoridade agora estabelecida. Determinações como essas dificilmente possuem sustentabilidade no processo de legitimação do sucessor.

Bernhoeft (2004) entende que legitimidade não se herda e também não se delega, deve ser uma conquista. Em razão disso, não depende exclusivamente das habilidades e competências individuais, mas também da aceitação e do reconhecimento daqueles que pertencem ao meio em que esse processo se desenrola. Deverá o sucessor agir assertivamente, segundo os propósitos para o qual foi designado, atentando-se para o fato de que será visto como gestor e substituto "adequado" pelos colaboradores, à medida que sua gestão cumprir para com os propósitos estabelecidos para a empresa. Albuquerque, Oliveira e Pereira (2012) comentam que o sucessor deverá empenhar-se para garantir o reconhecimento, o respeito e a confiança dos demais membros da empresa e da família.

Baptista (2011) afirma que a legitimidade do direito relaciona-se não à sua observância de fato, mas da sua observância pela crença na sua legitimidade. Sendo assim, quanto menos legítima for uma norma, mais dependente se torna o seu cumprimento de forças coercitivas, do poder das circunstâncias ou simplesmente por terem se constituído num costume. Desse modo, o autor aponta que normas e regras são parâmetros de comportamento que se espera das pessoas, tomados por desejáveis. Disso são recorrentes duas possibilidades: a primeira, o comportamento em acordo com o regulamento em razão dos efeitos do cumprimento ou da infração da norma, representando, portanto, um agir que visa à eficácia. A segunda, a pessoa conduz o seu agir a partir do entendimento com as outras pessoas, ou seja, um regulamento será seguido por força do dever moral público construído pelo processo de entendimento. Este entendimento reforça a premissa de que uma ordem jurídica legítima pode garantir para cada sujeito as mesmas liberdades.

Legitimidade, no contexto de sucessão, termo aqui adotado no sentido de aceitação, de justificação técnica, profissional e social para que um indivíduo ocupe determinado lugar. Esse sentido implica, por obrigação, a perspectiva do próprio sujeito e do outro sobre esse processo. Diz respeito à conquista de espaços e reconfiguração das relações de poder que desenrolam na organização. Max Weber, em sua concepção, expressa que a legitimidade é uma construção sócio-histórica, resultante das interações constantes e vinculadas às crenças, normas e valores compartilhados pelos *stakeholders*. Cabe ressaltar, como também orientado por Max Weber, que poder e autoridade são coisas distintas, embora interligadas (Oliveira, Albuquerque e Pereira, 2013).

A legitimidade do herdeiro-sucessor depende do significado atribuído pelo sucedido e *stakeholders* ao processo de construção de sua legitimidade, indo além do simples direito à propriedade. Portanto, a legitimidade é uma conquista, e assim, uma construção social fundamentada na interação com o outro, reconhecendo-se, assim, o sucessor como legítimo (Albuquerque, Oliveira e Pereira, 2012).

É insuficiente somente apoiar e delegar as tarefas a serem desempenhadas. O fundador precisa favorecer a legitimação do filho na liderança da empresa, frente aos funcionários e demais *stakeholders*, para que o aceitem e o respeitem em diversas situações, independentemente da posição ali ocupada, seja como gestor de um projeto, diretor de um departamento ou como o novo líder dos negócios da família. Para tanto, a atuação do sucedido junto ao sucessor revela-se mecanismo eficaz que encaminha para a legitimação. Essa atuação conjunta estimula um olhar favorável à substituição do papel de comando na organização.

Na visão weberiana, o conjunto das ações individuais leva à compreensão do fenômeno que é a sociedade. Tendo isso como premissa, Weber desenvolve sua visão da ação social, vendo-a como um objeto da sociologia. De acordo com esse pensamento e fazendo as comparações entre os fenômenos sociais, o sociólogo criou os tipos ideais de dominação como modelos, desenvolvendo uma metodologia que pode servir como referência para a compreensão da realidade. Dessa maneira, Lourenço, Oliveira e Ferreira (2010) afirmam que os tipos de dominação elaborados por Max Weber são formas possíveis de serem usadas para a legitimação da autoridade em todos os aspectos envolvendo uma organização. Esses três tipos de dominação legítima são: tradicional, racional-legal e carismática.

A ideia principal envolvendo a dominação racional-legal, segundo Weber, encontra respaldo no fato de que a criação de um estatuto, por exemplo, significa que normas e leis são possíveis de serem criadas e modificadas. Esse fato torna a relação de dominação legal e previamente elaborada por contratos, dessa maneira, o processo de dominação acontece "dentro da lei" (Lourenço, Oliveira e Ferreira, 2010). Com a legitimidade racional-legal, no sentido de aceitação do exercício do poder, assegura aos sucessores o direito à propriedade e o cargo que irão assumir (Oliveira, Albuquerque e Pereira, 2013).

Esse tipo de dominação, na visão de Weber, constitui um cenário que tem como configuração um tipo de trabalho independente de influências pessoais ou emotivas. Constitui-se, assim, um ambiente em que a determinação sobre quem manda e quem executa é bem clara, adota a lei como forma instituidora de poder. Portanto, a obediência se dá em virtude da lei, e não em razão de quem a profere. As normas são, assim, entendidas como decorrentes de processos advindos de escolhas de quem ordena e de quem obedece. Sendo assim, o dirigente tem sua posição em decorrência de meios legais (Lourenço, Oliveira e Ferreira, 2010).

A dominação tradicional tem seus fundamentos baseados na tradição e, sendo patriarcal, a vontade do senhor representa o poder, e as relações patrimonialistas e clientelistas predominam. Os autores citam Weber para bem observar o seu conceito sobre a dominação patriarcal: "Na dominação patriarcal é a submissão pessoal ao senhor que garante a legitimidade das regras por este estatuídas, e somente o fato e os limites de seu poder de mando têm, por sua vez, sua origem em 'normas', mas em normas não estatuídas, sagradas pela tradição" (1999:234). Isto posto, claro está que o tipo de obediência prestada nessa dominação acontece por respeito ao senhor, advindo de uma tradição quase que inquestionável (Lourenço, Oliveira e Ferreira, 2010). Assim, o fato de ser herdeiro, normalmente o filho do dono, é, sob este aspecto, a razão suficiente para que os demais a ele se submetam.

A dominação carismática consiste em uma relação que flui diretamente entre o líder e os seus seguidores. Nessa concepção, quem ocupa a posição de liderança apresenta qualidades pessoais que se sobressaem e geram uma devoção afetiva, pessoal, por parte dos seguidores em razão do carisma que dispensa qualificações profissionais. Dessa forma, o poder não surge de uma hereditariedade como na dominação tradicional e nem por delegação como na racional-legal, pois esse tipo de relação não se efetiva pelos princípios de uma escolha democrática. As escolhas acontecem baseadas no carisma individual, sendo o líder responsável por se fazer acreditar e ser reconhecido. Essa ausência de um estatuto e normas faz dele um poder arbitrário; é como se este tipo de líder pudesse surgir em qualquer contexto, independentemente de normas ou laços familiares. Logo, ratifica-se seu aspecto de arbitrariedade (Lourenço, Oliveira e Ferreira, 2010).

Observa-se, assim, as diferentes contribuições de teóricos no sentido de compreender comportamentos e atitudes presentes em líderes. Naturalmente, em assuntos de interesse de organizações, cujos resultados dependem dos modelos de gestão adotados, conhecer as características e modelos de liderança favorece um melhor entendimento das dinâmicas que ali se desenvolvem. Em empresas familiares, essa preocupação sobre liderança ganha força, especialmente por ocasião da troca de gestores, quando chegado o momento da sucessão, bem como os caminhos percorridos pelo sucessor para sua legitimação.

Como afirma Rossoni (2012), é certo que as organizações podem apresentar graus diferenciados de legitimação, uma vez que esta se constitui de acordo com a aceitação social ou credibilidade junto aos *stakeholders* e segundo normas, práticas e tecnologias que elas adotam, no sentido de favorecer ao sucessor a conquista da sua legitimidade. Esses aspectos podem ser considerados elementos cultural-cognitivos por se relacionarem com a aceitação do sucessor como parte da empresa, bem como podem ainda ser entendidos como elementos normativos, pelo seu alinhamento com normas e valores sociais. Assim, o autor reitera a importância da família e da empresa como os dois principais fatores de origem da legitimidade.

A família, como uma esfera social, cultural e estratégica para a organização, tem sua posição marcada e definida no processo sucessório. Ela pode ser capaz de identificar, compreender e elaborar o próprio modo de transferência da organização e de seus ativos reais e simbólicos pelas gerações presentes e futuras. Ela deve ser e se mostrar conhecedora da própria realidade. Desse modo, a família será agente na criação de um padrão de regras para a condução do processo sucessório atual, bem como desempenhando esse mesmo papel ativo em processos sucessórios futuros. Sendo ainda responsável pela educação e formação dos sucessores, bem como pelos valores e comportamentos por eles internalizados (Oliveira, Albuquerque e Pereira, 2013).

As questões familiares são de relevo também nesta importante etapa da sucessão. Sentimentos como vaidade, rivalidade, disputas e ciúmes podem dificultar a legitimação do sucessor, uma vez que transpõem para a empresa questões familiares. Não bastasse, o sucedido pode ter dúvidas ou resistência na transferência do seu cargo para o filho e, por isso, continuar interferindo nas decisões estratégicas que este toma, sem notar que, com esse seu comportamento, fragiliza a autoridade do sucessor diante dos demais membros da organização, tornando ainda mais complexo o processo de legitimação. Nesse sentido, as orientações sobre que caminhos o herdeiro-sucessor deve percorrer para se tornar ou não legítimo tendem a ser fortemente influenciadas pela relação do herdeiro-sucessor com o sucedido (Oliveira, Albuquerque e Pereira, 2013), além das relações com a família e pela forma como a empresa se insere nesse espaço (Albuquerque, Oliveira e Pereira, 2012).

Rossoni (2012) aponta para a possibilidade de haver diferentes conteúdos e fórmulas legitimadoras, as quais, por sua vez, podem igualmente apresentar dimensões, níveis e origens variados de legitimidade. Segundo ele, isso se deve ao fato de que cada organização familiar apresenta um caráter multifacetado, o que as conduz a atuar em estratos sociais com lógicas distintas. Como consequência, os diferentes tipos de legitimidade mediam o vínculo com os objetos organizacionais, afetando de diversas maneiras como o sucessor se legitima.

Albuquerque, Oliveira e Pereira (2012) enumeram aspectos que podem direcionar a percepção sobre a aceitação e o reconhecimento do sucessor, e, assim, sua legitimação perante os *stakeholders*. São eles: a sua inserção no negócio; a construção da sua identidade profissional; o seu reconhecimento como competente, inovador, líder, responsável, comprometido, dedicado, entre outras características; a percepção de alguns *stakeholders* das mudanças por ele implementadas na empresa; o desempenho econômico da empresa; as percepções sobre a nova gestão e as percepções sobre a sua trajetória; a sua relação com o pai; a forma como se deu a transferência de poder; o seu papel no processo sucessório; as disputas pelo poder, entre outros. Da combinação desses aspectos, com maior ou menor presença de alguns, resulta o entendimento do percurso que leva à construção da legitimidade. Importa observar, além dos aspectos aqui mencionados, que a legitimidade como fator de construção social permite outras elaborações, oriundas da vivência com a realidade empírica observada.

Rossoni (2012) considera que a adoção desses elementos entendidos por legítimos no ambiente organizacional minimiza a tensão e favorece a manutenção da estabilidade das funções desempenhadas pelo sucessor. Consequentemente, essa dinâmica promove o sucesso e a sobrevivência do sucessor, pois, ao aderir aos elementos legitimados na estrutura formal da organização familiar, ele aumenta o compromisso dos *stakeholders*, resguardando-se de questionamentos sobre sua conduta. O sucessor será legitimado a partir do vínculo que estabelece com os elementos estruturais da organização, certos e definidos para ela, que lhe são apresentados.

Portanto, não basta ao sucedido escolher o sucessor: cabe-lhe ainda a responsabilidade de orientá-lo nessa última etapa da sucessão, proporcionando autonomia para que ele atue nas suas novas funções, respeitando os resultados alcançados pelo predecessor e, ao mesmo tempo, empreendendo mudanças inovadoras, desenvolvendo novos produtos e expandindo para novos mercados, visando, assim, a eficácia do processo sucessório e a continuidade dos negócios.

Rossoni (2012) respalda o exposto anterior, considerando que tais aspectos funcionam como elementos cultural-cognitivos, em razão de se relacionarem com a ideia de aceitação do sucessor porque é membro da família, mas também pelo aspecto normativo, pelo alinhamento deste com normas e valores sociais familiares. Assim, a empresa e a família se configuram como determinantes da legitimação.

Os *stakeholders*

Uma empresa familiar, sob o ponto de vista de sua história, é pontuada pela interrelação criada pelo fundador entre a sociedade-empresa-família e os indivíduos, familiares ou não, a ela relacionados (Baptista, 2011).

Convém dizer que em todas as fases do ciclo de vida da empresa familiar, mas, principalmente, durante o processo de sucessão, é imprescindível priorizar um relacionamento saudável na empresa, seja com os públicos interessados nos seus negócios ou vice-versa – os *stakeholders* – tais como fornecedores, funcionários, governo, clientes, bancos e a própria família proprietária. Tanto os colaboradores internos e, em especial os externos, são afetados, de alguma maneira, pelos conflitos emanados pelas questões internas relativas ao processo de sucessão.

Lourenço, Oliveira e Ferreira (2010) alertam sobre a importância de os candidatos à sucessão terem acesso a informações sobre os clientes externos. Indicam que conhecer o perfil dos clientes, dos fornecedores e da concorrência são medidas estratégicas em virtude de o candidato precisar conhecer com profundidade tudo que diz respeito à organização. Igualmente importante é conhecer os dados relacionados ao campo de atuação, ter acesso a todas as informações que dizem respeito a ela, também dominar o conteúdo do planejamento estratégico da mesma.

Não é suficiente apenas se preocupar com a transmissão da cultura, da propriedade e da gestão. A geração atual da empresa deve ser capaz de ajudar a geração seguinte a ter a confiança dos *stakeholders* da qual ela precisa para a adequada manutenção de suas atividades e resultados. É um momento de transição, e pode gerar insegurança, tanto interna quanto externamente, quanto à continuidade de vínculos estabelecidos. Logo, a transmissão dessa confiança que reside entre a atual gestão e os seus *stakeholders* não pode ser negligenciada.

Dyer Jr. (2006) considera ser preciso que as empresas familiares desenvolvam a habilidade de cultivar e nutrir relacionamentos de longo prazo ao longo de gerações, apontando para a possibilidade de os *stakeholders* poderem vir a desenvolver também relacionamentos pessoais com a família, e não unicamente relações profissionais. Da durabilidade dos vínculos fora das relações profissionais podem resultar relações mais duradouras e prósperas para a organização. Essa observação é feita em virtude de os comprometimentos, na família, terem mais probabilidade de serem verdadeiros do que quando individuais, pois nela, normalmente, dividem-se as obrigações entre os seus membros, podendo também serem repassadas essas mesmas características aos membros agregados. Em virtude dessa expansão da família para os colaboradores, os comprometimentos e relações naturais duráveis podem dar à empresa familiar algumas vantagens.

A esse respeito, Brito e Silva (2010) entendem que, ao se permitir a solidificação das bases da estrutura e a construção de relações de convivência saudáveis e estáveis, possivelmente cada relação, com sua teia particular e afinada, seja transmitida e compartilhada a partir da confiança que lhes sustenta.

Dyer Jr. (2006) diz que as empresas familiares transmitem a mensagem de que seus produtos são confiáveis e isso influencia positivamente os seus *stakeholders*, representando uma diferenciação bem particular e que pode ser usado pela empresa como vantagem competitiva. Em culturas em que a reputação é um fator crítico para o sucesso, a criação de uma marca e a construção de seu prestígio associado ao "nome da família" representa um item particularmente importante. O autor ainda reitera a vantagem das empresas familiares quando estas, além da propriedade, terem também a gestão do empreendimento, pois a confiança de seus colaboradores tende a ser maior do que quando comparadas com empresas nas quais o comando é exercido por gestores desinteressados e não afinados aos valores e interesses de seus empregados. Via de regra, boa parte destes são também os membros da família.

A empresa familiar precisa definir um modelo de gestão que lhe permita administrar todos os indivíduos que com ela se relacionam, conquistando delas a disposição para cooperar com a empresa, não lhe representando sinais de ameaça. Gerenciar os *stakeholders* pode ser uma estratégia para equilibrar os interesses conflitantes, de modo a permitir que se continue atuando em prol dos objetivos da empresa e da família (Lyra, Gomes e Jacovine, 2009).

Em geral, os conflitos de relacionamento entre a empresa e seus *stakeholders* se dão pela ausência de uma gestão transparente. A empresa precisa identificar as ações e os discursos desalinhados que evidenciam a ausência, parcial ou total, de transparência, podendo afetar a confiança entre eles. Por outro lado, quando a transparência nas ações é uma estratégia adotada pela empresa, os *stakeholders* nivelarão seus conceitos sobre a empresa e, consequentemente, o diálogo será facilitado, permitindo vantagens à gestão das partes interessadas neste processo, rendendo maior aproximação entre as percepções dos *stakeholders* internos e externos (Lyra, Gomes e Jacovine, 2009).

Em relação ainda à transparência, é importante considerar alguns possíveis entendimentos dos funcionários quanto às ações que ali se desenvolvem. Eles podem sempre ver os filhos dos proprietários como seres diferenciados (Kets de Vries, Carlock e Florent-Treacy, 2009). Quando as ações desenvolvidas não estão pautadas em critérios de transparência, é natural que os colaboradores internos desconfiem dos critérios utilizados para promoção dos membros da família, por exemplo, e, ao pensarem assim, vão acreditar na redução de suas chances de serem bem-sucedidos na organização. Terão ainda a impressão de que seus interesses podem não encontrar as condições necessárias para ali se realizarem, pois que se veem diante da injusta competição com os familiares. Logo, tem-se nessa possibilidade de entendimento de seus colaboradores internos uma razão forte por si mesma para a adoção da transparência em todas as suas ações.

Nicholson (2008) afirma que, durante a sucessão, o apoio dos colaboradores internos, que podem ser os executivos não familiares, com complementaridade de habilidades representam um apoio importante, contribuindo para que o processo se realize sem causar danos à organização.

O fundador

É consenso na literatura que o próprio fundador precisa tomar a iniciativa para a realização do processo sucessório e que intervenha para conciliar as partes quando surgem conflitos (Flores Jr. e Grisci, 2012; Albuquerque, Oliveira e Pereira, 2012; Lima, Silva e Conde, 2010; Machado, Wetzel e Rodrigues; 2008; Siqueira, Frois e Miranda, 1997) decorrente dele, especialmente se esses problemas puderem significar a dissolução da empresa.

Já Federico e Barbosa (2001) lembram que, no universo das empresas familiares, existe a consciência de que ninguém é eterno e de que o sujeito que criou e fundou a empresa, construiu um império, precisará um dia ser substituído. Compete a ele a escolha de quem estará no comando da organização na próxima geração, devendo passar os negócios a um sucessor capacitado, a quem é incumbida a tarefa desafiadora de manter ou aperfeiçoar, cada vez mais, a empresa cujo comando lhe é confiado.

A interação constante entre fundador, sucessores e a empresa familiar torna possível a saída do fundador dos negócios, possibilitando, dessa maneira, o início de uma nova fase gerencial. Sobre esse novo ciclo, Borges e Lima (2009) consideram que ele por definicação apresenta novas e diferentes demandas, o que será desafiador para a gestão no que se refere à continuidade da empresa familiar para as suas gerações futuras.

Comini e colaboradores (2008) tecem reflexões sobre a figura carismática do fundador, no sentido de que ele exerce significativa influência na formação da cultura e identidade da organização. Assim, ao haver a identificação dos colaboradores com essa cultura e identidade, tem-se a legitimação do líder que é, muitas vezes, tornado mito. Como consequência do influência que o mito representa, alguns conflitos gerados pelo processo sucessório se manifestam justamente pela possibilidade de "quebra" desse mito. Os autores ponderam sobre ser a liderança um atributo que não se transfere, deve ser conquistado, e ao sucessor impõe-se, portanto, a tarefa de construir e conquistar a legitimação frente à empresa, seus gestores, colaboradores, parceiros e comunidade.

Silveira e Biehl (2003) trazem dados sobre a formação escolar dos fundadores de empresas familiares. Normalmente, começam a trabalhar muito cedo, ainda com os estudos não conclusos e, apesar disso, conduzem os seus empreendimentos com muita competência, comprovado pelo tamanho e liquidez das empresas. Assim, com a capacidade de obter êxito sem o emprego formalizado de técnicas de gestão em sintonia com os preceitos estudados pela administração, ele se revela figura digna de admiração na empresa e influencia profundamente a cultura organizacional, pois seu estilo, crenças e valores inserem-se na estrutura básica da empresa e ali se fixam. São dignos de admiração e, por isso, no processo sucessório o receio quanto à mudança expressiva do modelo de gestão é uma das maiores preocupações dos colaboradores.

Lescura e colaboradores (2010) dizem ser o processo sucessório a transposição de um sonho, de um projeto de vida construído pelo fundador que, nesta ocasião, transfere ao seu futuro herdeiro a responsabilidade de levar adiante, de manter viva a empresa da família, perpetuando a sua existência. Federico e Barbosa (2001), sobre este momento, expõem que a sucessão é vista por muitos dirigentes como o momento final de sua atividade dentro da empresa. Em razão de estar ali, na organização, o resultado de seu trabalho de toda uma vida, planejar esse momento significa aceitar a substituição, entregar a outro o que ele construiu, devendo confiar que este fará o trabalho tão bem quanto ele o fez. Essa posição é incômoda e não agrada aos empresários.

O relacionamento entre os protagonistas do processo de sucessão é considerado como potencialmente delicado, em virtude de reunir vínculo afetivo e profissional associado a diferentes percepções da empresa e possível falta de diálogo. Esses dois aspectos reforçam os dilemas comprometedores do processo sucessório nos aspectos relativos ao planejamento, execução e desfecho podendo representar comprometimento quanto ao futuro da empresa (Flores Jr. e Grisci, 2010).

O planejamento do processo sucessório é uma etapa de grande relevo para a empresa familiar. Da postura do fundador, as consequências podem ser mais ou menos acertadas para a organização. Ele é o protagonista ainda da organização familiar nesse momento, mas atentando-se para a necessidade da troca de papéis. Dada a sua importância, figura emblemática que é, dedicou-se um capítulo específico para estudar o fundador.

A profissionalização

Belmonte e Freitas (2013) ponderam acerca das mudanças de condições para a abertura de uma empresa se comparadas as condições atuais e as de algumas décadas atrás. Dizem que em um passado não tão recente, para que empresas familiares surgissem, bastava apenas alguma oportunidade de mercado ou, simplesmente, a criação de um pequeno negócio, para o qual não era necessário muito planejamento. Hoje em dia, porém, não é suficiente apenas identificar boas oportunidades. Novos aspectos devem ser considerados pela gestão familiar.

A virada dos anos 1980 para os 1990, como apontado por Comini e colaboradores (2008), foi a época que marcou o desafio da formalização jurídica, da organização administrativa, dos compromissos fiscais tributários e da gestão formal das finanças, contabilidade e recursos empregados. Desde então, as mudanças ocorridas no ambiente empresarial têm exigido cada vez mais que as empresas familiares adotem práticas profissionais de administração, como planejamento e definição de metas, uma vez que o *feeling* e o espírito empreendedor não podem mais, sozinhos, garantir a continuidade e sucesso do negócio (Garcia, 2001). Além disso, a profissionalização também se mostra como necessária em virtude do crescimento da organização familiar, tornando-se mais complexa, e, assim, passando a exigir maior capacitação e criatividade dos administradores para sobreviver no mercado (Teixeira, 2011).

Assim, a profissionalização é apontada como um divisor de águas entre a antiga e a nova maneira de conduzir o negócio. Teixeira (2011) considera a profissionalização uma possibilidade de vislumbrar a perpetuação da organização, tanto pelas oportunidades que ela gera como pelo fato de desenvolver-se em sintonia com as transformações em processo nos aspectos político, social e econômico no mercado. O autor considera que transformar a administração da empresa familiar, habitualmente marcada pela improvisação, empirismo, falta de planejamento e metas mensuráveis, em uma gestão profissionalizada, voltada para os resultados e a perpetuação do negócio, além de ser um grande desafio, é uma necessidade para garantir a sobrevivência no atual contexto econômico global. Isso é um desafio particularmente difícil de ser superado em razão de que em empresas familiares, muitas vezes, o processo de tomada de decisões é conduzido por questões afetivas e emocionais, devendo, com a profissionalização, ser substituído pela racionalidade econômica.

Nesse sentido, Rocha (2002) afirma que a profissionalização indica um processo de evolução da direção rumo a um nível maior de formalização, com o que ela pretende se tornar mais eficaz. Ainda, ela possibilita a muitas empresas mudanças importantes nas suas operações, através da implementação de novas técnicas de gestão e do uso de tecnologia compatíveis com a qualidade, custo e flexibilidade demandados pelo mercado.

A profissionalização engloba seis dimensões: primeiramente, o entendimento do que é a profissionalização; a formação de sucessores profissionais; a competência, não apenas profissional, mas também cultural do executivo externo; a profissionalização tanto da empresa quanto da família; a governança familiar e corporativa; e a predisposição para mudanças. Portanto, da sua adoção, decorrerão muitas mudanças que possibilitarão à empresa familiar uma posição mais segura no mercado competitivo, mas novos paradigmas serão presenciados até sua consolidação, inclusive pelo incorreto entendimento do que seja a profissionalização.

A complexidade tem início com os equívocos em torno do que seja a profissionalização. A compreensão errônea, geralmente constatada nas empresas familiares, no ramo acadêmico e, principalmente, no meio empresarial, interpreta a profissionalização como o ato de contratar executivos externos e afastar da empresa os membros da família. Assim, a principal ideia de profissionalização, presente na literatura, é a de que a empresa familiar precisa contratar executivos de fora da família para ter uma gestão profissionalizada, o que não é, de fato, profissionalizar a empresa familiar.

Para Capelão e Melo (2001), o princípio que sustenta a profissionalização consiste, justamente, em delegar a um profissional capacitado e devidamente preparado a administração da empresa. Os autores afirmam que o processo sucessório pode ser conduzido tradicionalmente desde que haja, pelo menos, o cuidado de profissionalizar os sucessores.

Para Hall e Nordqvist (2008), essa é uma noção simplificada de gerenciamento profissional, que tem dominado a literatura, pois dá voz à suposição antiquada de que os membros da família não são profissionais, que precisam ser substituídos por colaboradores externos para que a empresa cresça e prospere. Esse entendimento influenciou a visão dominante de gerenciamento profissional em empresas familiares, tendo também dado margem a uma tendência, especialmente na literatura, de que a visão de gerentes profissionais e gerentes membros da família são mutuamente excludentes. Sendo assim, não se poderia supor a ideia de que um colaborador interno, um membro da família, pudesse se sujeitar à formação técnica, buscar a qualificação em sintonia com as demandas desse novo modelo de organização, para o qual a empresa familiar também deve se adaptar.

Teixeira (2011) discorre sobre a profissionalização externa, entendendo-a como um amadurecimento das relações entre os herdeiros, pois os livra da responsabilidade e de potenciais conflitos que poderão surgir devido a divergências pessoais e de interesses na gestão, mas que também pode evidenciar o não reconhecimento das competências dos colaboradores internos disponíveis no âmbito familiar, providos de conhecimento e identificação com a história e os valores da empresa. Para o autor, a contratação de administradores profissionais externos ao âmbito familiar pode representar fator determinante para o crescimento e perpetuação do negócio, quando da ausência ou falta de capacitação dos interessados diretos, que são os membros da família-empresária. Em complemento ao exposto, Bethlem (1994) afirma ser um mito a impressão de alguns sobre a profissionalização com executivos externos ser melhor do que a administração familiar.

Para profissionalizar a empresa, não é mandatório que um executivo externo seja contratado, muito menos que os membros da família sejam afastados. A profissionalização implica adotar os procedimentos que garantam a execução das tarefas que precisam ser desempenhadas na empresa e, independentemente de interesses alheios, são as necessidades da empresa que devem prevalecer. Assuntos profissionais e pessoais precisam ser separados. A simples intuição cede lugar a um conjunto de técnicas, ferramentas, tecnologias e normas de gestão, como planejamento, governança, acordos societários, sistemas de controle, estabelecimento de metas e benefícios, planos de cargos, de salários e de carreira, políticas de recrutamento, seleção e treinamento de pessoal. Esses procedimentos também podem ser planejados, implementados, controlados e gerenciados por membros da família e não apenas por executivos externos.

Aliar o processo de sucessão à profissionalização da gestão em empresas familiares sugere ser uma alternativa promitente para a sustentação da vantagem competitiva de uma empresa familiar. Tanto a sucessão quanto a profissionalização representam momentos de tensão e entendimentos carregados de subjetividade. Logo, uma vez que a sucessão é um processo a se consumar e, certamente, vai implicar novas formas de administração do negócio familiar, atentar para a formação técnica de excelência dos sucessores é uma alternativa para garantir a gestão nas mãos da família, sem que ela deixe de se adequar e usar procedimentos administrativos de acordo com as proposições do mercado.

Capelão e Melo (2001) indicam que o processo sucessório pode obter melhores resultados pela via tradicional, mas alertam sobre a importância de profissionalizar pelo menos os sucessores, pois são eles, afinal, os responsáveis pela continuidade dos negócios. Observa-se então que os autores enfatizam a necessidade e importância da profissionalização, da capacitação dos sucessores com conhecimentos técnicos e de gestão de modo a ser possível, além da realização da sucessão, também a profissionalização da empresa familiar.

Para Oliveira, Albuquerque e Pereira (2013), a preparação dos possíveis sucessores faz com que a profissionalização seja uma alternativa para integrar as habilidades profissionais e técnicas à gestão familiar, possibilitando às empresas desenvolverem a visão e as ferramentas necessárias para conduzir sua compreensão acerca de questões complexas nas esferas da família, da propriedade e da gestão. Os autores afirmam que a profissionalização dos herdeiros não diz respeito somente à formação e preparação, envolve também a postura que deve adotar como funcionário, sem privilégios em virtude das relações de parentesco, bem como devendo assumir responsabilidades com a condução dos negócios. Essa preocupação quanto à postura e com a geração de resultados favorece a construção de uma imagem própria, desligada do pai ou da família. É um meio de alcançar reconhecimento dos demais membros da organização, colocando-se como mais um dirigente, um profissional. Essas atitudes que demonstram a profissionalização dos membros da família favorece a legitimação dos sucessores, quando chegado o momento (Albuquerque, Oliveira e Pereira, 2012)

Teixeira (2011) pondera sobre a importância de a profissionalização estar de acordo com o aumento do número de membros da família e sua capacitação, para atuarem em diferentes áreas da gestão, buscando a interação das funções de planejamento, organização, liderança e controle. Sobre isso, Tillmann e Grzybovski (2005) afirmam ser o processo sucessório desenvolvido eficazmente quando a empresa tem a capacidade de sobreviver ao aumento do número de membros da família sem a perda da união familiar e do respeito pelo sucedido. Tem-se que os membros da família precisam se qualificar para desempenhar funções na empresa para as quais a profissionalização é uma necessidade certa. No entanto, mesmo com a profissionalização, o processo sucessório deve correr com respeito às etapas para escolher aquele a quem caberá a função de substituir o fundador. Destaque-se como vantagem a possibilidade de fazer a indicação do sucessor entre membros familiares profissionalizados.

Segundo Hall e Nordqvist (2008), quando a opção se dá pela via tradicional, importa esclarecer que o entendimento acerca do gestor profissional é, tradicionalmente, caracterizado como alguém com educação formal em gestão, sem vínculos familiares com outras pessoas da empresa, experiência de mercado e habilidade de trabalhar com uma postura voltada para o trabalho e não para o contexto. Ele também tende a ser objetivo e impessoal, desconsiderando o emocional. Os autores afirmam que esta noção de gerenciamento apresenta conotações simplistas e antiquadas. Não há dúvidas sobre a importância do treinamento e da educação formais do executivo externo, porém, a universalidade, a objetividade e a impessoalidade podem ser facilmente desafiadas. Os autores abordam ainda o fato de os gestores familiares serem, geralmente, entendidos como gestores não profissionais, independentemente de suas experiências prévias e das relações com a empresa. E para aqueles que não são membros da família, o oposto parece ser verdadeiro. Eles são considerados profissionais, independentemente de experiência profissional ou entendimento sobre a empresa. Na opinião desses pesquisadores, essa interpretação que, como observado, privilegia o gestor externo, em detrimento dos membros internos, também profissionalizado, representa uma visão não promissora para os negócios familiares contemporâneos.

Para os autores, o gerenciamento profissional em negócios familiares também deve basear-se na sensibilidade sociocultural. Por isso, concordam que tanto membros quanto não membros da família possam ter treinamento formal em educação executiva, mas defendem que somente as competências formais não são, sozinhas, suficientes para a gestão profissional das empresas familiares. As particularidades do contexto social e cultural da empresa familiar não podem ser minimizadas, o que geralmente acontece quando predomina o gerenciamento profissional. Para esse tipo de organização, Hall e Nordqvist (2008) reafirmam que as relações, as normas e os valores são cruciais para o trabalho e desenvolvimento dos negócios.

Bueno, Fernández e Sánchez (2007) afirmam que a profissionalização depende de três fatores: dos princípios e valores presentes na empresa, da existência de uma estrutura e de um modelo organizacional e dos profissionais que exercem cargos executivos, em concordância com Hall e Nordqvist (2008) sobre a impossibilidade de desmerecer o contexto em que o negócio, nesse tipo de empreendimento, desenvolve-se.

Hall e Nordqvist (2008) argumentam ser comum o conceito "profissional", na literatura sobre empreendimentos familiares, desconsiderar a cultura da empresa familiar, não a tomando como a dimensão central da gestão das empresas familiares.

Os autores propõem uma extensão do significado de gestão profissional, no que eles chamam de competência cultural, que resulta da compreensão dos significados e objetivos de dada família estar no negócio, isto é, entender quais os valores e as normas que subjazem na razão para a família estar no negócio. Eles defendem que esta competência é tão relevante quanto a competência formal para a gestão profissional de empresas familiares. A saber, gestão profissional, portanto, é a soma da competência formal e competência cultural. Assim, a administração profissional em negócios familiares deve compreender um detalhado e profundo entendimento das metas dominantes da família proprietária e o significado, para ela, de estar no negócio (competência cultural), para, de posse desse saber, fazer uso efetivo da educação formal e técnica junto da experiência (competência formal). Só a competência cultural não caracteriza uma gestão profissional. Só a competência técnica não é recomendada para a gestão de uma empresa familiar. Em empresas familiares, a administração profissional necessita da união dessas duas competências.

Nesse sentido, convém considerar que tão importante quanto profissionalizar os sucessores e o executivo externo, é importante também profissionalizar a família. Garantir que os membros da família que desempenham distintas funções na organização estudem, façam cursos, qualifiquem-se para o aprimoramento de seu desempenho frente aos papéis a serem exercidos ou que já têm assumidos dentro da organização.

A respeito disso, Davel e Colbari (2000) indicam que, em um processo de sucessão, o caminho que demonstra a evolução da empresa geralmente se inicia no pessoal e familiar, culminando numa administração racional, impessoal e profissional, em virtude dos desafios que residem na tentativa de profissionalização da família.

Essa complexidade se justifica por envolver razão e emoção na profissionalização de empresas familiares. Além disso, a profissionalização da família implica adotar processos de controle sobre os modos de interação da família com o negócio. Isso significa formalizar os mecanismos para a tomada de decisões, além de assegurar a confiabilidade da comunicação entre a família e os *stakeholders*. Ações como essas têm por objetivo atender os interesses da família, além de garantir a perpetuidade da organização. Entende-se uma família profissionalizada como aquela cujos membros, em exercício de suas funções na organização, aceitam não interferir no cotidiano dos negócios, limitam-se ao exercício competente de sua função. Resulta também em comportamento que legitima o sucessor escolhido, respeitando-o e oferecendo-lhe apoio. Ainda que os conflitos pessoais não interfiram na dinâmica da organização, o bom senso no modo adequado para resolvê-los e o diálogo transparente são os alicerces para as boas relações familiares.

Ao longo do ciclo de vida familiar, a cada geração aumenta a quantidade de membros familiares que sugerem, potencialmente, a necessidade de serem incorporados à empresa. Nenhuma empresa, porém, conseguirá manter o crescimento e rentabilidade suficiente absorvendo cada vez mais familiares. A governança poderá estabelecer critérios mais claros e definidos para a entrada de novos membros.

A governança determina os tipos de interações entre a empresa e a família, se acionistas e/ou executivos ou membros do Conselho de Administração, e os papéis a serem ocupados nessa interação (Bennedsen, Pérez-González e Wolfenzon, 2011).

Compete à governança desdobrar-se sobre os desafios relacionados ao jogo de interesses entre fundadores e sucessores, ou entre os acionistas da família e os gestores profissionais. Assim, a complexidade na implementação da governança consiste na necessidade de conciliar as relações entre família, patrimônio e empresa. Os resultados a serem alcançados, proporcionados pela governança, dependem, portanto, da capacidade de a família atuar nessas diferentes esferas, identificando mecanismos para administrar suas diferenças (Oliveira et al., 2010).

A boa governança é desejável porque representa os valores da empresa, favorece que ela aumente sua riqueza de modo legítimo, além de prepará-la para se antecipar e solucionar possíveis problemas (Miranda e Grzybovski, 2012). Assim, a construção de uma estrutura de governança sólida favorece a clara delimitação entre propriedade, gestão e família, fundamental à perpetuação das empresas familiares, relacionando-se à maior autonomia dos gestores, familiares ou não familiares, assim como o fim das relações de dependência e de subserviência que tornam inviável a profissionalização da gestão (Vieira, Sousa Neto e Roscoe, 2010).

Capelão (2000) considera não existir uma verdade única sobre a condução do processo sucessório. A profissionalização não apresenta todas as garantias para o processo sucessório ser conduzido sem traumas. A solução para lidar com as dificuldades que surgem nesse momento também passa pela implementação de outras medidas que, dependendo do contexto, podem se tornar ainda mais eficientes (Capelão e Melo, 2001). Para Lissa, Mojuski e Drachemberg (2007), as outras estratégias de profissionalização e gestão possíveis de serem adotadas pelas empresas são: a postura adotada pela gestão, a inclusão de um acordo societário para facilitar a relação entre empresa e família, a cultura profissionalizada, a não participação dos membros da terceira geração no cotidiano da empresa, a criação do Conselho de Administração e a elaboração do planejamento sucessório.

Dekker e colaboradores (2012) realizaram um estudo envolvendo 532 pequenas e médias empresas familiares, na Bélgica, com o objetivo de identificar os diferentes tipos e níveis de profissionalização. A partir do levantamento de cinco dimensões de profissionalismo, a saber, Sistemas de Controle Financeiro, Sistemas de Governança com a participação de Membros Externos da Família, Sistemas de Controle de Recursos Humanos, Descentralização da Autoridade e Alto Nível de Funcionamento, os autores identificaram quatro variedades de empresas familiares:

1. Autocrática: é representativa de empresa familiar com o nível mais baixo de profissionalização. O proprietário tem total controle acionário, bem como centraliza a tomada de decisões. Os membros da família dominam a gestão da empresa e a presença de executivos externos é dificilmente aceita. Os sistemas de controle são apenas informais, como, por exemplo, valores e normas compartilhados. A lealdade e a confiança na família permeiam as relações entre os indivíduos.
2. Estrutura doméstica: há poucos executivos do mercado, uma vez que os familiares ainda são a maioria na administração da empresa. Diferentemente do tipo Autocrático, aqui, as empresas familiares estão implementando sistemas de controle financeiro e de recursos humanos; e sistemas de monitoramento, de acordo com os objetivos organizacionais, estão em funcionamento.
3. Híbrida administrativa: representa altos níveis de profissionalização. A gestão e o Conselho de Administração são ocupados por profissionais experientes, de dentro e de fora da família, e por conselheiros independentes. O envolvimento da família é inexpressivo e a tomada de decisão e os sistemas de controle estão presentes em todos os níveis hierárquicos. Os sistemas de controle da empresa são constantemente aperfeiçoados. O sistema de recursos humanos é reestruturado para recrutar e avaliar tanto familiares quanto não familiares.
4. Híbrida fechada: caracteriza-se pela eficiente atuação, em conjunto, de executivos externos e de familiares, tanto na gestão quanto no Conselho de Administração, embora não estejam todos os sistemas de controle adaptados para essa nova composição.

Teixeira (2011) afirma que a profissionalização da empresa familiar não é tarefa simples, seja por ter membros da família em funções estratégicas com resistências naturais à mudança, seja pela maneira como o fundador sempre conduziu o negócio. De certa forma, pode ocasionar para o fundador e para os colaboradores da família de longa data na organização a perda da identidade familiar. Por isso, sugere-se que a introdução das mudanças ocorra gradativa e consensualmente, não devendo se esquecer de que o nome da família (estampado na fachada da empresa, no rótulo do produto ou na porteira da propriedade) representa não apenas a marca de um trabalho: ele dá sustentação a um legado, ele simboliza o compromisso do fundador e dos seus descendentes com a comunidade e com todos que compõem seu quadro de colaboradores. A profissionalização não deve ignorar o peso da tradição, o valor da história da organização. A sua trajetória não deve ser desconsiderada, mas a partir dela deve-se vislumbrar novas possibilidades.

Mesmo que a profissionalização seja imprescindível para as organizações familiares, há exemplos de empresas que insistem na não profissionalização e demonstram a viabilidade de uma existência empresarial e familiar longínqua, como no caso da centenária Indústria Filizola S.A., fundada em 1886, líder sul-americana na produção de balanças mecânicas e eletrônicas e que está na quarta geração. Capelão (2000) pondera que, além de representar um modelo de gestão que contraria a opinião dos consultores da área, as políticas adotadas pela empresa podem acarretar diversos problemas oriundos do relacionamento entre os familiares que trabalham na empresa. Depreende-se, da experiência da empresa citada, que deve haver a implantação de estratégias que minimizem os conflitos familiares e favoreçam a sua continuidade, com competitividade no mercado, apesar de não seguirem as indicações dos especialistas da área.

Uma vez implantado o processo de profissionalização, a família começa a compreender e aceitar de forma mais natural inúmeros aspectos, como a sua própria contribuição para o desenvolvimento da empresa a longo prazo e melhorias a serem realizadas. Entendem também a necessidade de afastamento de funcionários que não contribuem para o alcance dos resultados desejados, passam a concordar com a admissão de familiares somente com competência e que, ainda, atendam às necessidades da organização, percebem o encerramento de atividades e produtos deficitários como uma alternativa necessária de acordo com os propósitos da empresa, bem como passam a visualizar a redefinição da estratégia empresarial como viável.

Outro aspecto importante que se revela é que as empresas mais profissionalizadas conseguem separar melhor os assuntos da esfera pessoal dos da esfera empresarial (dinheiro, em especial), mantendo assuntos ligados ao âmbito doméstico separados dos assuntos relacionados à empresa (Queiroz, 2008).

Portanto, cumpre destacar que a sucessão e a profissionalização da gestão e da família são condições fundamentais para o sucesso e a perpetuidade das empresas familiares. O modo como se fazia a gestão de uma empresa familiar há algumas décadas não mais se revela eficaz para o contexto de que essas organizações hoje tomam parte. Por essa razão, a reavaliação de objetivos e estratégias deve ser uma constante para as organizações familiares.

4. O fundador da empresa familiar

Neste capítulo, apresentam-se reflexões sobre a constituição das empresas familiares, observando como os valores do fundador misturam-se à cultura organizacional e como essa caracterização é passível de gerar conflitos nos dois espaços, sejam o do trabalho e/ou da família, já que ambos estão entrelaçados. Considerou-se significativo também apontar os estudos sobre a imagem do fundador como um mito e, decorrente da importância do patriarca na organização, os temas sucessão, aposentadoria e morte são especialmente delicados e, da postura da empresa adotada nestes eventos, dependem os rumos da organização.

Qualquer estudo que se proponha a entender a dinâmica das empresas familiares, precisa discorrer sobre a figura do fundador. Por ser quem idealizou o negócio, é evidente que a cultura da organização será fortemente influenciada por ele. Desse modo, as particularidades desse tipo de empreendimento devem-se à mistura natural entre a identidade do empreendedor e a sua criação, sua obra, a saber, a empresa familiar (Carrão, 1997).

Queiroz (2008) considera ser a empresa familiar muito mais que o mero espaço onde a família busca seu sustento. Ela representa um objetivo de vida, uma missão, um sonho a realizar fortemente impulsionado pela motivação dos membros da família que buscam o bem comum, liderados pelo seu patriarca.

De modo semelhante, Papa e Luz (2008) apontam a identificação com a família ou seu negócio entre os membros como fonte de força e união, podendo, no entanto, segundo eles, funcionar também de modo oposto, por representar uma limitação, sugerindo ser fonte de problemas e conflitos, em razão de, nessa relação, predominar o paternalismo e o personalismo.

Assim, para o Barroso (2011), este é um aspecto importante e significativo para os tipos de relação que vão ser encontrados na empresa. Revela o paternalismo e a cooperação, mas igualmente revela dominação e submissão, porque, segundo ele, o fundador e a empresa são vistos psicanaliticamente como elementos do mito da grande família em que se alinham o inconsciente e o consciente.

A trajetória da empresa e o seu êxito são tão marcadamente influenciados pela necessidade de sucesso pessoal do fundador que quase não é possível separar essas duas vertentes. Como almeja ser reconhecido pelo seu desempenho, pela dedicação aos resultados tornados visíveis pela empresa, o fundador dedica-se quase que integralmente ao trabalho. Logo, pode-se afirmar, segundo Carrão (1997), a existência de uma correlação entre a motivação pessoal e o êxito da empresa.

Com essa relação tão estreita entre família e empresa, fica muito difícil, em alguns momentos, para o fundador separar as duas instâncias. Segundo seu entender, a forma de dedicar-se à família reside no melhor desempenho que ele pode alcançar com o seu negócio, afinal, como não raras vezes se ouve, é para a família, para prover o melhor para ela, que ele tanto trabalha.

Papa e Luz (2008) dizem ainda sobre este aspecto que o serviço ofertado por uma empresa familiar está revestido pelo orgulho, pela marca pessoal de seu criador, que, em absoluto, também reproduz os valores da sua família.

Pereira, Vieira e Roscoe (2012) indicam que, muito embora os estudos sobre esse modelo de empresas tenham aumentado significativamente, a maioria aborda a temática da sucessão, sua complexidade e os conflitos que facilmente surgem em família nessas ocasiões. No entanto, tais estudos têm dado pouca atenção aos aspectos psicológicos que envolvem a figura do fundador como mito, o que, significativamente, influencia não só o modo de operar os negócios da empresa, como implica sobremaneira as relações familiares e a cultura organizacional.

Lopes e Carrieri (2010) apontam em seus estudos que o mito do fundador merece ser observado nesse modelo de organização, uma vez que este é institucionalizado com o claro propósito de unificar pensamentos e comportamentos em torno do projeto social comum, a base da identificação, da relação afetiva com a organização, bem como do vínculo social decorrente da percepção de pertencimento à organização.

O mito do fundador, como aponta Rossato Neto (2008), do mesmo modo que o inconsciente, funciona como uma espécie de testemunha de uma pré-história da organização: é elaborada posteriormente ao ato de fundação da empresa, mas sinaliza para as origens, enaltecendo os feitos do fundador. Como a empresa familiar, via de regra, se instala e progride com o trabalho árduo e empenho total do fundador, a sua imagem de vencedor fica misturada à história de sucesso e crescimento da organização. É comum que esse olhar sobre as origens seja, inclusive – como afirmam Lopes e Carrieri (2010) – romanceado, como um expediente empregado para efetivar a valorização dos feitos do fundador, notadamente, destacando-o frente à organização como aquele que merece ser prestigiado pelos resultados que conseguiu, pois, aparentemente, ninguém o teria feito tão bem quanto ele o fez.

Em virtude, pois, do prestígio do fundador, Papa e Luz (2008) atestam a relevância, para se conhecer a história e entender a cultura organizacional de empresas familiares, da identificação dos valores do fundador. Sem isso, claro, não importa conhecer a cultura da sociedade em que essa organização esteja presente, pois com isso se terá apenas um conhecimento insuficiente para a percepção total dessa dinâmica. Logo, segundo esses autores, a cultura de uma empresa familiar se processa da conjugação da cultura da sociedade de que toma parte com os valores do fundador. Dessa forma, tendo clara a interferência dos valores do chefe da família na empresa, observar e estudar as relações familiares que nesse ambiente se manifestam é estratégia fundamental para compreender a dinâmica desse modelo de organização.

A figura do fundador, para além de muitas adjetivações possíveis, é associada à figura de empreendedor. Revela-se alguém movido pelo desejo e impulso de concretizar, assumindo os riscos inerentes a esse comportamento. Essa sua postura coloca-o, muitas vezes, em posição de vulnerabilidade junto à sociedade, já que seus atos, pela dimensão que contemplam, influenciam toda uma comunidade (Papa e Luz, 2008).

Essa constituição do fundador como referência, na verdade, demandou por parte dele uma tarefa de elaboração de valores. Assim, nesse processo, à medida que identifica seus valores internos, associa-os à sua condição de líder na organização, elaborando uma espécie de plano pessoal, que importará para o alcance do sucesso do negócio. Inúmeras são as ações que empreende sem ter uma justificativa clara para aquele agir. No entanto, todas elas são motivadas por conceitos diversos elaborados ao longo de sua vida. O conhecimento que ele revela é, na verdade, expressão de suas primeiras experiências de vida: caso tenham sido negativas, possivelmente o levarão a agir com maior cautela, mas sempre empenhado em acertar nas ações para o sucesso do seu negócio (Ferreira, Lourenço e Oliveira, 2008).

Tendo clara, pois, a significância da figura do fundador, convém ratificar, conforme apontam Lourenço e Ferreira (2008), que o momento de fundação de uma organização é de grande importância. Afirmam que a cena fundante se caracteriza como um mito, carregada de diversos sentidos para os membros, o que virá a influenciar na forma como esta organização é percebida pelos membros que dela fazem parte, sendo possível atribuírem sentido e valor à trajetória que esta apresenta, recontando-a, como forma de fixação e elogio às virtudes do fundador.

Barroso (2011) considera a associação normalmente feita entre a cultura da organização e o vínculo com a figura do fundador bem mais que um preceito funcionalista. Ele considera sim essa associação significativa, porém isso se dá mais em virtude das dificuldades percorridas pelo fundador, quando palavras como "esforço", "perseverança" e "trabalho árduo" ganham relevo e servem de base simbólica para o sucesso da organização. Ou seja, as características pessoais do fundador são o fundamento que favorece a prosperidade da organização familiar.

Em virtude disso, a sua imagem como líder merece de fato ser observada, devendo zelar para que toda a atmosfera que gira em torno de seu prestígio e pulso encontre respaldo na sua prática, de modo que a sua imagem se fortaleça e possa, em virtude disso, congregar satisfatoriamente os membros que na organização desempenham suas funções. E juntos alcançarem os resultados que considerem necessários, fortalecendo os vínculos da família aliados aos interesses da organização.

A força desses aspectos culturais, de acordo com Barroso (2011), fornece a base para a constituição de uma imagem positiva do fundador que, a partir das ações desenvolvidas na empresa, desenha um legado que, por sua vez, favorecerá a exaltação da sua figura no imaginário coletivo, constituindo-se assim em uma referência para a empresa por anos contínuos.

Papa e Luz (2008) corroboram o exposto, apontando que a literatura dedicada ao estudo da descrição do que seja a cultura organizacional das empresas familiares indica que esta se liga estreitamente aos valores, atitudes e concepções do fundador, e que, gradativamente, ganham aceitação e são incorporados pelos demais membros que da organização tomam parte.

Igualmente Siqueira, Frois e Miranda (1997) afirmam que o fundador (muitas vezes tido como herói) desempenha papel singular, uma vez que sua visão de mundo determina que valores serão compartilhados. Ele, ao formular estratégias de resolução de problemas da esfera negocial na organização, toma por base suas concepções e valores pessoais, disseminando-os no ambiente organizacional. Ao agir assim, ele revela o que considera desejável para a empresa e para a condução dos negócios.

Nesse sentido, parece simples perceber que o ritmo e os rumos tomados pelas empresas são decorrentes dos valores familiares embutidos na ética e na moral do fundador. Este aspecto relativo aos valores da família norteando os negócios é tão expressivo que oportunidades de investimentos atrativos normalmente tendem a ser ignorados quando agridem os valores da família. Por outro lado, pode ocorrer também que um importante crescimento dos negócios coloque, mesmo que sutilmente, a história familiar em segundo plano; fato que, tão logo percebido, deve ser revisto. É essencial que a história da fundação da empresa perpasse às gerações seguintes, sempre objetivando o entendimento claro das razões que levaram à constituição da empresa, o que significa, na essência, manter a família unida em torno de um objetivo em comum, garantindo a sua perpetuação (Vieira, Sousa Neto e Roscoe, 2010).

A origem ou a ação do fundador é a base na qual devem se associar quaisquer ações da empresa, mesmo quando se apresentam necessidades de adaptações frente a um novo momento e contexto em que a organização está inserida. É lógico pensar nas adaptações necessárias ao mercado ao longo de sua história, porém, para que a empresa não se desvincule de sua natureza, a sua história deve ser contada e recontada, pois é por meio da fixação desta que se reafirmam os valores que lhe são caros desde a fundação (Vieira, Sousa Neto e Roscoe, 2010).

Papa e Luz (2008) acrescentam que, ao ocorrer a opção pelo crescimento para além do que se estabeleceu como propósito da família no negócio, têm-se os ingredientes passíveis de gerar tensão no ambiente, o que poderá acarretar conflitos e sofrimento, uma vez que os objetos simbólicos e imaginários da organização são ignorados ou têm sua importância reduzida.

Essas questões que se são a realidade delicada em dado momento da empresa são agravadas em virtude de a figura do pai-patrão representar o caráter moral da organização empresarial, caracterizado pelo poder absoluto, resistência quase nula, pela posição de chefe respaldada por um conjunto de tradições e apresentação de ordens e proibições que não são questionáveis. Desse modo, a gestão se efetiva pela obediência e respeito a posição de sujeito pai, devido ao conjunto de valores colocados nessa relação parental (real ou simbólica), seja na família, seja na empresa. É a reprodução dos padrões culturais desta herança histórica (Faria e Vizeu, 2014). Por isso, o questionamento ao seu modo de agir na organização gera a impressão de que essa atitude significa desrespeito à figura do pai (patrão).

Em complemento a esse aspecto tão complexo, Queiroz (2008) afirma ser desejo dos pais que seus filhos olhem para a empresa com o mesmo olhar que o seu, que a empresa represente também, para o filho, um objetivo de vida. Os pais anseiam comprometimento emocional dos filhos – que a empresa tenha para eles o mesmo sentido que tem para o fundador –, porém sua posição e postura na empresa nem sempre parecem evidenciar isso aos filhos.

A ordem que naturalmente se pensa para os rumos de uma empresa familiar é que os filhos desejem seguir os passos do pai. Em verdade assim seria o ideal, pois o pai fundador (que trabalhou arduamente para construir o patrimônio) deseja ver filhos e netos dando continuidade e prosperando; mas, por ter sua fundação associada a um pequeno negócio, que aos poucos foi progredindo e se ampliando, alguns fundadores têm dificuldade em dividir a gestão, mesmo com os filhos, que querem ter ao seu lado, porém sob suas ordens. Em razão desses impasses, alguns filhos – sucessores naturais – não se identificam com a empresa e desejam buscar caminhos profissionais distintos. Essa decisão, por sua vez, também é lamentada pelo pai, que, muitas vezes, acredita não ter o reconhecimento que julga merecer.

Queiroz (2008) reafirma essa situação demonstrando que a empresa familiar representa o maior investimento de uma família. Por isso, apesar de o fundador assegurar aos seus filhos educação e possibilidades distintas de subsistência, ele alimenta a expectativa de que os filhos deem continuidade ao negócio. Mas ao mesmo tempo que o pai se orgulha da presença do filho na empresa, pode também enxergar essa situação como uma ameaça à sua posição, julgando que o filho possa ter mais poder e influência do que ele sobre os funcionários e familiares.

Conflitos, neste modelo de empresa, é palavra de ordem, em virtude de estarem, no mesmo palco, valores da família e valores da empresa, muitas vezes, confundindo-se, devido à dificuldade natural mesmo de separá-los. Lescura e colaboradores (2010) apontam uma situação dessa natureza mencionando o fato de o fundador se considerar peça para a qual não há substituição. Agindo assim, ele está, mesmo sem se dar conta disso conscientemente, desacreditando na capacidade dos filhos de perpetuarem os negócios da família. Indica, portanto, com a sua postura, que apenas ele tem mérito para tal. Desse modo, o comprometimento emocional e a dedicação ao negócio por parte dos filhos podem ficar ainda mais abstratos, como é, paradoxalmente, também o desejo do pai.

Carrão (1997) destaca que o fundador, quando toma a empresa unicamente como sua e subordinada a seu exclusivo controle, tem dificuldade em distribuir responsabilidades, impedindo, inclusive, que mais alguém (além dele) tenha voz de autoridade. E, em consequência dessa postura, o crescimento da empresa se dá às voltas de seus limites pessoais, impedindo que algumas oportunidades concretas de expansão (e positivas à organização) se efetivem.

Como empreendimento familiar, não se contestam os valores dos fundadores da empresa nem da cultura que nortearam as suas ações. No entanto, como afirmam Papa e Luz (2008), alguns aspectos merecem atenção, como, por exemplo: ênfase em relações pessoais mais do que na observância da eficácia, lealdade a pessoas e não para com a instituição, poder centralizado nos membros da família sem observar se são eles competentes ou não, quando há a preocupação com mudanças necessárias ao comportamento da organização na iminência de novos desafios que se lhe apresentam.

Queiroz (2008), acerca dos relacionamentos na organização, afirma ser natural que em família se tenham mais afinidades com umas pessoas do que com outras. Mas essas preferências da esfera doméstica não podem chegar à empresa, pois funcionariam como fator de desmotivação, nem tão pouco para fins de ocupação de cargos e posições.

As funções desempenhadas nas empresas familiares devem atender ao disposto que vigora para qualquer organização que vise resultados, pois os cargos e funções ocupados devem tomar por base as habilidades e competências para a execução das tarefas exigidas. Do contrário, o clima organizacional pode ficar comprometido e predominar uma atmosfera que não estimule o desempenho esperado.

Barroso (2011) pondera, no aspecto das relações familiares, sobre a perspectiva da presença dos herdeiros na empresa. Como, em muitos casos, são posicionamentos distintos que se colocam, discussões e conflitos sobre o processo de sucessão se instalam e tornam-se mais complexos à medida que a luta pelo poder é protagonizada por vários candidatos à gestão do empreendimento. Convém acrescentar que o choque de valores entre fundador e herdeiros parece ser natural, embora muito conflitante, o que não deixará de apresentar particularidades à cultura organizacional. Isso se torna ainda mais expressivo quando a empresa se abre à contratação de profissionais não membros da família para a gestão da empresa, culminando na apresentação de outros valores, certamente não os mesmos que os dos membros da família.

Acrescente-se às dificuldades já descritas acima, que o rompimento com os ideais e valores familiares bem como a disputa entre os herdeiros pelo poder, favorecerá, bem possivelmente, trajetórias difíceis seja do ponto de vista econômico-financeiro, quer seja do aspecto comportamental. Os conflitos desenvolvem-se na esfera empresarial, mas os reflexos destes se esparramam na esfera familiar, certamente (Barroso, 2011).

Além das fortes questões culturais imbricadas nessa relação de poder que se apresenta no espaço de empresas familiares, é importante reforçar ainda as características facilmente percebidas nos fundadores. A imagem de um líder visionário e convicto de seu sucesso parece, de antemão, difícil de ser contestada ou de se admitir que estas virtudes sejam impedimento de, em tempo diferente de sua fundação e expansão, garantir continuidade ao empreendimento familiar. No entanto, esse conjunto de atributos pode representar aspectos negativos também, pois, como personifica o sucesso, ele se percebe como o solucionador de problemas orientado pela sua intuição. Desse modo, ao desprezar o planejamento, a objetividade – que também deve estar presente no cotidiano das organizações, delineando as ações a serem praticadas – não encontra espaço. Isso, em associação ao autoritarismo e ao paternalismo, explica uma série de entraves nas organizações, especialmente no que se refere aos processos de sucessão (Vieira, Sousa Neto e Roscoe, 2010).

Referente à sucessão, os mesmos autores consideram também que, ao fundador, abrir mão do poder gera uma série de reflexões acerca da perda de sua vitalidade para o trabalho, por exemplo, de que seria significativo reduzir sua jornada de trabalho e, especialmente, de se retirar dos negócios, o que lhe é bastante complexo, pois pensa sua vida como parte do negócio que fundou, portanto, dissociar-se dele pode ser uma decisão bem difícil. Esse delicado momento, para o fundador e para a empresa, nem sempre tem merecido a atenção necessária, sendo negligenciados aspectos importantes desse processo que, segundo Vieira, Sousa Neto e Roscoe (2010), é revelador do despreparo de sucessores e sucedidos para lidar com essa situação.

Tem-se, nessa ocasião, um momento delicado para a sobrevivência do negócio da família. Pereira, Vieira e Roscoe (2012) discorrem que as dificuldades apresentadas pelo fundador para o desenvolvimento da empresa e dos membros da família quanto à adoção e prática de modelos de gestão diferenciados dos seus, bem como no processo de sucessão, é uma atitude que compromete a imagem que se tem dele na organização (o mito não tem mais função), além de, aos seus olhos, comprometer a continuidade do negócio na família. Ratifica-se, assim, a delicadeza do momento em que a sucessão e a profissionalização entram em cena nas empresas familiares.

Pereira e colaboradores (2013) indicam a interação da geração sucessora com o fundador nas decisões estratégicas como mecanismo a possibilitar a renovação em culturas que têm no fundador a figura central. Em contrapartida, apontam que quando o fundador se faz ausente do convívio com os seus, apresentando ainda um comportamento autoritário e centralizador, não prestando atenção à subjetividade dos aspectos que englobam família-propriedade-empresa, este compromete a construção de um ambiente afetivo e receptivo de tal forma que não favorece o desenvolvimento de virtudes necessárias à elaboração de uma boa autoestima, nem a autoconfiança, tão caras para a sua sucessão. Os sucessores (também imbuídos de valores) devem conviver com o fundador e aprender com a interação de seus valores para que a identidade e coesão do grupo não fiquem ameaçadas. Quando esta interação entre mitos sucessores e mito fundador, para empregar o termo dos autores, se estabelece, as chances de o processo de sucessão se desenvolver a contento são potencialmente aumentadas.

Entretanto, Barroso (2011) expõe que é possível, em dado momento, que a imagem e o legado do fundador não mais representem vitalidade suficiente para o crescimento e continuidade dos negócios. Assim, dois discursos são colocados nesse ambiente: um que expressa e defende a necessidade de mudança, ajuste ao mercado para fins de maior competitividade; e outro que verbaliza a resistência à mudança, defendendo os ideais fundadores da empresa, tornados conhecidos pela influência e ação do fundador.

Esse momento é claramente definido como uma situação de ameaça à organização familiar, e Pereira, Vieira e Roscoe (2012) apontam que o maior desafio então é manter vivos os propósitos do fundador e da cultura empresarial que ele criou. Há que se buscar os meios de resolução dos conflitos, encontrar alternativas que favoreçam o crescimento da empresa, mas sem abrir mão dos valores culturais que a conduziram até então.

Ao tratar de sucessão, duas palavras surgem expressivas: patrimonialismo e patriarcalismo. Faria e Vizeu (2014) afirmam que a orientação patriarcal é a que impera no Brasil. Esse modelo implica manter no poder os valores representados pelo chefe do clã. Expõem que, no processo sucessório, vigora a indissociabilidade da família e empresa, perpetuam-se as questões de gênero, efetivando a força do masculino sobre o feminino e que a preferência para a sucessão é para o filho mais velho do sexo masculino, a figura do pai como onipotente.

O modelo patrimonialista substitui a função do patriarca, não unicamente da gestão da empresa. O controle familiar sobre a administração da empresa deve-se à posse do patrimônio, determinada pelo sangue, considerada legalmente direito herdado do chefe da família. Esse é o traço representativo de força que garante autoridade nas empresas desse modelo (Faria e Vizeu, 2014). Os mesmos autores reforçam que, nesse modelo de sucessão, o rito de passagem não tem como alvo um gestor qualificado, dotado de competências gerenciais. Não é o cargo de gestor o alvo da discussão em si, e sim o patriarca sucessor, a quem vai competir gerir o empreendimento familiar, mas especialmente dar continuidade ao projeto que tem a família como base.

Há razões diversas que estabelecem, em dado momento, a necessidade para as organizações familiares prepararem a sucessão. Como já exposto também, às vezes a decisão por compartilhar a gestão com os sucessores, em época de plena atividade do fundador, favorece que, quando da retirada deste, não haja impacto negativo que venha a afetar o empreendimento. Outras vezes, a sucessão se dá pela decisão da aposentadoria do fundador, ou ainda, se, por forças contingenciais, ele não mais apresentar condições de gerir a contento a empresa da família. Um fator que impacta fortemente uma organização familiar é, certamente, quando a sucessão ocorre em virtude da morte do fundador.

O processo de sucessão, via de regra, é preparado em virtude da decisão do fundador de se aposentar. No entanto, esta não é uma decisão fácil de ser tomada e menos ainda de ser executada. Nessa ocasião, o fundador – que tem sua vida associada à vida da empresa – entende ser importante (ou é convencido disso) não mais estar à frente do negócio. Isso, porém, como apontam Lima, Soares e Souza (2006), tem implicações de diversas ordens, sejam aspectos relativos ao poder, financeiros e também culturais.

Queiroz (2008) menciona o fato de o fundador valorizar o trabalho de tal modo que a ele parece impossível ficar sem trabalhar. Tem muito claro que suas conquistas devem-se ao empenho e dedicação ao trabalho. Mesmo trabalhando muito nesse tipo de empreendimento, a família, em geral, está por perto. Logo, a possibilidade de viver sem trabalhar não lhe parece concreta.

Como a sua trajetória de vida, das conquistas e vivências familiares estão atreladas ao negócio que a vida inteira comandou, aposentar-se não significa apenas deixar de trabalhar. Será o momento em que, simbolicamente, cede a outro "parte de si", uma vez que tem dificuldade de se enxergar separado da sua atividade profissional. Em razão disso, tantos chefes de família continuam dirigindo a empresa, mesmo que, financeiramente, tenham plenas condições de usufruir da aposentadoria.

Uma estratégia possível nesse momento de impasse, em que a sucessão é uma necessidade para a organização, mas se quer igualmente respeitar a história e influência de quem a conduziu até então, é garantir meios de o fundador continuar presente, mesmo que não cotidianamente. Uma estratégia, nesse sentido, é a ocupação de uma cadeira no Conselho de Administração. Desse modo, ausente das atividades do dia a dia da empresa, seria voz de respeito na deliberação das decisões estratégicas da organização. Com essa posição claramente definida, continuaria se entendendo como alguém importante que é ouvido quanto aos rumos da organização, mas se evitaria, por outro lado, a tentativa constante de informalmente querer interferir nas decisões de quem o sucedeu. Haverá vez e espaço para isso.

Interessante observar que esse momento de sucessão e aposentadoria do fundador é menos conflitante quanto mais houve, ao longo de sua trajetória, a consumação da empresa como negócio da família, para o que os filhos foram gradativamente preparados, partilhando da base da cultura organizacional junto com o pai-patrão. Assim, o sucessor terá maior confiança quanto aos rumos da organização, bem como o sucedido terá condições de considerar-se vencedor também nesta tarefa de preparação do filho para lhe suceder.

Se a aposentadoria do fundador já acarreta um momento delicado, a morte – como evento não programado – impacta criticamente a vida da organização. Lourenço e Ferreira (2008) consideram que sua ocorrência pode representar alterações no universo simbólico que repercutirão nas relações de trabalho. Porém, a morte do fundador não se associa à morte da organização. Esta deverá encontrar meios de continuar a desenvolver suas atividades, mesmo que a postura adotada pelos novos dirigentes seja diferente da adotada pelo fundador e acarrete consequências.

Com a morte do fundador, a sucessão e sua legitimação vão enfrentar diversas dificuldades. Com a ausência dele, o legado de seus valores e as ações por ele desenvolvidas passam a representar um sentido social muito forte. É natural que as resistências se manifestem, especialmente se a política de gestão adotada pelo sucessor introduzir valores que se confrontem com o contexto simbólico-cultural, reflexo da construção conjunta do fundador e dos membros da organização. A ausência, via morte, do fundador, parece ratificar a presença de seus valores ali no espaço da organização, seja pelas histórias, seja pela exaltação da figura de herói, todo o apreço e admiração à sua trajetória verbalizam-se e, ao passo que efetivam ainda mais a sua influência na cultura organizacional, representam igualmente obstáculo à legitimação de seu sucessor (Ferreira, Lourenço e Oliveira, 2008).

Assim, configura-se esse momento como de grande tensão e redefinição para os rumos da empresa. A morte do fundador simboliza a ruptura com a velha ordem, o que não acontece sem medo ou insegurança, pois implica o temor de perder o que essa condição oferecia, seja estabilidade, segurança, conforto. Os cargos e responsabilidades, com esse rompimento, deverão ser redistribuídos e uma nova ordem será estabelecida. Está ausente o fundador (o gestor, o pai), tendo os herdeiros que redesenhar a estrutura organizacional, e, consequentemente, muitas transformações podem ganhar corpo (Ferreira, Lourenço e Oliveira, 2008).

Essa nova ordem, segundo os autores, gera angústia entre os membros da organização quanto à continuidade de valores que nortearam a empresa até esse momento. Para que os valores do fundador não se percam e a memória organizacional não se descaracterize, o processo de sucessão é vinculado ao mito fundador, procurando garantir a coesão da identidade da organização, como recurso necessário para manutenção dos valores que guiaram a sua trajetória até ali.

Como o exposto, Lourenço e Ferreira (2008) apontam que, na memória da organização, o fundador é revestido da figura do herói, aquele que não mediu esforços para o crescimento e desenvolvimento da empresa. Assim, a sua morte vai reforçar essa apreciação positiva que dele se faz, ensejando que seus valores permaneçam vivos na cultura da organização, apontados como os desejáveis a todos os seus membros. Celebra-se um mito, visto que suas atitudes personificam as virtudes identificadas em heróis. Em razão desse alto prestígio que o mito fundador mantém vivo após a sua morte, o momento de redefinição de papéis para a continuidade da organização merece ser realizado criteriosamente.

Este capítulo encaminha algumas conclusões importantes sobre a empresa familiar. Na dinâmica dessas organizações, observam-se algumas particularidades, destacando-se, entre elas, o fato de os membros da família trabalharem em prol de um objetivo em comum, dando forma e perpetuando o sonho idealizado pelo fundador. Os autores são unânimes ao apontarem a correlação existente entre os valores do fundador na base da cultura organizacional do empreendimento familiar, apontando também para a ocorrência de conflitos entre este e os membros da família na condição de colaboradores neste espaço, pois se misturam fatores do relacionamento familiar com as relações profissionais. É preciso, nesse sentido, haver atenção para que isso ocorra em índices mínimos. Discorreu-se também sobre a celebração do fundador como um mito, cujos valores simbólicos continuam presentes, mesmo após a sua retirada da organização, seja esta motivada pela aposentadoria ou morte. E, em relação aos muitos desafios que uma empresa tende a enfrentar, nesse modelo, em especial, a sucessão é tema recorrente entre os autores, vez que ela pode representar a continuidade da cultura organizacional, bem como pode significar a sua descaracterização. Em razão disso, indica-se que o patriarca deve criar vínculos com os seus sucessores, de modo que estes identifiquem-se com o negócio por ele fundado.

5. *Cases*: Gerdau, Papaiz, Lacta e Mesbla[5]

A sucessão é o processo mais importante na vida das organizações familiares. É o momento de grandes tensões e transformações que determina como será o futuro dos negócios, bem como evidencia aspectos da inter-relação da família e da empresa ao longo de sua história. Marca o apreço e respeito que a família continuará tendo no mercado, decorrente de sua reputação, maturidade dos familiares na resolução dos conflitos, na aceitação de mudanças e de novas condições exigidas pelo mercado e implementadas pelo sucessor escolhido. O futuro, não apenas da empresa, mas, principalmente, da união e do convívio entre os familiares, dependerá, profundamente, do êxito da construção do processo sucessório.

No início, a família tem um número reduzido de membros, mas com o passar dos anos, a família vai se ampliando, e provavelmente a empresa familiar não consegue crescer na mesma proporção e absorver a todos sem prejudicar os seus resultados. Dificilmente é possível manter o estilo de vida da família, ocasionando maiores chances de os conflitos se tornarem mais frequentes e tomarem maiores proporções. Além do mais, os herdeiros acreditam que são obrigados a conviverem com parentes com quem não possuem a mesma intimidade que os membros da geração predecessora têm entre si. A união destes não assegura a adequada convivência daqueles.

---

5 Os cases apresentados neste capítulo foram elaborados pelo autor com base em ampla bibliografia publicada em livros, sites das empresas e jornais e revistas.

Dificilmente uma empresa de consultoria conseguirá conduzir a sucessão sem que o fundador não aceite ser o líder do processo. As decisões que poderão ser legitimadas, e assim cumpridas e respeitadas pelos colaboradores, são aquelas advindas do fundador. Além de ser o elo entre os consultores e a empresa, é do fundador a iniciativa para a elaboração do planejamento sucessório, bem como administrar os desentendimentos entre os diferentes grupos da família. Mudanças poderão não trazer benefícios para todos os membros da família, haverá descontentes, que não terão mais a empresa como responsável por seus proventos.

O fundador precisa lidar com essas situações e com as possíveis pressões internas e externas em torno das especulações sobre o futuro gestor, além de conviver com a incerteza sobre qual é a escolha mais acertada. No caso de um pai com mais de um filho, ele se ressente de ter que optar por um dos filhos, pois o herdeiro que não for escolhido para sucedê-lo poderá sentir-se traído ao ser preterido pelo irmão. Para agradar a todos os filhos, a possibilidade de compartilhamento do comando entre os herdeiros é uma opção, mas a empresa poderá ser prejudicada pela ausência de uma liderança consolidada, pela divergência de opiniões sobre a tomada de decisões, e, assim, poderá dar início a rivalidades entre os herdeiros e disputas pelo poder, resultando no efeito contrário: na intenção de escolher os filhos para serem os novos líderes dos negócios, com o objetivo de satisfazê-los, proporcionando a mesma oportunidade para ambos para evitar possíveis atritos, o pai incentiva, inconscientemente, potenciais conflitos ainda mais graves que poderão surgir. Em outros casos, há empresas familiares que ainda insistem na escolha do filho primogênito, mas essa opção tem pouca legitimidade atualmente. O predecessor também poderá encontrar uma alternativa pela escolha de um executivo externo, mas nem sempre esta é a melhor solução.

É importante ressaltar que o processo sucessório precisa ser realizado com transparência, fundamentado em métodos e critérios científicos e impessoais, já que surgem questionamentos acerca do mérito e da capacidade de cada um dos candidatos à sucessão, pois uns se julgam mais preparados do que os outros. Dúvidas aparecem independentemente da confiança que os familiares têm uns nos outros e vínculos familiares não são suficientes para garantir a segurança necessária para o adequado desenvolvimento da sucessão, por isso é imprescindível a profissionalização não apenas da empresa, mas também da família. Os membros da família precisam pensar e se comportar como profissionais.

O perfil de cada um dos herdeiros precisa ser analisado minuciosamente. Inicialmente, é necessário que sejam considerados a sua identificação, o comprometimento e a paixão pela empresa. Esses aspectos subjetivos podem ser verificados por comportamentos, atitudes e sentimentos externalizados desde a infância. Aos familiares, não deve pesar a responsabilidade de dar continuidade aos negócios da família, tão pouco ser obrigado a escolher sua carreira em virtude da empresa, se este não for o seu desejo. Geralmente, o pai projeta os seus desejos não realizados no filho. Posteriormente, na fase de preparação da empresa para a sucessão, os candidatos precisarão ser observados quanto à sua competência técnica. Os herdeiros precisam de oportunidades para se testarem, bem como trabalhar ou assumir diferentes áreas da empresa para que possam implementar as suas ideias, adquirir experiência, se conhecerem como gestores, obtendo autonomia e recebendo intervenções quando eles solicitarem. Após o período de treinamento, mesmo aqueles que não sejam escolhidos, estarão mais seguros e capacitados para exercerem novas funções dentro da empresa ou externamente, e, assim, estarão mais propícios a apoiar o novo líder.

Características subjetivas a cada candidato continuam a ser imprescindíveis. A preferência na escolha do sucessor encaminha-se para aqueles que demonstram condições de implementar as mudanças necessárias, adequar-se às demandas do mercado, desenvolver práticas inovadoras, aceitar novos paradigmas, estruturar vantagens competitivas sustentáveis e adotar seu próprio estilo de gestão sem, necessariamente, estar vinculado com o predecessor. O comportamento de cada um dos pretendentes também deve ser observado na sua vida pessoal. Estilos de vida com muita ostentação e badalação podem se refletir na empresa, pois eles representam a imagem dela em diferentes contextos.

Porém, experiências profissionais fora da companhia são igualmente recomendadas como procedimento eficaz, visando à preparação e, posteriormente, escolha do sucessor. Ao buscar oportunidades de atuação em outras empresas, principalmente nos concorrentes, fora da sua zona de conforto, ele terá sido testado de diferentes maneiras e quando voltar para a empresa da família, a sua legitimação será *facilitada* por parte dos *stakeholders*, e, assim, o sucessor implementará técnicas e ferramentas gerenciais com base na experiência adquirida.

Quando chegado o momento, muitos fundadores apresentam dificuldades para sair da empresa, e, não raro, a sua identidade é confundida com a da organização. A saída da empresa estabelece um vazio na rotina de quem passou uma vida pontuada por muito trabalho e dedicação e, em função disso, o desejo de manter-se, de alguma maneira, vinculado aos negócios, mesmo que não seja trabalhando em cargos executivos, mas compartilhando a sua experiência e opinando em assuntos relevantes. A boa intenção do fundador pode ser interpretada pelo seu sucessor como intervenção no seu trabalho, por não concordar com o novo modelo de gestão que ele está implementando na empresa. Mesmo quando o fundador é solicitado para ajudar, precisa ser prudente nas suas afirmações.

A nova geração também deverá aprender com o que a atual geração está passando, pois, um dia, também passará pelo processo sucessório.

A relação entre pai e filho nas empresas familiares é o alicerce para o desenvolvimento saudável de todas as etapas do processo de sucessão. O trabalho do herdeiro começa na superação da desconfiança do seu próprio pai. Mesmo que incentive o filho a frequentar badalados clubes sociais para desenvolver suas próprias redes de relacionamentos, e as melhores escolas de gestão, no Brasil ou no exterior, o patriarca ainda demonstra resistência em aceitar que o seu herdeiro implemente as teorias e as ferramentas aprendidas em sala de aula. Acha que a teoria é diferente da prática e que o trabalho que vem sendo desenvolvido na empresa não precisa ser mudado ou melhorado, pois o seu estilo de gestão já vem rendendo resultados há muitos anos e é melhor deixar as coisas como estão, sem necessariamente empreender novas linhas de produtos ou expandir para novos mercados geográficos. Inconscientemente ou não, o pai poderá interpretar que as habilidades adquiridas pelo filho representam uma ameaça para a sua posição e que são insuficientes para dar continuidade aos negócios. O fundador pode ter receio de não conseguir acompanhar a evolução do filho, além de acreditar ser insubstituível, podendo sabotar o trabalho do filho e postergar o início da sucessão, bem como da sua aposentadoria. A dificuldade de descentralizar e de aceitar mudanças tende a aumentar. Nas empresas familiares, é comum o sentimento de rivalidade entre os dois e o antagonismo do pai entre o seu amor pelo filho e a dificuldade de aceitar ser superado e de ter menos poderes na empresa.

O filho precisa lidar com sucessivas comparações com o pai. "O seu pai não fazia desse jeito" é uma das frases normalmente repetidas pelos funcionários interessados em manter o *status quo* e saudosistas da época que trabalhavam com o fundador. Em vez de ser chamado pelo seu nome, é estigmatizado como "filho do dono". Ele é visto de uma maneira diferente pelos *stakeholders*, que avaliam, constantemente, a sua conduta e comprometimento, fazendo-o acreditar que está sendo fiscalizado e que recebe poucas oportunidades de crescimento na empresa. O filho luta para construir uma imagem desvinculada da do pai, além de sua própria identidade e história de vida, buscando conquistar respeito e reconhecimento, afinal "filho de peixe, peixinho é". Quando o herdeiro consegue resultados consistentes, a justificativa é que recebeu oportunidades em uma empresa já existente, por outro lado, o pai criou a empresa em condições totalmente diversas, e sem ser comparado com o seu progenitor. O próprio pai pode fazer comparações e achar que o filho nasceu com privilégios que ele não teve.

Quando a empresa familiar não consegue ser transmitida à próxima geração, ou mesmo quando já se encontra sob uma nova liderança, que enfrenta dificuldades para solucionar os problemas da empresa, geralmente, a impressão é de que os filhos não foram competentes para assumir os negócios, não encontrando, em outras situações, os motivos que podem ter ocasionado a venda ou o encerramento dos negócios.

Conflitos internos começam a surgir no filho que se questiona se a decisão e a dedicação de trabalhar com o pai, abrindo mão dos seus sonhos, foi a melhor opção de vida. Esperam o seu momento chegar, e, quanto mais esperam, mais difícil fica vislumbrar a chegada da tão sonhada oportunidade de comandar os negócios. Acreditavam que a empresa era um projeto de vida da família, mas percebem que era apenas do seu pai. Não tiveram outras oportunidades, a não ser ajudar o pai a dar continuidade aos negócios, pois, caso contrário, seriam vistos como infiéis. Pensam em abandonar a empresa e mudar de profissão, mas ficam inseguros e sem a autoconfiança para contrariar o pai e escolher qual rumo tomar para a sua vida. Apesar disso, ainda é esperado do filho que continue comprometido emocionalmente com a empresa.

Concluir que os conflitos acontecem porque a empresa é familiar é simplificar demais tentando encontrar um entendimento simplista para um contexto complexo. Os dilemas existentes nas empresas familiares acontecem, primeiramente, na família, e a empresa é o reflexo dos acontecimentos que permearam as relações entre os membros da família ao longo do tempo. Os comportamentos e as interações, explícitos ou não, advém de diferentes situações criadas na família e não, necessariamente, na empresa.

O relacionamento e a confiança entre os membros, a educação recebida, a presença afetiva do pai (além da mãe), e dos demais familiares, na infância dos filhos, os papéis desempenhados por cada um dos seus integrantes, a existência ou não do diálogo e dilemas internalizados por anos, são os diversos aspectos a ser considerados. Conflitos acontecem devido à proximidade e intimidade entre os familiares, bem como pela sua identificação com os negócios. Os filhos desenvolvem sua própria personalidade, mas são o reflexo dos seus pais, geralmente, com os mesmos padrões de comportamentos. No Brasil, se discute muito sobre a importância do desenvolvimento de políticas públicas na educação, principalmente, nas escolas e nas universidades, mas pouco se discute sobre educação (ou reeducação) dos adultos, ensinando-os a serem bons pais. Contraditoriamente, todo pai considera-se um ótimo pai. Em certos momentos, a empresa é o menos importante. Os membros da família proprietária podem brigar, sair dos negócios e deixar de ser sócios, mas nunca vão deixar de ser familiares.

Case 1. Sucessão na Gerdau[6]

A história da Gerdau tem início em 1901, quando João Gerdau, um imigrante alemão, junto de seu filho, Hugo Gerdau, lançaram as bases do Grupo Gerdau com a instalação da Fábrica de Pregos Pontas de Paris, em Porto Alegre. Durante os anos 1940, dois fatos importantes marcaram profundamente a sua história, determinando-lhe mudanças significativas. Em 1946, Curt Johannpeter, genro de Hugo Gerdau, assume o comando da empresa e, posteriormente, seu terceiro filho, Jorge Gerdau Johannpeter, passou a trabalhar na empresa. Além disso, em 1947, iniciaram-se as negociações de ações da Fábrica de Pregos – hoje Metalúrgica Gerdau S.A. – na Bolsa de Valores de Porto Alegre, quando a empresa se tornou uma companhia de capital aberto.

Em 1964, Jorge e os seus irmãos, Germano e Klaus, assumiram cargos de liderança na empresa, e, em 1971, Frederico também passou a compor a diretoria. Em 1983, a liderança executiva da Gerdau passou a ser conduzida pelos quatro irmãos, Jorge Gerdau Johannpeter (diretor-presidente), Germano, Klaus e Frederico Gerdau Johannpeter (vice-presidentes), período em que a empresa se tornou uma grande potência.

Em novembro de 2006, Jorge Gerdau Johannpeter, depois de 23 anos no cargo de presidente, afastou-se do grupo empresarial Gerdau. Depois de duas décadas à frente do grupo, fundado por seu bisavô materno, Jorge, que estava próximo dos 70 anos, permaneceu vinculado à empresa apenas como membro no Conselho de Administração, ao lado dos irmãos Frederico, Klaus e Germano. Foi competência atribuída a este conselho a decisão final sobre o nome do novo presidente.

O processo de transferência de poder, no entanto, já começara em 2000, quando ele mesmo comunicou a decisão, dando-se, assim, início à preparação para a sua sucessão com o apoio de cinco consultorias internacionais, quais sejam: a McKinsey, as empresas de headhunting Russell Reynolds e Egon Zehnder, o americano John Davis, especialista em empresas familiares, e o chileno Jon Martínez, que também já havia prestado apoio a outras companhias brasileiras, como o grupo Suzano, da família Feffer. A efetivação do processo sucessório na Gerdau durou seis anos e foi apenas a quarta sucessão nos mais de cem anos de vida da empresa.

---

6 Elaborado pelo autor para apresentação do processo de sucessão nesta empresa, com base em: Grzybovski, Hoffmann e Muhl (2008); Gerdau (2015); Naiditch e Mano (2006); Naiditch (2007); e *Época Negócios* (2009).

O rigor do processo na Gerdau tem início com a transparência com que as regras do jogo foram apresentadas aos candidatos, tendo sido registrado todo o cronograma num documento, tornado disponível aos pretendentes ao cargo. Os procedimentos adotados e sua organização apresentaram semelhanças com o processo de seleção desenvolvido pela maior empresa do mundo, até então, a General Electric. Nessa empresa, em 2001, o famoso executivo Jack Welch passou o comando da companhia para Jeffrey Immelt. O planejamento também foi longo (durou seis anos), tendo sido desenvolvido em diversas etapas da seleção. Outro ponto comum a ambos os processos diz respeito ao sigilo em torno dos finalistas. Na sucessão da GE, Immelt soube de sua indicação apenas dois dias antes do anúncio oficial para todo o mercado.

Na Gerdau, considerar a possibilidade de indicação de alguém de fora da família era uma possibilidade remotíssima. Na disputa pela presidência do Comitê Executivo participaram o filho de Jorge, André Gerdau, apontado como o favorito, e o seu sobrinho, Cláudio Gerdau.

Os primos foram os finalistas de um processo de avaliação que tinha à sua disposição uma lista de 20 candidatos (apenas três deles eram da família). Dois anos de trabalho, e as cinco consultorias envolvidas no processo apresentaram quatro finalistas, sendo André, Cláudio e os vice-presidentes Osvaldo Schirmer e Paulo Vasconcellos. Os apontados passaram a integrar o então recém-criado comitê executivo, composto ainda de outros cinco nomes (incluindo o do próprio Jorge). A nomeação para esse comitê, entendido como elo, um órgão mediador entre a diretoria e os membros do conselho, foi a penúltima etapa a que os candidatos foram expostos. Esse mecanismo revelou-se um importante passo na transição de poder dentro da Gerdau. Inicialmente porque aproximou os potenciais sucessores do Conselho de Administração do grupo, composto pelos quatro irmãos e de quatro conselheiros externos. Também porque deu ao novo presidente a assistência de executivos experientes e preparados para a tomada de decisões mais estratégicas, tarefa considerada essencial, especialmente no início de sua gestão.

Dessa maneira, o processo sucessório seguiu sem sobressaltos. A organização minuciosa do processo impediu que mesmo o afastamento de membros da família, como o filho mais velho de Jorge, Carlos Johannpeter (conhecido como Caco), trouxesse riscos ao sucesso da operação. Inicialmente, Caco era considerado favorito entre os pretendentes ao cargo. Filho mais velho de Jorge, com bons resultados na área comercial, sugeria ser o candidato natural à sucessão do pai. No entanto, seu estilo de vida, considerado extravagante, afastou-o da disputa. Enquanto seus irmãos e primos muito pouco apareciam em colunas sociais, ele era presença certa em festas badaladas no Rio de Janeiro e em São Paulo. Apesar dos bons resultados, ele não contava com a confiança de todos os tios. Quando, em 2002, terminada a primeira etapa de seleção dos finalistas, Caco foi excluído do processo, deixou a empresa da família para trabalhar em seu empreendimento, a Domus Populi, companhia de projetos de habitação popular em vários estados.

André e Cláudio, dois únicos candidatos da família, ganhavam visibilidade na empresa, mas eram pouco conhecidos fora dela, em virtude de terem um perfil discreto. Sobre eles consta também que, aos 16 anos, os dois foram trabalhar juntos como auxiliares na linha de produção de pregos da Gerdau.

André Bier Gerdau Johannpeter tinha 43 anos na época e era vice-presidente executivo do Grupo Gerdau. É o terceiro dos cinco filhos de Jorge Gerdau Johannpeter. Estudou na PUC-RS onde se graduou em administração. Especializou-se em administração, na Universidade de Toronto, no Canadá, e em Marketing, em Ashridge, na Inglaterra. Ao contrário do pai, ele preferia atuar nos bastidores e era tido como excelente administrador e estrategista, a exemplo de Jorge. Seu hobby era fazer hipismo, tendo ganho a medalha de bronze na Olimpíada de Atlanta.

Cláudio Gerdau Johannpeter tinha 42 anos e também era vice-presidente executivo do Grupo Gerdau, além de ter sido presidente do Conselho de Administração da então recém-adquirida Sidenor, na Espanha. Filho de Klaus Gerdau Johannpeter, irmão de Jorge (portanto, sobrinho do sucedido). Formado em engenharia metalúrgica pela Universidade Federal do Rio Grande do Sul, fez cursos de especialização no Canadá e nos Estados Unidos. Embora fosse reservado, gostava de conviver com os operários das fábricas e entendia virem dos funcionários mais antigos as melhores ideias. Cláudio é tenista e músico, toca violão.

André era visto favoravelmente pela sua atuação, em 2002, quando comandou, nos Estados Unidos, a então recém-adquirida Ameristeel. Lá, enfrentou duas dificuldades inéditas em sua carreira: uma greve de funcionários em 2005, a primeira da história da companhia; e aprendeu a fazer negócios num mercado extremamente pulverizado, uma vez que, como apontado pelo consultor Ricardo Durazzo, da Bain & Company, "no Brasil existem três grandes empresas de aços longos" e "nos Estados Unidos, são três por cidade". Mesmo diante das dificuldades, André, como principal executivo da Gerdau Ameristeel, fez da empresa a segunda maior produtora de aços longos dos Estados Unidos.

Cláudio, por sua vez, tornara-se o principal responsável pela atividade industrial de todo o grupo, conhecendo as particularidades de um negócio que, segundo se especulava à época do processo sucessório, deveria vir a ser a base das futuras expansões da Gerdau nos continentes europeu e asiático, o de aços especiais.

Em janeiro de 2006 André voltou ao Brasil, e Cláudio, que fora indicado como presidente do Conselho da espanhola Sidenor, adquirida em novembro de 2005, manteve residência no Brasil, despachando da matriz do grupo, em Porto Alegre. A solicitação de que ambos estivessem no Brasil encontra respaldo no fato de que teriam a oportunidade de desenvolver as habilidades que ainda não haviam sido postas à prova pelos herdeiros. Para André, o comando (ainda que parcial) de uma operação maior que a americana. No caso de Cláudio, a experiência internacional, mesmo que não morando fora do país.

Em agosto de 2006, André Bier Gerdau Johannpeter, com 44 anos, recebeu o comunicado sobre a finalização do processo de escolha do sucessor à presidência da Gerdau da maneira mais protocolar possível. Foi comunicado por seu próprio pai, Jorge Gerdau Johannpeter, durante uma reunião do conselho da empresa da qual também participou seu primo, Cláudio Gerdau Johannpeter, com 43 anos. O anúncio foi seco e direto, bem de acordo com o estilo de uma família de origem germânica: "O novo presidente da Gerdau é André Johannpeter", disse o pai. A partir daquele momento, o jovem executivo assumia a responsabilidade do cargo que o colocava no topo da hierarquia da maior siderúrgica brasileira, sendo o quinto presidente do grupo fundado em 1901 por seu tataravô, o imigrante alemão Johannes Heinrich Kaspar Gerdau.

André passou a concentrar a imensa responsabilidade de gerir o gigante siderúrgico das Américas, até então presente em 13 países e dono de um faturamento anual de R$ 27,5 bilhões, tendo inicialmente a maioria de suas ações ratificadas pelo Conselho de Administração. E, devido ao modo transparente como se desenvolveu o processo, pessoas ligadas à empresa afirmam ter a escolha de André não implicado um clima de mal-estar entre os primos finalistas.

Ao assumir o cargo de presidente, em janeiro de 2007, André buscou equilíbrio entre duas áreas distintas. Ao mesmo tempo que desejava e precisava demarcar, do modo mais claro possível, suas diferenças com o antecessor, desejou, igualmente, não abdicar da experiência que o pai podia lhe trazer. Isso, porém, não era tarefa fácil de ser resolvida, ainda mais que Jorge (seu pai, ex-presidente) manteve-se como uma figura presente, trabalhando, inclusive, na mesma sala que ocupava quando era o presidente do grupo.

Assim, uma das primeiras providências de André foi coordenar a transferência dos conselheiros (tanto de seu pai quanto de seus tios) para outro prédio da Gerdau. A intenção visava à redução de suas interferências para o mínimo possível, no que dizia respeito às decisões da nova geração que acabara de assumir o comando. O novo presidente entendeu a medida carregada de forte simbolismo, expressando ser preciso haver a separação física (e também de atribuições), entre quem estava no conselho e os membros da diretoria executiva. Essa medida poderia ter sido entendida como precursora de uma competição tácita entre pai e filho. A bem da verdade, aconteceu o oposto, pois pai e filho concordaram em seguir um plano de sucessão predeterminado com o apoio de cinco consultorias.

Definiu-se, em linhas gerais, que Jorge (presidente por 23 anos do grupo) assumiria um papel semelhante ao de um chefe de Estado. A ele, caberia a função de ser "a cara da Gerdau" perante as associações de classe e os governos estadual e federal. Ainda, numa primeira etapa da transição, ele funcionaria como uma instância de aconselhamento. André executaria o papel de um chefe de governo, com todas as decisões que o cargo exige. Jorge tinha confiança absoluta em André e só emitia sua opinião quando esta era solicitada pelo filho.

Para Jorge, três mandamentos básicos eram o alicerce das decisões e das atitudes do executivo-chefe da Gerdau. O primeiro determinava o dever de o presidente avaliar todos os cenários possíveis antes de qualquer movimento; o segundo ligava-se estritamente à siderurgia, atividade básica do grupo com mais de 100 anos de história, sendo imperativo ao comandante da Gerdau jamais se desviar do foco principal (a produção de aço), sob pena de dispersar esforços e, com isso, comprometer a performance. O terceiro ponto da tríade de mandamentos de Jorge era a atenção aos *stakeholders*, fossem eles funcionários, acionistas, clientes ou fornecedores.

Já não eram poucos os desafios a serem enfrentados por André, mas ele tinha especialmente o desafio de suceder o próprio pai, um dos mais admirados empresários do país e o responsável pela relevância que a Gerdau conquistou na siderurgia global. Essa posição lhe propiciava, ao mesmo tempo, a satisfação com o mérito alcançado, mas também o fazia ponderar acerca da tamanha responsabilidade em substituir o próprio pai e ficar à altura das suas conhecidas e admiradas competências.

Jorge Gerdau tem sua notoriedade reconhecida em razão de ter transformado uma empresa siderúrgica familiar tipicamente nacional, com uma pequena filial no Uruguai, em uma das mais pujantes multinacionais brasileiras. Criou, em seus negócios, estratégias de valorização e estímulo à competitividade, tendo sua influência extrapolado os limites da Gerdau e das entidades de classe, chegando aos bastidores do poder político. Era um tipo de interlocutor do empresariado nacional com o governo.

A missão de conduzir a Gerdau ao desenvolvimento sem comprometer a rentabilidade da siderúrgica, bem como a promoção da internacionalização das operações num momento de consolidação do setor, foi abraçada pelo novo presidente. A internacionalização seguia um processo que já ocorrera em outros grandes segmentos industriais, como de alumínio e cimento, da busca de escala como fator de sobrevivência no longo prazo, além da transformação da China em uma força inigualável na siderurgia.

Durante os primeiros nove meses sob o comando de André, a Gerdau intensificou seu processo de internacionalização, tendo o grupo realizado cinco aquisições, alcançando a média festejada de mais de uma aquisição a cada dois meses. Mas esse expressivo número de aquisições em tão pouco tempo, em tantos países, chamou a atenção e gerou dúvidas, mas a Gerdau comprovou ter equipe suficientemente preparada para gerenciar a expansão internacional, além de reaplicar o seu modelo de gestão conhecido como GBS (Gerdau Business System).

A mudança de perfil da companhia aconteceu em sintonia com a chegada do novo presidente ao comando da Gerdau. Dilema importante referia-se, pois, a decisões em torno de dois desafios que a Gerdau enfrentava, na época, no concorrido mercado de aço e decisivos para o crescimento que a Companhia alcançou, a médio e longo prazos: a entrada no mercado de aços planos, usados em montadoras e fabricantes de eletrodomésticos; e ampliação ou não da presença internacional no segmento de aços especiais. As gigantes Mittal (indiana) e Arcelor (francesa), primeira e segunda maiores companhias do setor, atuavam nos diversos segmentos de mercado, sobretudo no de aços planos, objeto de uma das deliberações da Gerdau. Assim, nas Américas, o Grupo passou a focar (à época) no mercado de aços longos, a sua principal linha de produtos, voltado para a construção civil. A Gerdau passou a atuar de forma mais agressiva no mercado de aços longos especiais, que passou a ser o foco em todos os continentes em que a empresa atuava, ganhando mais relevância com a compra da espanhola Sidenor, em 2005. Outra área de expansão foi a de aços planos, utilizados pelas indústrias automobilísticas e de eletrodomésticos.

Apesar de observar seu pai durante anos, André mudou drasticamente de rotina no início da sua gestão. Logo nas primeiras semanas, ele descobriu que a agenda de um presidente não poderia ser seguida objetivamente, pois a qualquer hora apresentavam-se demandas a serem resolvidas, independentemente de estarem agendadas ou não; marcavam-se reuniões para as quais precisava estar preparado para discutir assuntos que iam da negociação de uma aquisição no exterior à saída de um executivo importante da empresa. Em razão dessa agenda sobrecarregada e sem espaço, o hipismo, uma de suas maiores paixões, ficou em segundo plano. A família, mulher e dois filhos, também reclamavam de sua ausência, queixa que procurava atender levando-os em algumas viagens que fazia a trabalho. Porém, ele alegava ser a solidão da decisão a tarefa mais difícil entre todas. Mesmo ouvindo muitos e com propriedade no dizer, a decisão era solitária.

Em continuidade ao processo sucessório, em 26 de março de 2015 a Gerdau anunciou novas mudanças: Jorge Gerdau Johannpeter não seria mais o presidente dos conselhos de administração da Gerdau S.A. e da Metalúrgica Gerdau S.A. A partir de então, Jorge, juntamente com os vice-presidentes Germano, Klaus e Frederico Gerdau Johannpeter, passariam a fazer parte do Conselho Consultivo, criado com o objetivo de compartilhar a experiência de estratégia de gestão. André Gerdau Johannpeter, conselheiro e diretor-presidente da Gerdau, e Cláudio Gerdau Johannpeter, conselheiro e vice-presidente executivo, passariam a acumular também a copresidência dos conselhos de administração de ambas as empresas.

Case 2. Sucessão na Papaiz[7]

A história da empresa teve início em 1947, quando o italiano Luigi Papaiz, depois de ter cursado, em um colégio de padres salesianos, um curso de técnico industrial, inaugurou uma pequena atividade mecânica para a fabricação de válvulas de pressão para gases líquidos, atividade rara à época, na cidade de Bolonha.

Como eram muitas as dificuldades econômicas na Europa após a II Guerra Mundial, em 1952 ele decidiu, juntamente com seu primo Giovanni Brunetta, imigrar para a América do Sul em busca de melhores oportunidades de crescimento e de melhoria de perspectivas para o futuro. Junto com a bagagem, trouxe as máquinas da pequena fábrica de ferros de passar a vapor e, quando já instalado em São Paulo, percebeu que não havia demanda para o produto, passando, em razão disso, a fabricar fechaduras para móveis. Foi esse o início da Papaiz: assim se fundava a empresa na Vila Prudente. Anos depois, em 1967, a empresa deu início à fabricação de cadeados, que, aos poucos, foram se tornando o seu principal produto, e, na década de 1970, também passaram a ser produzidas fechaduras residenciais.

O Grupo Papaiz, atualmente, é composto por três empresas principais: Papaiz, líder no segmento de cadeados; Udinese, líder do mercado nacional de componentes para esquadrias; e a Cicap, que atua no setor de aluguel de galpões industriais. E embora a Cicap responda pela menor fatia de faturamento do grupo, é a empresa mais rentável. Os demais produtos comercializados são: fechaduras para móveis, fechaduras residenciais, dobradiças, guarda-sóis e telas mosquiteiras.

---

7 Elaborado pelo autor para apresentação do processo de sucessão nesta empresa, com base em: Pinho e Accorsi (2015), Quintão (2015), Papaiz (2015), Flach (2014), Caetano (2003), *IstoÉ Dinheiro* (2003), Duarte (2011), Cunha (2012), Mundo das Marcas (2010) e Grupo Mercosul, Alerigi Jr. (2015), Cardoso (2016), Farias (2015), *Folha de S. Paulo* (2003), Scaramuzzo (2015).

Em dezembro de 2003, já morando na Itália, o fundador Luigi Papaiz faleceu aos 79 anos. A empresa tinha um faturamento da ordem de R$ 130 milhões no ano anterior, com o processo sucessório já em andamento desde 2002. Seus filhos Sandra e Paolo haviam sido nomeados vice-presidentes, e o genro Ricardo de Mello Franco, nomeado representante da mulher, Roberta.

A sucessão foi conduzida sem maiores problemas, mas havia o risco da ausência de uma liderança consolidada, já que os três assumiram, em conjunto, o comando da empresa. Ocorre um revezamento entre eles à frente das três empresas do grupo, com rodízio das presidências a cada três anos.

Sandra, a filha mais velha, começou a trabalhar na empresa realizando estágios em todas as suas áreas. Aos 24 anos, sem falar sequer o básico de alemão, foi vender produtos em Frankfurt, levando o irmão de 17 anos a tiracolo. Em 1990, afastou-se da empresa e foi para o mercado de trabalho, tendo permanecido por 12 anos distante da empresa da família, pois não concordava com algumas decisões do pai. Em janeiro de 2003, voltou ao grupo após o falecimento do pai. A área industrial passou a ser responsabilidade de Paolo, e Ricardo ficou responsável pela comercial.

Sob a ameaça de uma invasão de similares chineses de baixo custo e com a intenção de ganhar mercado da concorrência nacional, o principal desafio da Papaiz foi o de transformar um produto simples em um produto de maior valor agregado. Assim, a Papaiz decidiu começar a investir 5% de seu faturamento em inovação, diversificando a linha de produtos e dando início a um novo direcionamento estratégico a longo prazo com a contratação dos serviços da Consultoria Bain & Company. Uma dessas inovações foi o cadeado Active, que veio ao mercado acompanhado de uma pulseira para o cliente guardar a chave enquanto estivesse na academia, por exemplo. O produto recebeu em Munique, na Alemanha, a medalha de ouro de melhor design iF product design award 2013.

A China continua representando uma grande ameaça à indústria brasileira de cadeados, representada principalmente pela Papaiz, Pado e Stam, protegidas pelo governo federal contra a importação de cadeados chineses, por questões de *dumping*. A Papaiz é considerada uma empresa com processo de sucessão consolidado e satisfatório.

A multinacional Assa Abloy, resultado da fusão, em 1994, da sueca Assa com a finlandesa Abloy, anunciou, em dezembro de 2015, a compra da Papaiz e da Udinese, ampliando sua participação no Brasil, onde poderia assumir a primeira posição no mercado, pois já possuía o controle da La Fonte e da Silvana. No mesmo mês, havia fechado a compra de três empresas no mercado brasileiro. Com as aquisições, a empresa sueca passou a ter presença em todos os segmentos – na linha popular (Silvana), na intermediária (Papaiz) e na de alto valor agregado (La Fonte).

A empresa escandinava é líder mundial em fechaduras e itens para segurança de portas, com 44 mil empregados e operações em mais de 70 países, com vendas anuais de aproximadamente R$ 26,58 bilhões. Sandra Papaiz ressaltou que o acordo demorou anos para ser concretizado e teve o envolvimento da Bain & Company.

Sandra explicou que a ideia para a venda dos negócios começou nos estudos sobre o futuro do segmento no mundo, sendo constatado que praticamente todas as empresas familiares já tinham sido vendidas. Em seu entendimento, a redução das empresas familiares foi ocasionada pela globalização, que contribuiu para aumentar a concentração em conglomerados multinacionais. A partir daí, Sandra afirma que começou a procurar possíveis companhias estrangeiras interessadas em suas empresas. Ela diz que a Assa Abloy precisava de uma empresa para fabricar fechaduras de nível médio, com muita experiência no varejo, além de esquadrias de alumínio, que são o foco da Udinese.

Sandra afirmou que estava receosa de não conseguir continuar com os negócios, pois em sua opinião, as empresas familiares têm limitações. Após resistir demais diante dos chineses, o desnível entre os concorrentes voltou a aumentar vertiginosamente, pois cada vez mais ela vê grandes grupos empresariais, atuando nos mesmos segmentos da Papaiz e da Udinese, que não conseguiam acompanhar o crescimento dos competidores.

Por outro lado, a família Papaiz continuará atuante nos segmentos de agropecuária, comércio exterior e condomínios de galpões industriais, para a área logística, em frente à Rodovia dos Imigrantes, permanecendo dona das instalações das duas empresas negociadas, que serão alugadas para a Assa Abloy.

Case 3. Conflitos pelo chocolate Lacta[8]

A Lacta, proprietária de várias marcas de chocolates consagradas, como Diamante Negro (criado em 1932), Sonho de Valsa (1938), Bis (1942), Ouro Branco (1952), Laka (1962), Krot (1983) e Lancy (1992), tinha 33,1% de participação do mercado, com receitas que chegavam a US$ 414 milhões em 1995, conseguindo superar grandes empresas como a Nestlé e a terceira colocada, a capixaba Garoto. Tinha potencial de crescimento, dentro e fora do país, mas apesar de tantas virtudes, a Lacta deixou de ser uma empresa familiar, devido a um endividamento de US$ 125 milhões, com governo, bancos e fornecedores, mas, principalmente, devido a conflitos familiares.

8 Título elaborado pelo autor para apresentação do processo de sucessão nessa empresa, com base em: G1 São Paulo (2014), Mattos (2008), Netz (1996) e Lacta (2015).

Os conflitos tornaram-se cada vez mais frequentes e, da impossibilidade de sua resolução, aliado às dificuldades financeiras, resultou a sua passagem para outro grupo. A empresa estava dividida em dois grupos: de um lado, estava o deputado federal Adhemar de Barros Filho, PPB-SP, primogênito do ex-governador de São Paulo. Do outro, a Philip Morris, advogados, parte da imprensa e, principalmente, seus filhos, Carolina, Elisa e Adhemar Neto.

As disputas com o maior fabricante de cigarros do mundo começaram de forma indireta. Ainda em 1989, o grupo americano adquirira a Jacobs Suchard, um dos grandes nomes do ramo de chocolate da Suíça. A Suchard, cujo antigo proprietário, Klaus Suchard, era amigo pessoal de Adhemar, veio para a Lacta em 1984. Na ocasião, comprou 40% das ações, e assumiu postos estratégicos da empresa, entre eles, a superintendência e as diretorias de marketing e industrial. Após desentendimentos entre os sócios, deu-se início a uma interminável série de interpelações e ações judiciais da Suchard/Philip Morris.

Os problemas da Lacta, porém, não se resumiam apenas a conflitos entre os sócios, já que na família também havia muitas discórdias. Numa entrevista solicitada por ele a uma revista semanal, alegava que os herdeiros queriam mais dividendos da empresa a custa da situação financeira da empresa. Essas acusações foram repetidas outras tantas vezes durante as negociações para a venda da empresa, reforçando o intenso impasse entre os familiares. Com a assessoria do advogado Alexandre Chade, os herdeiros conseguiram, na Justiça, reduzir o poder de arbítrio do pai sobre as ações da Lacta.

A versão dos filhos, porém, era diferente. As diferenças com o pai, segundo os relatos deles, remontam a 1982, quando da morte de Luiza Helena de Barros, a primeira mulher de Adhemar. Nessa época, Adhemar, casado em comunhão universal de bens, foi o inventariante do espólio. Pela lei, sabe-se que a metade dos bens do casal deveria ser dividida entre Carolina, Elisa e Adhemar Neto. A Adhemar caberiam os restantes 50%.

O principal ativo do espólio era a Lacta. Adhemar controlava-a integralmente. Como pessoa física, detinha 60% das ações. Os restantes 40% pertenciam à sua *holding*, a Endipa. No momento da partilha, segundo o advogado Chade, não foram incluídas as ações detidas como pessoa física no inventário, somente as que pertenciam à Endipa, entre outras irregularidades. Adhemar também era acusado de ter vendido os imóveis dos familiares que tinham sido transferidos para a Lacta. A situação foi tolerada pelos filhos durante alguns anos, mas em 1988, Carolina, a mais velha, procurou o advogado Oswaldo Chade, pai de Alexandre, tentando rever essas medidas.

Orientada pelo advogado, evitou o caminho judicial e entrou em acordo com o pai. As ações remanescentes de Adhemar foram transferidas à Endipa, que passou a deter 58% das ações da Lacta. Porém, de acordo com Alexandre Chade, o controle da *holding* não foi dividido igualitariamente com os filhos, pois Adhemar ficou com 51%. E, com esta configuração, durou a divisão societária por seis anos. Adhemar Neto que, em 1989, assumiu a diretoria industrial da Lacta, dizia que, apesar de todos os problemas, os filhos ainda confiavam no pai, pois o foco era cuidar da administração da empresa e do patrimônio familiar.

No começo de 1995, Carolina voltou a procurar o advogado Chade, preocupada, agora, com o endividamento, não apenas da Lacta, mas principalmente da Endipa. As atividades políticas do pai eram vistas, por Adhemar Neto, como a explicação para os prejuízos da *holding* e do patrimônio familiar. Adhemar tentou vender 21% de sua parte na Endipa por US$ 30 milhões. Os bancos Inter-Atlântico e Sul América se interessaram, mas essa iniciativa ocasionou mais um conflito entre pai e filhos.

Devido ao alto nível de endividamento, além da possibilidade de ter um banco como sócio na *holding*, Chade dizia que os filhos não estariam mais no comando dos negócios. Os filhos, então, representados pelo advogado, entraram na 12ª Vara da Família e Sucessões de São Paulo, pedindo a recuperação dos bens que não haviam sido partilhados no inventário. Para evitar que a empresa fosse vendida, os filhos conseguiram a posse das ações, em agosto de 1995. Adhemar permaneceu como depositário delas, pois, segundo Chade, ele e os filhos não queriam preocupar o mercado.

O passo seguinte foi uma tentativa de conciliação com Adhemar, mediada pelo ex-ministro Saïd Farhat. No acordo, os filhos renunciaram alguns direitos, como ao recebimento de dividendos da Lacta e à sua parte nos US$ 16,5 milhões que a Suchard pagara pelos 40% das ações. Em troca, foi criada uma nova *holding*, a Luiza Helena de Barros, que assumia os direitos e as obrigações da Endipa. Na LHB, Ademar ficou com 50% e os filhos dividiram o restante. O objetivo do novo acordo societário era tentar salvar a Lacta, já sem crédito no mercado. Antes de se decidir pela venda da empresa, foram realizadas tentativas de obtenção de financiamento, isso em novembro, porém não lograram êxito. Posteriormente, o banqueiro Luiz Cézar Fernandes, do Pactual, aceitou, com a condição de botar um homem de sua confiança, o executivo Álvaro Gonçalves, no comando da empresa, assumindo, assim, no dia 5 de janeiro de 1996.

Paralelamente às mudanças que estavam sendo implementadas, o Pactual começou a procurar compradores para a Lacta. Como tinha o direito de preferência, por possuir 40% das ações, a Philip Morris, no dia 27 de abril de 1996, adquiriu o controle dos negócios, por US$ 245 milhões. A Lacta, então, foi transformada numa das divisões da Kraft Suchard, a sub-holding de alimentos do grupo, ao lado da Kibon, de sorvetes, e da Suchard, de balas, gomas de mascar e bebidas em pó.

Numa tentativa de retornar ao mundo dos negócios, Adhemar criou, em 2004, uma fábrica de doces, juntamente com um amigo, mas três anos depois se separaram. Após ser internado no Hospital Sírio Libanês, em 17 de novembro de 2013, devido a um linfoma do sistema nervoso central, aos 84 anos, Adhemar de Barros Filho morreu, em 9 de fevereiro de 2014, por falência múltipla de órgãos. Relatou-se aqui a trajetória de declínio de uma empresa, antes forte no mercado, cujas as questões de ordem familiar, entre outros tantos motivos, tiveram também forte impacto para seu desfecho.

Case 4. O antigo império Mesbla[9]

A Mesbla foi fundada em 1912, pelo francês Luiz La Saigne, no Rio de Janeiro. Suas atividades consistiam na importação de automóveis, máquinas e equipamentos e, em 1939, importava aviões.

O marido da filha mais velha de La Saigne, Henrique de Botton, assumiu a presidência do grupo após a morte de Luiz La Saigne. E Botton foi, mais tarde, sucedido pelo seu filho, André de Botton, em cuja gestão a Mesbla foi transformada na maior rede de lojas varejistas do país, abrindo a sua primeira loja de departamentos, em 1952, dois anos após a chegada da concorrente Sears ao país. Em 1980, a Mesbla ocupava o primeiro lugar entre as Maiores e Melhores, da revista *Exame*, e detinha a liderança do comércio varejista de não alimentos do país.

No entanto, na década de 1990, os problemas começaram. A sua estrutura de comando reunia 40 diretores, favorecendo, desse modo, a lentidão das decisões. No fim dos anos 1990, a diretoria, convicta de que o país caminhava para uma hiperinflação, resolveu estocar mercadorias em excesso e passou a contar basicamente com recursos gerados por sua financeira. A vinda de grandes empresas estrangeiras dificultou ainda mais a situação. As recém-chegadas empresas estrangeiras conquistaram a clientela de melhor poder aquisitivo, em busca de novidades. Esse fato, aliado a facilidades de crediário, criação de cartões de crédito próprios, fez com que a concorrência fosse intensificada, gerando para a Mesbla ainda mais dificuldades.

9 Elaborado pelo autor para apresentação do processo de sucessão nessa empresa, com base em: Morales (2012), Duarte (2011), Friedlander e Porto (2010) e Vassallo (1999).

A concorrência com os hipermercados que vendiam confecções, eletrodomésticos, bazar e móveis em bairros mais afastados do centro culminou no fato de que os consumidores das proximidades destes estabelecimentos não fossem mais, com tanta frequência, às lojas da Mesbla, que geralmente ficavam no centro da cidade.

Outro fator apontado para o aumento das dificuldades de mercado para a empresa foi o desenvolvimento dos shopping centers, pois ao mesmo tempo que a Mesbla era uma das lojas mais requisitadas como loja âncora, em virtude de atrair clientes para os shoppings, ela começou a perder espaço para as lojas especializadas que ofereciam variedade de produtos aliada a um atendimento mais qualificado.

Assim, em 1997, com dívidas superiores a R$1 bilhão, a Mesbla pediu concordata justificada por uma combinação de juros altos, aperto de liquidez e queda nas vendas. Em janeiro do mesmo ano, o controle acionário da empresa foi vendido ao empresário Ricardo Mansur, tendo arrematado 51% das ações por R$ 600 milhões, e ainda assumindo a dívida fiscal de R$ 350 milhões da concordatária. Mansur comprara as lojas do Mappin, tradicional empresa de varejo paulista, em agosto de 1996. Visava fundir as duas empresas, torná-las rentáveis e revendê-las com lucro. O mesmo empresário, à época, também tentou comprar a Arapuã, mas sem sucesso. A negociação interessou ao empresário quando este se recuperava de uma pneumonia em sua fazenda, em Indaiatuba, no interior de São Paulo, época em que as especulações em torno do Mappin e da Mesbla vieram a público. Interrompeu o tratamento e voltou ao escritório, começando a trabalhar nesse projeto.

Na tentativa de salvar as duas empresas compradas, a Mesbla e o Mappin, Mansur colocou à frente destas o executivo João Paulo Amaral, ex-superintendente das Lojas Americanas. A falta de dinheiro no caixa era o mais grave problema da empresa, os atrasos do pagamento de fornecedores eram vistos como problemas crônicos, e, ao mesmo tempo, houve uma série de pedidos de falência, além das ameaças de despejo em todos os shoppings onde as lojas exibiam suas marcas. A situação crítica que impulsionou Mansur a mobilizar os colaboradores, que foram incentivados a realizar uma passeata com o objetivo de pressionar o BNDES a ceder um empréstimo de R$ 102 milhões, a ser usado como capital de giro. Outra intenção de Mansur era valorizar a Mesbla, para atrair a atenção de grupos estrangeiros, o que aconteceu pelo interesse demonstrado pela rede de varejo norte-americana JC Penny, que, no entanto, fechou negócio com as Lojas Renner de Porto Alegre, no Rio Grande do Sul.

Em 1999, dois anos depois de Mansur comprar a Mesbla, sem alternativas, a empresa fechou as portas, deixando muitas dívidas trabalhistas e com fornecedores. Porém, o seu nome continuou forte entre os consumidores.

Nesse período, aos 50 anos, o dono do Mappin e da Mesbla era um homem rico. Seu patrimônio pessoal era estimado em cerca de US$ 200 milhões. Filho de um comerciante libanês de classe média, Mansur começou seus negócios com uma papelaria na rua São Bento, no centro de São Paulo, época em que tinha menos de 20 anos. Depois se especializou em comprar, por preços bem abaixo do mercado, empresas em dificuldades financeiras ou fragilizadas por disputas familiares. Foi assim com os laticínios Leco, Vigor e Flor da Nata, comandadas por seu irmão caçula, Carlos Alberto, além da fábrica de conservas Peixe, e trouxe a Pizza Hut para o Brasil. Foi com estratégia semelhante também que comprou o Mappin e a Mesbla.

Mansur era considerado, pelo mercado, um grande empreendedor, negociador hábil e ousado, mas um gestor sem as mesmas habilidades. Não havia na United, a *holding* de Mansur, controladora do Mappin e da Mesbla, nenhum nome de peso com experiência no varejo. Boa parte de seus executivos era formada por garotos do mercado financeiro. Dois de seus filhos, Ricardinho e Paola, trabalhavam na empresa, e era o próprio Mansur quem negociava detalhes como o preço dos aluguéis em shopping centers.

A empresa Telemercantil tentou levantar a Mesbla, em 2009, ao firmar um acordo com Mansur, que embolsaria *royalties* mensais pelo uso da marca Mesbla, com o objetivo de vender maquiagens, roupas e acessórios para o público feminino, pela internet, mas a ideia não prosperou devido a divergências entre os sócios da empresa.

A Mesbla foi uma das maiores empresas do Brasil, tendo seu controle e comando passado por duas diferentes famílias. Destacam-se a resistência às mudanças, a indefinição quanto à estratégia empresarial, a desorganização das finanças, as relações problemáticas com os *stakeholders*, as brigas entre sócios, a ostentação e centralização do principal gestor como fatores importantes e determinantes que culminaram na decadência de um império de 180 lojas, que vendiam produtos de toda natureza, como voz corrente no mercado: de botões a aviões. A sua falência foi decretada em 1999.

Considerações finais

Depois de discorrido sobre o processo de sucessão nas quatro empresas familiares, ratificou-se a complexidade desse momento para as organizações, tendo observado que a Gerdau e a Papaiz são exceções à regra, uma vez que, geralmente, as organizações familiares não apresentam um planejamento formalizado para a sucessão. Embora sendo empresas familiares, as relações entre os membros da família que nelas operam são formalizadas, o relacionamento entre pai e filho é transparente, e há a preocupação com os assuntos relacionados à governança e ao preparo dos sucessores.

A Gerdau figura como o principal modelo a ser observado, no que diz respeito à organização, ao planejamento e aos cuidados na realização do processo sucessório. A análise atenta da história da Gerdau faz identificar que, apesar de a família Johannpeter ter assumido a empresa na segunda geração (genro do fundador, que a adquiriu), esta manteve o nome Gerdau, que hoje é sinônimo de solidez e confiança no mercado.

A possibilidade de indicação de alguém de fora da família, para comandar os negócios, era uma possibilidade remotíssima. André e Cláudio Gerdau, os principais candidatos à sucessão, receberam diversas oportunidades para adquirir experiência e demonstrar competência para assumir a empresa. Assim, no início do quinto processo sucessório realizado na história da Gerdau, foi criado, pela empresa, um comitê executivo, cabendo-lhe implementar estratégias, segundo a anuência do Conselho de Administração. Observa-se, ainda, que a empresa contratou diferentes tipos de consultoria para provê-la de orientações e encaminhamentos que favorecessem a segurança tanto ao mercado, quanto para a família, evitando as tensões desse momento crítico às organizações familiares.

Jorge Gerdau demonstrou total confiança e respeito pelo filho, tomando o cuidado para não interferir nas suas atribuições, continuando atuante na empresa, não mais em um cargo executivo, mas como membro do Conselho de Administração, onde sua experiência poderia continuar sendo aproveitada. André conseguiu, com êxito, suceder seu pai, considerado um dos empresários mais admirados no Brasil, mas passou a ser considerado, pela sua esposa e dois filhos, ausente do convívio familiar.

O comando da empresa por diferentes gerações familiares é também uma virtude da empresa Papaiz, uma organização cujo processo sucessório se implementou com sucesso, mesmo que a morte do fundador tenha exigido a antecipação das diretrizes previstas no planejamento sucessório. Nesta empresa, diferentemente da maioria das organizações, a liderança do grupo é compartilhada entre os três herdeiros do fundador, não tendo ocorrido problemas à sua imagem positiva no mercado. Além do que, as mudanças que a nova gestão implementou, agregaram valor a um produto simples (cadeado), diferenciando-se de produtos similares chineses, resultado de seus investimentos em inovação e pela diversificação das suas linhas de produtos. A gestão atual, de posse de um produto de qualidade, enfrentou as ameaças do mercado, revelando-se atenta e preparada para os desafios e oportunidades, mantendo a sua solidez no mercado.

Tanto na Gerdau quanto na Papaiz, a continuidade da gestão em mãos da família proprietária é consequência de um processo sucessivo planejado durante anos, revelando o profissionalismo e a maturidade no relacionamento entre os membros das diferentes gerações.

Por outro lado, a Lacta e a Mesbla não tiveram a mesma organização e a preocupação com o planejamento sucessório. Os herdeiros, não necessariamente, tiveram a qualificação necessária para trabalhar nos negócios. As duas empresas ficaram marcadas pela pouca transparência na maneira como conduziram as suas operações, baixa formalização e ausência de diálogos entre os familiares sobre sucessão. Além do que, na Lacta, a rivalidade e os conflitos entre pai e filhos interferiam diretamente na condução dos negócios, não havendo divisão das esferas quanto ao que eram assuntos de ordem doméstica e de assuntos profissionais. O fundador enxergava os filhos como uma ameaça à sua posição, julgando que eles poderiam ser mais poderosos e mais influentes do que ele na empresa, culminando na transferência da empresa familiar para outro grupo empresarial.

6. A psicanálise e as empresas familiares

Diversas pesquisas científicas, bem como teorias psicológicas, observam a estreita relação da figura paterna no desenvolvimento e no psiquismo da criança. E a psicanálise, que tem como pressuposto o papel estruturante do pai para a formação da criança, pela descrição do complexo de Édipo, tem sido amplamente utilizada com a intenção de elucidar aspectos do relacionamento de pais e filhos também no universo das empresas familiares. É sabido, como já exposto em tópicos anteriores deste trabalho, que nas organizações familiares muitos conflitos se dão pela intersecção de questões familiares que não se separam da esfera profissional, pois que são transferidas para este espaço as questões subjetivas dos vínculos estabelecidos na família. Portanto, à luz da psicanálise, busca-se compreender a ocorrência dos conflitos que têm origem na infância dos sujeitos e repercutem em ambientes profissionais quando da relação entre pai e filho.

Sigmund Freud, pai da psicanálise, é autor de Complexo de Édipo, considerado um texto seminal sobre o inconsciente humano, um dos trabalhos de sua autoria dos mais aclamados. Embora Freud tenha começado a escrever esta teoria numa carta a Fliess, em 1897, em texto único ao qual deu o título de "A dissolução do complexo de Édipo" (1923-1925), é possível identificar a sua recorrência em diversas outras obras, como: "A interpretação dos sonhos" (1900), "Três ensaios sobre a teoria da sexualidade" (1905), "Contribuições à psicologia do amor" (1912), "Totem e tabu" (1912), "Psicologia das massas e análise do ego" (1921), "O ego e o id" (1923), "Algumas consequências psíquicas da diferença anatômica entre os sexos" (1925), "Inibição, sintoma e angústia" (1926), "As conferências introdutórias" (1917) e as "Novas conferências" (1933) etc. (Ávila, 2001). Assim, observa-se a expressiva produção de Freud acerca do tema, fixando-a como teoria notadamente relevante para estudos que se desenvolvem na seara dos relacionamentos entre pai e filho.

Freud buscou na tragédia grega escrita por Sófocles fundamentos para explicar a formação da psique humana (mente humana). Esta tragédia relata os acontecimentos relativos a Laio e Jocasta, reis de Tebas, que almejavam ter um filho e viam nessa ausência o único motivo para sua felicidade não ser completa. Em razão da dificuldade de terem uma criança, o casal foi consultar o Oráculo de Delfos. Lá, no templo, a pitonisa délfica lhes revelou que em breve teriam um filho, mas junto da revelação, houve também a menção ao fato de que este filho estava destinado a matar o próprio pai. Ainda assim, ficaram muito felizes. Quando do nascimento da criança, no entanto, Laio lembrou-se das palavras do oráculo e ordenou que os servos matassem o bebê. Ele foi levado para uma floresta, onde lhe furaram os pés e amarraram de cabeça para baixo em uma árvore para que fosse devorado por animais selvagens. Entretanto, uns pastores de Corinto o encontraram e levaram o menino aos reis de Corinto, que também sofriam por não terem filhos. O casal o adotou e lhe deram o nome de Édipo, que significa "pés furados". Ao crescer, Édipo sentia-se diferente dos seus pais e foi consultar o Oráculo de Delfos. Soube então que estava destinado a matar o próprio pai e a casar-se com a mãe. Horrorizado, decidiu ir embora e ficar longe da cidade, com o claro propósito de não permitir o cumprimento da profecia (Jesus, 2009).

Em sua retirada, numa estrada estreita nas montanhas, chocou-se de raspão com outro carro. Édipo, em estado de revolta, matou o cocheiro e igualmente ao patrão deste, que o insultara. Era Laio, o patrão. Cumpriu-se, portanto, a profecia (sem que Édipo soubesse). Ao chegar em Tebas, ele encontra a cidade consternada em razão de dois problemas: o rei tinha sido morto e uma Esfinge na entrada da cidade propunha um enigma; como ninguém conseguia a sua resolução, ela matava um após outro. Em decorrência da gravidade do caso, a rainha Jocasta havia oferecido sua mão em casamento a quem desvendasse o enigma, livrando a cidade desse mal. Assim, Édipo foi enfrentar a Esfinge e o enigma proposto continha a seguinte questão: o que é que tem quatro pés de manhã, dois ao meio dia e três à tarde? Édipo respondeu que era o homem, pois engatinha quando criança, anda sobre dois pés quando adulto e, ao ficar velho, recorre a uma bengala. Desvendado o enigma, a Esfinge suicidou-se, e Édipo se tornou o rei de Tebas como consequência de seu matrimônio com Jocasta, do qual nasceram quatro filhos. Tempos depois, uma peste afetou gravemente a cidade. Édipo chamou Tirésias, já velho e cego, mas cheio de sabedoria, para saber das motivações desse mal e como proceder. Revelou ser a causa dos males da cidade o fato de o assassino de Laio continuar na cidade, ao que o rei declarou que iria procurá-lo e matá-lo. Quando então o sábio revelou ser Édipo o assassino, revelando-lhe que o dono do carro no incidente da estrada era Laio, Jocasta se suicidou e Édipo furou os próprios olhos e renunciou ao trono. Na condição de cego, entendeu que devia ir a um bosque sagrado, em Colonos, nas proximidades de Atenas. Lá teria encontrado um lago, no qual se banhou, e também uma caverna, na qual entrou, simbolizando sua passagem para a eternidade (Jesus, 2009).

Essa passagem revela-se central para a caracterização, como Freud o fez, do complexo de Édipo. Inconscientemente, Édipo matou seu pai e teve relação amorosa com sua mãe, incorrendo, nesse episódio, na não proibição do incesto. Desta situação, Freud desenvolveu sua teoria, evidenciando a necessidade de corte, sinalizando a importância do rompimento para que a criança perceba seu lugar, mesmo que se vivencie essa experiência com angústia (Jesus, 2009).

De acordo com os estudos e considerações de Freud, o complexo de Édipo se dá durante o desenvolvimento do estágio fálico da criança (entre os três a seis anos de idade). Moreira e Borges (2010) consideram o complexo de Édipo, o momento primordial da formação do sujeito, não apenas sob o aspecto do núcleo central das neuroses, mas também como episódio responsável pela formação da sexualidade humana. É tão importante e decisivo este momento para a criança que estudos diversos discorrem sobre suas formas de resolução. Barreta (2012) indica que esse processo abrange uma diversidade de temas que se relacionam a aspectos do incesto, do parricídio, do ego e do amor e ódio da criança em relação aos pais. Ferrari, Piccinini e Lopes (2013) dizem representar um conjunto de relações hostis e amorosas da criança com os seus pais, que irão constituir uma rede de significados afetivos e inconscientes.

O complexo de Édipo é dividido, basicamente, em três momentos: a criança se identifica com a mãe por meio do falo (órgão genital masculino), o pai é visto como um obstáculo da relação da criança com o seu objeto de desejo, a mãe, que não poderá mais lhe dedicar toda a atenção, por fim, a dissolução do complexo de Édipo se dá com a ameaça ilusória de castração da criança, pelo pai.

Com o estágio fálico, há o desenvolvimento do id, do ego e do superego, conceitos que fundamentaram a Teoria da Personalidade desenvolvida por Freud, contribuindo para a compreensão de como o aparelho psíquico e a personalidade humana são constituídos. Toda criança nasce com o id, que representa o lado selvagem humano. O id desencadeia, na criança, a busca incessante por prazer a todo custo, sem restrições e sem vergonha, mesmo por não conhecer a realidade diante de si, não pensa nas consequências, negligencia a dor e não quer aceitar quaisquer imposições.

Para Zocca e colaboradores (2008), o primeiro mundo vivenciado pela criança é constituído de um mundo de certezas, que a conduz a ter confiança nas situações vivenciadas com os outros significativos. Cunha (2008) explica que o id apresenta as pulsões, como Freud designou as energias que o constituem biologicamente, sendo fonte de necessidades e prazeres, independentemente das normas socialmente aceitas.

Por outro lado, o ego, vindo do id, é responsável por tornar a criança um ser racional, controlando o seu lado irracional e irresponsável, representado pelo id. O ego reduz as pulsões canalizando a energia em direção a um objeto adequado no devido momento. Ele procura manter o equilíbrio, a serenidade do ser e o relacionamento com o ambiente. Assim como o ego limita, de certa maneira, os anseios desenfreados do id, ele também exercerá um papel determinante com o superego.

Formado durante o processo de latência, o superego é responsável por controlar os impulsos da criança. A criança desenvolve o superego a partir do aprendizado que ela adquire dos pais, assim como das normas estabelecidas pela sociedade. O superego está fundamentado nas regras, crenças, valores e normas de conduta esperados por ambos os grupos. Cumprindo com as expectativas que lhe são impostas, sobretudo por meio do controle sobre os seus próprios atos, a criança é recompensada por gratificações, consistindo nisso uma parte essencial do seu superego chamado ego-ideal.

Cunha (2008) aponta que as barreiras morais que as pessoas internalizam, determinadas pelo superego, têm a função de impedir que diversos desejos cheguem ao ego, facilitando para ele lidar com as pulsões reprimidas e oriundas do id.

Enquanto o ego procura satisfazer as necessidades do id direcionando-as a um momento e a um objeto plausíveis, não há conciliação possível entre o id e o superego, que ainda não está desenvolvido. O complexo do Édipo irá se manifestar no estágio em que o id escolherá matar o pai, para obter a posse da mãe, ficando mais fácil de conquistá-la, mas o ego irá controlar o id, que terá medo do pai e reconhecerá a sua força perante a criança. Surge daí outro conceito primordial estudado por Freud, o medo de castração da criança pelo pai.

Como não é possível ter, em tempo integral, a atenção materna apenas para si, a criança é levada a aprender a conviver com a ausência da mãe, observando também que o pai interfere no relacionamento da criança com a mãe (Barretta, 2012).

Assim, o filho vê o pai como obstáculo para o seu desejo de ter a mãe. Mas, diante do medo de ser castrado pelo pai, caso se aposse da mãe, a criança começa a ter sentimentos ambivalentes de admiração pelo pai, por possuir o grande objeto de desejo, a mãe, possibilitando, assim, que a criança redirecione as suas pulsões a novos objetos. Portanto, o complexo de Édipo é constituído de sentimentos ambíguos de amor e ódio que a criança sente pelos pais, ora realizando os seus desejos, ora impedindo que as suas necessidades sejam satisfeitas. A mãe não poderá mais dispor de todo o seu tempo para o filho, e o pai irá intervir nessa relação para que se efetive uma tríade familiar.

Não é difícil reconhecer, pois, que essa ambiguidade de sensações se fará também presente no universo das representações simbólicas nas empresas familiares. Nesse modelo de organização, a condição de favorecido abriga o maior desafio do filho-sucessor: enfrentar o pai em seus domínios. O filho terá o pai como modelo e adversário, protetor e rival, mas também haverá aí uma oportunidade do reencontro (Campos e Mazzilli, 1998). O enfrentamento do pai em seus domínios no processo de sucessão implica a associação bem pertinente ao enfrentamento da criança, do menino, relativo à disputa que ele estabelece quanto à posse da mãe. Leia-se aqui, nesse novo momento de enfrentamento, empresa no lugar de mãe. O pai aqui tem o poder e a força, caracterizando-se, simbolicamente, igual à força e poder que tem o pai na disputa do menino para com a figura materna.

O pai aparece como figura central no estabelecimento e dissolução do complexo de Édipo. Por meio dele, dar-se-á a desistência de manter as figuras parentais como objetos privilegiados de investimentos libidinais, possibilitando o surgimento das primeiras identificações, permitindo, com sua inserção, o advento do superego e do ideal de ego. É também o pai que faz a criança emergir enquanto sujeito desejante, frente à ameaça da castração, mas é também, na acepção social, cultural, aquele em que se baseia a civilização, que possibilita viver em comunidade e que se tome parte da cultura e do processo civilizatório. Isso possibilita que a dimensão do desejo materno seja substituída pela dimensão da lei paterna (Emidio e Hashimoto, 2012; Saraiva, Reinhard e Souza, 2012; Martins et al., 2010). Logo, há que se reiterar a fundamental presença do pai, da figura masculina, para que esta etapa do desenvolvimento se efetive, a contento, para a criança, e não implique lacunas quando esta se tornar um adulto.

Freud (1924) aponta na ameaça de castração o impulso para que o menino saia do conflito edípico pela identificação com o pai e pelo acesso à posição masculina. Com temor pela perda da sua virilidade, a criança abre mão do desejo de ser amada pelo pai (posição feminina) e do desejo de ter a mãe (pai como rival), identificando-se com os atributos paternos e, em vez de tomar o seu lugar, considera possível ser como o pai no futuro. A resolução do Édipo, para o autor, permite a triangulação relacional e possibilita ao homem, no futuro, aceder a paternidade e abrir espaço para um bebê.

Vilaça (2010) expõe que, a partir da resolução do complexo de Édipo, o investimento libidinal, antes direcionado ao genitor do sexo oposto, é substituído pela identificação com o genitor do mesmo sexo. Essa identificação, ele a ressalta como um processo decisivo na transmissão psíquica e na constituição do sujeito. Aponta que o ego é resultado de uma série de identificações estabelecidas com genitores, outros membros da família ou com pessoas substitutivas.

A identificação com o pai, o acesso à posição masculina, o desejo de ser como o pai no futuro são expressões fundamentais que identificam a resolução do complexo edípico. E, por mais que estas sejam condições que favoreçam a satisfação ao pai, elas também farão emergir, anos mais tarde, momentos de ambiguidade quando da entrada do filho na empresa "do pai".

Por mais que se entenda como o curso natural dos acontecimentos, que atenda a expectativa seja de pai ou filho, a entrada deste na empresa pode ser caracterizada como um ato de violência para ambos. É chegada a hora de o filho reafirmar ao pai seu nascimento e a possibilidade de superá-lo, ratificando o envelhecimento do pai e a proximidade de sua morte. Mas, ao mesmo tempo, o filho se angustia com a imposição e a submissão ao pai, confrontadas com os atrativos conscientes e inconscientes da sua escolha pela empresa do pai (Campos e Mazzilli, 1998).

Rossato Neto (2008) também reitera essa posição delicada do filho nas organizações familiares. Afirma que, desde criança, o menino demonstrará interesse especial pelo pai, manifestando o desejo de ser como ele quando crescer, de tomar seu lugar em tudo. Naturalmente, o menino estabelece a figura do pai como o seu ideal. Logo, em famílias que operam com empresas, o filho se enxerga como aquele que um dia vai desenvolver as mesmas atividades que o seu pai, portanto, pensar em ocupar o seu lugar é uma assimilação natural que se dá em virtude de, ainda na infância, ter o pai como referência de ideal, daquilo que o filho pensa em vir a ser. Para o autor, além da rivalidade entre pai e filho quanto às posições a ocuparem, existe a rivalidade fraterna. O irmão mais velho desejaria manter os irmãos subsequentes afastados, porém, dá-se conta de que sua hostilidade para com eles pode representar prejuízos a si próprio, portanto, vendo-se forçado a identificar-se com as outras crianças. Essa atitude seria consequência da percepção de que os irmãos receberão amor e afeto igualmente de seus pais, apesar de ser desejo do filho mais velho de que eles permanecessem longe dos pais.

A sucessão familiar, mesmo que tenha pairado sempre como um evento concreto no nível da consciência do fundador, não se desenrola sem confrontos. Campos e Mazzilli (1998) dizem que a sucessão se configura como um jogo que evolui na medida em que certas performances se sucedem, havendo movimentos de aproximação e afastamento entre pai e filho, decorrentes de arranjos e negociações em que, cada qual, como num jogo de fato, prepara-se para seguir sozinho. O alvo da disputa é a empresa e da evolução dessa disputa perdas significativas são possíveis.

Apesar de haver numa empresa familiar a perspectiva de trabalho para todas as idades, como aponta Queiroz (2008), essa vivência que tacitamente ensina às crianças a administrar o negócio não é suficiente para que, ao assumirem o lugar do pai, os conflitos estejam ausentes. Essa prática, evidentemente, é significativa, pois, além de brincar e estudar, as pequenas tarefas que cabem às crianças contribuem para que se familiarizem com o funcionamento da empresa. A noção de pertencimento é importante, cabe ao pai fundador -- em um empreendimento dessa natureza – a tarefa de agregar todos os membros em prol de um objetivo em comum que a empresa apresenta. Nesse espaço em que crianças brincam e aprendem a cultura organizacional, parece natural que, ao passar a gestão para o sucessor, caiba ao fundador ainda alguma função. Assim, em vez de se aposentar, ele poderá se tornar um conselheiro. Ao congregar crianças, adultos e idosos no espaço da organização familiar, tem-se que os conflitos tendem a diminuir, apesar de confrontarem, sim, em momentos importantes como a sucessão, posicionamentos distintos.

Compete ao pai desempenhar adequadamente as suas funções. Cabe a ele, na opinião de Borges (2005), suportar os conflitos advindos da rivalidade do filho, sendo afetuoso e presente na vida das crianças. A sua presença funciona como referente de conduta, de valores, identificações e imitações. Ele não deve interceder por meio de atitudes conflitivas, com negligência, distância ou abandono como ocorrido no conflito edípico. Ser negligente ou abandonar o filho trará repercussões à vida de ambos no futuro. Ignorar ou deixar de lado as funções que competem ao pai implicará atitudes que, cedo ou tarde, deverão ser enfrentadas pelas demandas que virão a se apresentar.

No entendimento de Saraiva, Reinhard e Souza (2012), o pai deve agir como facilitador de separações. Justificam a afirmação pelo fato de o exercício da paternidade introduzir um terceiro elemento que desestabiliza um idílio dual: a antiga percepção de completude cede lugar à falta e ao desejo. Em razão disso, é papel do pai impulsionar o filho a seguir seu caminho e deve fazê-lo mostrando-se como elemento importante e fundamental para a identificação, que, antes, era tarefa restrita à mãe. É importante, para o sucesso dessa relação, que o pai deseje seus filhos. Dessa ânsia ou vontade de ter filhos, emergem com maior facilidade pais presentes na dinâmica familiar, na vida dos filhos em geral. Como bem alertam os autores, pais ausentes, muito autoritários ou distantes do universo do filho podem favorecer o aparecimento de problemas de personalidade nas crianças, além de dificuldades de interação com as demais pessoas.

A função paterna e a materna ocupam papel central no desenvolvimento e estruturação do psiquismo e na formação da personalidade da criança, e engana-se quem acredita ser a simples presença masculina o suficiente para o exercício dessa função (Saraiva, Reinhard e Souza, 2012; Borges, 2005). Destaque-se, assim, que para além da presença física, o envolvimento com a criação e educação dos filhos deve ser observado. A função paterna, tal qual a materna, não se efetiva pelo nascimento da criança. Implica ações efetivas junto à criança que contribuirão, deveras, para seu saudável desenvolvimento seja biológico e, em especial, psicológico.

Benczik (2011) corrobora a importância de se assumir o efetivo exercício da função paterna, alertando que, infelizmente, há muitos pais que não ocupam este lugar: muitos por não o desejarem, outros porque acreditam não terem condições para tal. Lamenta que haja, em muitos casos, mães que não concedem este direito ao pai de seus filhos. Independentemente das razões que implicam esse abandono de função, é questão a ser repensada com interesse sério no saudável desenvolvimento do filho, pois que, como já tão largamente apontado, isso gera uma série de complexidades à criança, mesmo quando adulta. A função paterna depende do caso que ela, a mãe, faz da palavra do pai (Checchinato, 2001), ou seja, é da valoração que a mãe atribui ao papel do pai e o espaço que esta cede para o exercício da função que a própria função se materializa.

Nesse sentido, Saraiva, Reinhard e Souza (2012) reforçam que, mesmo sendo a mãe a figura mais importante no início da vida da criança, a presença do pai é fundamental para o seu desenvolvimento. Se os indivíduos é que compõem a sociedade, pode-se observar então que a evolução desta depende, em boa medida, do desenvolvimento saudável da criança e do adolescente. Por isso, dificultar ou impedir o relacionamento entre pai e filho não tem razão de ser, uma vez que se tem, de antemão, a certeza sobre as consequências negativas.

Não são raros os casos em que mães se mostram superprotetoras e, nessas ocasiões, parece-lhes faltar a consciência de que é função do pai ser o agente de separação da díade mãe-criança. Compete à mãe favorecer esse contato da criança com o pai, permitir-lhe espaço para o exercício de sua função, do contrário não haverá o desenvolvimento saudável da criança.

Sobre isso, Vilaça (2010) discorre também sobre as condições para que a função paterna seja efetivamente exercida, apresentando que a mãe deve estar disposta a se separar do filho e, mais do que isso, ofereça ainda um lugar para o pai. Segundo ele, o modo de a mãe se referir à figura do pai afeta não apenas a maneira como a criança irá introjetar a imagem de seu próprio pai, mas também será responsável pela representação que essa criança vai internalizar a respeito do que significa ser homem e ser pai. O exposto é significativo sobre como a omissão e/ou extrapolação de papéis trazem implicações graves que, muitas vezes, por falta de orientação ou informação, são praticadas em nome da convicção de estar agindo corretamente.

Assim, a entrada simbólica do pai em sua função interditória, momento em que institui a primeira separação mãe-criança, tira o filho de sua condição de objeto e de absoluta submissão ao desejo materno. Essa interdição se consuma com maior eficiência a partir do espaço cedido pela mãe para o pai exercer as funções que lhe competem. A manutenção prolongada desse vínculo, além de reforçar uma relação funcional, exclui a importância do pai, dificultando o processo de separação-individuação. A posição de sujeito do filho (em vez de objeto) demora a ser alcançada (Vilaça, 2010).

Consequências desse exercício ou não da função paterna são largamente estudadas na literatura quando se discorre sobre as dificuldades enfrentadas pelos filhos na vida adulta. Para ilustrar, é interessante trazer os dados de uma pesquisa realizada por Pereira e colaboradores (2013) em um grupo empresarial familiar localizado em Minas Gerais, com mais de 20 anos de atividade e que estava, na ocasião do estudo, passando pelo processo de sucessão da primeira para a segunda geração. Os autores constataram excessiva centralização e autoritarismo como fatores que impediram o amadurecimento profissional e emocional dos sucessores. Porém, tão grave quanto estas razões, aparecem ainda a superproteção e o cerceamento como geradores de barreiras para a transferência do conhecimento dos negócios e do espírito empreendedor entre as gerações seguintes. Diante das circunstâncias constadas, não foi possível realizar a sucessão. Este quadro chama a atenção, justamente, para os reflexos da atuação de pais e mães na educação de seus filhos. A centralização e o autoritarismo identificados na organização, certamente, são resultados de uma relação pai e filho, na infância e vida familiar, que não se efetivou na convivência partilhada de momentos que favorecessem o desenvolvimento da confiança de um para com o outro. Já a superproteção pode ser consequência do pouco espaço que o pai teve (por motivos diversos) para o exercício da função paterna, acarretando a manutenção prolongada do vínculo mãe e filho, adiando a interdição que competia ao pai.

Em suas conclusões acerca do observado na empresa mineira, os autores ratificam a importância da convivência, do compartilhamento de experiências e do verdadeiro exercício de aprendizagem transgeracional. Segundo eles, ao deixar de lado essas atitudes, deixam de transmitir valores positivos aos filhos e, quando da ocorrência de conflitos familiares, os mitos passam a ser interrogados. Tudo que este mito representa passa a ser questionado, rejeitado e até afastado. Convém lembrar que a função do mito é exaltar as virtudes e, simbolicamente, manter vivo os valores de um grupo. A ação de questionar, numa organização familiar, a figura do mito, revela a falta de identificação dos valores que este representa, os quais revelam não apenas problemas na organização, mas também fragilidade de vínculos familiares, pois o que se questiona na empresa em relação ao mito, não se aprendeu ou viveu suficientemente na família.

Benczik (2011) considera a ausência do pai ou figura que o substitua um grave problema na educação dos filhos. Já Saraiva, Reinhard e Souza (2012) alertam sobre a necessidade de alguém exercer a figura simbólica de separação entre a mãe e o bebê no caso de pais ausentes ou separados, pois é este que também vai assumir a função de retaguarda e acolhimento da mãe, subsidiando-lhe os meios para o exercício da função materna nesse novo estágio. Em relação à figura paterna, Benczik diz que esta pode ser representada por um adulto do sexo masculino que participe da vida da criança e que tenha um vínculo satisfatório com ela. Este adulto, em muitos casos, vai ser um tio, ou um avô.

Kuster (2015) traz uma observação importante no que diz respeito à função paterna, informando que a mãe apresenta para a criança este nome, o de pai. E, segundo ele, se este não desempenhar a sua função, mais apropriado seria considerá-lo um genitor.

Em complemento ao exposto, Benczik (2011) considera ser necessário dois progenitores para que se alcance uma educação equilibrada para os filhos. Ele não aponta igualdade de funções para pai e mãe, reconhecendo a presença paterna como complementar à materna. Entende que, na ausência de modelos – masculino e feminino – reside, na maioria dos casos, a raiz para o desequilíbrio daquele que é o alvo desta realidade, o filho. Assim, observa-se novamente a importância, para a educação com o sucesso dos filhos, que pais e mães tomem ciência de seu papel e do outro a fim de concretizar um modelo de educação para seus filhos que traduza os acertos de seus pais, com vistas à formação de um sujeito equilibrado.

No processo de subjetivação, como aponta Vilaça (2010), a díade, constituída da relação mãe e bebê, vai ceder vez à triangulação constitutiva e a este processo. Como defende Checchinato (2001), isso deve acontecer mesmo que o pai não se faça presente fisicamente. O autor pontua, a respeito desse processo, que a função do pai é terciária, ou seja, compete-lhe a introdução do outro em uma relação, até aí, dual. Logo, uma figura que simbolize o pai é necessária na sua ausência.

Emídio (2014) afirma que, sob a interpretação da teoria psicanalítica, o pai é um operador simbólico a-histórico, uma entidade simbólica que estrutura o ordenamento psíquico do sujeito. Continua explicando a afirmação dizendo que cabe ao pai o lugar do representante da autoridade frente à relação mãe e filho, que o pai vai desempenhar nesse processo o papel de um agenciador diplomático da realidade, ou seja, o pai é o representante simbólico de um terceiro que faz a mediação do desejo da mãe e do filho, sendo sua função fornecer a base da estruturação psíquica do indivíduo. Assim, deduz-se com relativa facilidade que, em faltando este operador simbólico, a mediação não se realiza com a concretude desejada, implicando estruturações falhas.

Ceccarelli (2002) discorre sobre semelhanças e divergências entre conceitos psicanalíticos que traduzem a importância desse momento de separação protagonizado pelo pai. Aponta que Lacan, mesmo que tenha guardado fidelidade com as posições freudianas, propõe uma visão diferente do complexo de Édipo. Este psicanalista teoriza a existência de um pai separador (a separação tem como alvo a mãe) por trás do pai imaginário proposto por Freud e transforma o Nome-do-Pai em um conceito da psicanálise.

Este conceito, para ele, surge da definição da paternidade como uma função constituinte da subjetividade, definindo, a partir disso, a função primordial da organização psíquica dos indivíduos. Ele, como expõe Vilaça (2010), rompe com a perspectiva de um pai concreto que desempenha um papel no exercício de sua paternidade na dinâmica familiar. Sob essa visão, a função importa mais que a condição sexual ou jurídica de quem a exerce, sendo possível afirmar que Lacan desloca a função do personagem pai, mas não a excluindo. Daí se pensar, a partir da visão lacaniana, nas diversas figuras possíveis de desempenharem esta função, já que a ideia de um pai concreto, para ele, é questionável. Compete que haja alguém para o desempenho da função pai.

Mas com estas considerações tomadas como possíveis, o Édipo, na perspectiva de Lacan, corre o risco de transformar-se em uma etapa não tão significativa como até então apontado, considerada, sob este viés, como uma etapa normalizante. Assim, formularam-se as condições estruturais "ideais" para uma travessia satisfatória do Édipo e para tratar as categorias de neurose, psicose e perversão como estruturas fixas e imutáveis (Ceccarelli, 2002).

O citado autor aponta uma preocupação quanto a esse conjunto de designações possíveis com o Nome-do-Pai, que sugere representar risco de preservação do culto milenar à figura paterna e que a psicanálise se levante para defender a autoridade paterna ou autoridade da função paterna, pois que na sua ausência está a explicação para todos os males. Chama a atenção também para o significante organizador da ordem social ser designado por " Nome-do-Pai" ou "função paterna", apresentando que tem significações distintas, logo também reveladoras de ideologias distintas.

Saraiva, Reinhard e Souza (2012) abordam que ao se referir a pai, este não deve ser tomado como simples agente de paternidade biológica, mas como um operador simbólico, o modo como é percebido pela criança, o que, muitas vezes, guarda diferenças do ser pai real. Os autores consideram, segundo a dialética edipiana, que a construção desse pai simbólico ocorre a partir do pai real, e que a função paterna exerce, sim, influência na estruturação psíquica da criança, influenciando em seu processo de desenvolvimento.

Benczik (2011) indica a sobreposição do pai real durante a época de desenvolvimento da personalidade, ganhando consistência à medida que a criança o percebe como o desejo da mãe e objeto do que ele, filho, está apto a apreender dele. Assim, ele enxerga nesse pai real atributos que deseja igualmente alcançar. Nesse sentido, Hoffmann (2006) afirma que o pai real é quem importa nesse processo simbólico. Se este é designado pela mãe, é aquele que dominou a castração, é visto aos olhos do filho, segundo a psicanálise, como o pai ideal.

Com o exposto, é possível depreender a complexidade desse processo em sua totalidade. Vale ressaltar, de acordo com as contribuições da psicanálise, que a presença do pai é altamente significativa no processo de desenvolvimento da criança. As formulações simbólicas a respeito desse pai, que vão perdurar por toda a sua vida, são decorrentes da presença e atuação do pai real. A função paterna é de alta importância para o sadio desenvolvimento psíquico das crianças, logo, compete aos pais serem presença significativa na vida de seus filhos.

Na empresa familiar, seja com a presença física ou ausência do pai, ele continua operando influência sobre o filho. Por isso, a ênfase na importância do exercício pleno da função paterna, pois essa influência, de fato, é presente sobre o modo de ser e agir do filho. E, já na vida adulta, de alguma forma, o filho vai significar essa vivência com o pai. Nesse espaço da organização familiar, vai sentir-se pressionado a atender as expectativas do pai, que mesmo o incluindo nos negócios, limita a atuação do filho, regulando, pois, as relações de espaço e poder que ele julga prerrogativa e posicionamento exclusivos seus. Não se nega a importância dos limites para a atuação do filho, uma vez que isso demonstre empenho em não haver invasão de espaços, porém, ao mesmo tempo, são geradores de angústia por permitirem comparação e avaliação de desempenho, o que, consequentemente, oportuniza o exercício da autoridade ao pai (Campos e Mazzilli, 1998). Tem-se, no espaço da empresa familiar, o terreno para a exibição de conflitos. Quanto mais houver vivência e identificação do filho para com os propósitos do pai em sua fase de desenvolvimento, maiores serão as chances de se acertar o ritmo e dividir tarefas na organização familiar.

É importante considerar a figura do pai, segundo a psicanálise de orientação lacaniana, como aquele que desempenha a função simbólica da Lei, responsável por realizar a separação na relação entre a mãe e a criança. Para Lacan, a função do pai no complexo de Édipo é ser o significante que se coloca no lugar do significante materno. Segundo ele, essa função cumpre instaurar a dimensão da falta, do significante fálico. Heinemann e Chatelard (2012) afirmam que o pai surge a partir do discurso da mãe para a criança. Por isso ele aparece com vários nomes, apresenta diversas versões, ou seja, o pai é o que representa a lei no discurso da mãe. Assim, é possível considerar que nem a atuação do pai ou da mãe é mais importante que a outra. A cada um compete funções específicas que, se bem desenvolvidas, gerarão filhos mais preparados para lidar com os desafios que a vida lhes apresentar. Logo, em ocasiões como o exemplo retratado acima, tem-se o exercício pleno da lei quando o pai, no comando da empresa, estabelece também nesse espaço (outrora em casa) os limites ao filho, indicando o que lhe compete e o que não. Personifica a lei.

Existe ainda uma terceira teoria psicanalítica, a de Winnicott, na qual o complexo de Edipo tem, como momento mais importante aquele em que a criança demonstra capacidade de distinção das fantasias e ideias edipianas, no tocante às relações afetivas, e não fantasiadas, com seus pais reais (Barreta, 2012). Para esse teórico da psicanálise, para a criança entender essas diferenças, o ambiente deve ser adequado e não alterado por suas fantasias. Do contrário, se impossibilitada de fazer essa distinção, a criança poderá desenvolver problemas mentais ao longo de sua vida. Assim, o autor coloca em relevo esse processo a fim de que a criança possa lidar com o conflito edipiano, promovendo seu amadurecimento emotivo. Barreta (2012) expõe que, para Lacan, entretanto, o complexo de Édipo é o momento decisivo, de humanização, uma vez que a criança, nessa ocasião, conscientiza-se do ambiente, de sua cultura, das leis e da sua posição de sujeito na sociedade. Observa-se, pois, que tanto para Lacan quanto para Winnicott, a castração representa um alívio diante da angústia vivenciada pela criança, pela possibilidade de não lhe ser possível transformar suas fantasias em realidade.

O complexo de castração traduz as restrições que o processo civilizatório impõe à criança nesse processo de constituir-se como sujeito (Ceccarelli, 2002). Durante esse processo, o sujeito, ao vivenciar a castração e a renúncia da mãe, que é afinal o seu objeto de satisfação, organiza algumas construções defensivas com vistas a neutralizar a sua angústia. Essas defesas indicam as diferentes formas de o sujeito orientar-se diante da castração proferida pela instância paterna, de modo a serem essas defesas que orientam o processo de estruturação psíquica do sujeito (Emídio, 2014).

Nessa ocasião, o sujeito tem três possibilidades de lidar com ela, segundo a formulação psicanalítica proposta por Freud e, também, da discutida por Lacan: a estruturação perversa, a estruturação neurótica (histeria, neurose obsessiva, neurose fóbica) e a estruturação psicótica. Desse modo, chama-se a atenção para a importância do papel do pai nesse processo de estruturação psíquica do sujeito, apontando que compreender a sua função, nessas três estruturas, remete para sua função simbólica (Emídio, 2014).

Observa-se, assim, nos dizeres de Checchinato (2001) que a castração é o princípio ordenador que separa a criança do desejo da mãe, instituindo a diferença sexual ao conceder-lhe acesso ao próprio desejo, sendo esse processo um atributo da função paterna. Emídio (2014) considera que o acesso que o sujeito passa a ter à ordem simbólica, às leis e à nomeação de seu desejo favorece que se coloque o pai em outra posição para a teoria psicanalítica, a posição que lhe permite o acesso ao simbólico. Pela interdição levada a cabo pela instância paterna, o sujeito é levado a vivenciar uma renúncia simbólica que favorece a ele os mecanismos de apropriação de seu desejo e, por ocasião de se reconhecer como sujeito desejante, continua a significar o objeto primordial de seu desejo. Esse é o momento em que o sujeito, reconhecendo o outro, vivencia a alteridade e pode emergir pleno como sujeito desejante.

Por conseguinte, o medo de ser castrado é determinante para a dissolução do complexo de Édipo. Desde o início da sua vida, o indivíduo aprende a internalizar os seus medos e receios, mas evita pensar ou fazer alguma outra coisa, não resolvendo a ambivalência entre o id e o ego. A memória sai do consciente, mas continuará retida no inconsciente e o acompanhará para o resto da vida regulando as suas ações. Assim o complexo de Édipo, bem como quaisquer dilemas que o indivíduo vivencie, não poderá ser negligenciado. O superego da criança também poderá agir incorporando o que dela se espera pela sociedade, assim como traços da individualidade do pai, em vez de optar por enfrentá-lo.

Os pensamentos reprimidos não ficam simplesmente esquecidos, retirados da mente, acerca dos quais nunca mais se terá consciência. Uma das principais descobertas de Freud foi o inconsciente humano, em que esses conteúdos ficam guardados sem que o indivíduo perceba o processo. O inconsciente é responsável por guiar os pensamentos e atitudes, e influenciará no que o indivíduo sabe que está fazendo, ou seja, o aspecto consciente, o ego. Portanto, não adianta apenas "esquecer" ou querer evitar falar sobre um assunto. Pode-se não entender por que o indivíduo apresentou determinados comportamentos até emergir para o consciente, e então é possível entender o que aconteceu.

Leite (2009) discorre sobre o recalque explicando que, de acordo com a teoria psicanalítica, designa o processo automático que mantém fora da consciência impulsos, ideias ou sentimentos inaceitáveis, e que não podem se tornar conscientes pela evocação voluntária. Destaca ainda que o recalque funciona como importante mecanismo de defesa do ego e é utilizado desde os primeiros anos de vida para proteger o indivíduo da angústia consequente dos conflitos psíquicos. Funcionando ainda como mecanismo de defesa básico, precedendo a maioria dos outros que, via de regra, funcionam como reforços ou adjuntos, quando o recalque é incompleto.

Observando as questões referentes ao recalque em empresas familiares, Rossato Neto (2008) chama a atenção para o fato de que, se o herdeiro pouco sabe sobre si mesmo e sobre o seu trabalho e passa a ter consciência do que antes não percebia, entenderá, de maneira bem clara e objetiva, que desconhece ainda mais aquilo que antes julgava não saber. Assim, favorecerá os meios para que ele se aproprie daquilo que tem certeza que é seu, a sua herança.

Pereira e colaboradores (2013) consideram que a ausência de diálogos transparentes, abertos e honestos evidencia a possibilidade de dilemas mal resolvidos, que, por sua vez, podem desencadear diversos conflitos no âmbito da empresa familiar. Afirmam ainda que as questões afetivas e emocionais não abordadas por meio desses diálogos são aspectos comprometedores à sobrevivência da empresa familiar, pela dificuldade de manter a coesão e a união dos membros da família.

Prosseguem afirmando que os conflitos latentes, alimentados por sentimentos negativos, têm a capacidade de funcionar como produtos corrosivos, desfazendo as interações. Por sua vez, causando sofrimento a ponto de desestabilizar o fundador-mito e fragilizar valores e crenças que são os alicerces sobre os quais a identidade coletiva é construída. É sabido que os valores e crenças que sustentam uma organização assim funcionam em virtude da comunhão dos membros da família em torno destes, portanto, sem a comunhão, a identidade coletiva não se sustenta. Assim, a defesa do diálogo franco e aberto é condição ímpar para que não se sublimem sentimentos, não se escondam aspectos merecedores de observações e ponderações no coletivo para garantir a saúde da organização. Os autores ainda sustentam um exemplo acerca dessa ausência de diálogo, indicando que um possível afastamento do fundador pode ser sustentado por argumentos e justificativas de ordem racional e objetiva diversas, seja na forma com que atualmente este ainda conduz os negócios ou aposentadoria, ou qualquer outra razão. O fato é que todas elas são empregadas para encobrir questões de ordem subjetiva e emocional.

Brito e Silva (2010) acrescentam formulações à importância vital da comunicação entre as partes. Alegam que quanto mais se estimular a comunicação entre os pares, menores serão as possibilidades de alimentar futuros desentendimentos, dos quais emanariam conflitos de toda ordem. Mencionam a relevância do diálogo, dizendo que este fortalece e promove o conhecimento do outro, e as atividades que precisam ser desempenhadas por todos os envolvidos. Deve-se ter consciência e exercer inteiramente a identidade que o domínio exige no sentido de facilitar a comunicação. Isso posto, observa-se que a cada um cumpre a tarefa de dizer, de revelar-se para que, no coletivo, esses membros da organização se conheçam, se identifiquem e trabalhem juntos em prol de um objetivo comum.

Sarti (2004), acerca da importância do diálogo, informa que a projeção dos problemas familiares sobre os jovens da família expõe a dificuldade de lidar com conflitos no interior das famílias. A negação ou a dificuldade em instituir o diálogo como espaço para resolução de conflitos – com menção aos elementos ao mesmo tempo disruptivos e potencializadores nele contidos – pode favorecer a eclosão da violência, resultado da falta de canais, de mecanismos de expressão para os conflitos próprios das relações familiares. Ainda aponta que, pela sua posição na sociedade, o jovem se afirma pela oposição, fazendo do conflito um instrumento tão necessário quanto imprescindível em seu processo de formação de sujeito, na família e no meio social. É pertinente, depois do exposto, considerar a significância do diálogo nas relações familiares, pois, se neste ambiente que se pretende acolhedor, essa prática não é comum, compromete-se o saudável desenvolvimento das emoções seja da criança ou do jovem. Essa ausência, certamente, vai se fazer visível em momentos posteriores na vida desse indivíduo.

Lopes e Carrieri (2010) colaboram para a discussão trazendo à reflexão o fato de a empresa familiar ser um palco de repetições ligadas a vivências passadas e que se relacionam a uma cadeia de significações pessoais que, em muitos casos, encontram-se no inconsciente. Esse inconsciente psíquico, segundo os autores, é resultado da impossibilidade de uma atividade passar para outra. Assim, uma representação passada não é abolida, mas deslocada, permanecendo ativa. Logo, ao entrarem em cena esses deslocamentos todos, apresentam-se as condições desejáveis para o desencadeamento de conflitos.

Julien (2000), em referência à necessidade constante de diálogo, indica, pela menção a um relacionamento conjugal, que amar é constituir um todo de que o outro e si mesmo fazem parte pelo estabelecimento da comunicação ao partilharem as opiniões um do outro, todos os dias, sobre assuntos de toda natureza, uma vez que se tem claro que opiniões existem para serem partilhadas.

Cunha (2008) ressalta que as pulsões pressionam o superego saindo do inconsciente até alcançar o consciente, afirmando ainda que Freud estudou as seguintes origens de situações envolvendo a vida psíquica: os sonhos, os atos falhos, as neuroses e a sublimação.

Ferreira (2010) considera os sonhos caminhos para o inconsciente humano, descrevendo que durante o sono o estado de vigília do consciente não é total, ocasião em que aquele manifesta algumas informações reprimidas. Por essa razão, normalmente os sonhos são distorcidos e fogem da realidade e lógica, conseguindo o inconsciente apenas manifestar-se parcialmente no consciente, porém, oferecendo representações significativas que podem, se observadas, favorecer processos terapêuticos. Cunha (2008) considera que essa representação da realidade é limitada e distorcida em razão da exigência do superego na aceitação das pulsões produzidas pelo id para a sua alteração, de modo que não cheguem ao consciente como de fato elas são, tendo nesta feita uma posição ambivalente: o superego cumpre sua função de reprimir, mas ao mesmo tempo alivia a pressão do id. Em razão da dor que sinalizam para o indivíduo se transferidos os conteúdos armazenados no inconsciente para o consciente, estes se revelam de forma simbólica durante os sonhos, demandando esforço (normalmente em sessões de terapia) para sua adequada compreensão e superação.

Os atos falhos também são reveladores de conflito entre o superego e o id, uma vez que são erros autênticos que decorrem de ações antagônicas diante de pensamentos conscientes (Ferreira, 2010). Para bem ilustrar esse conflito, o autor aponta um exemplo ocorrido em uma sessão da Câmara, quando um deputado federal, na posição de presidente da Casa, pronunciou "Declaro encerrados os trabalhos", quando na verdade estava fazendo a abertura dos trabalhos. Para além dos risos que favoreceram a retificação do enunciado, o autor considera um caso explícito de ocorrência de ato falho. Na ocasião, seria votado um projeto cujos interesses eram contrários aos do governo e este deputado era membro de partido aliado ao governo: ao se pronunciar equivocadamente quanto à abertura dos trabalhos, indicando seu encerramento, revela-se que no plano da consciência este quis dizer o que convencionalmente se diz, no entanto, o seu inconsciente predominou, revelando, na verdade, que ele não desejaria que esta sessão estivesse ocorrendo. Quando o consciente não consegue controlar o seu verdadeiro desejo, os atos falhos se efetivam.

A neurose, de forma bem objetiva apontada por Ferreira (2010), é o resultado de desejos reprimidos, e em razão disso, trazê-los à memória é bem difícil para o indivíduo, pois são dolorosos. Contrariando as normas emanadas pelo superego, essas memórias ficam armazenadas no inconsciente e não no nível da consciência. O autor entende que Freud concluiu serem as memórias reprimidas causadoras de efeitos sobre os pacientes em razão de as emoções continuarem existindo no inconsciente. Assim, o inconsciente fornece vasto material para estudo e compreensão do comportamento do indivíduo, uma vez que armazena dados da sua história.

Cunha (2008) afirma que a sublimação também é considerada por Freud a origem de situações envolvendo a vida psíquica. Ela consiste no redirecionamento dos desejos reprimidos para outros objetos, deixando o ego em consonância com os interesses do superego. A sublimação expressa o resultado das tensões entre o id e o superego. O indivíduo canaliza sua energia em direção a áreas de seu interesse como música, pintura, esporte, leitura etc.

Lopéz (2007), ao tratar da sublimação em crianças, informa que esta redireciona as pulsões sexuais da criança a outros objetos, podendo ser ou não sexuais, mas não à mãe, com quem constituirá uma relação afetiva, mas não mais considerando a possibilidade de incesto. Essa ocasião ganha forma em virtude de o ego regular a libido da criança que não terá mais o caráter genital: a energia é redirecionada a outras situações que possibilitem ampliação de conhecimentos e a expansão intelectual. Assim, inicia-se um processo que Freud (1905) designou como período de latência, que aparece entre os seis e 10 anos de idade, sem afeições sexuais com um novo objeto e com o desenvolvimento da sexualidade infantil reaparecendo somente após esse período. Portanto, o processo de latência representa o intervalo do desenvolvimento infantil entre o complexo de Édipo e a puberdade (López, 2007).

Não há uma latência absoluta, ocorrem algumas interrupções devido a impulsos sexuais que não são totalmente perceptíveis. Esse período não implica uma parada no desenvolvimento infantil, pelo contrário, a estrutura psíquica da criança passa por um processo de amadurecimento com resultados intelectuais efetivos (Lopéz, 2007). Além disso, Souza (2014) expõe haver nesta fase a reordenação da personalidade, ocorrendo novas identificações e a abertura para o mundo. O autor dá ênfase à necessidade da criança de afastar-se dos pais a fim de que lhe seja possível construir outros relacionamentos, adiando, dessa feita, os seus impulsos sexuais, também pela possibilidade que esse momento representa para desenvolver novos interesses e, assim, constituir o alicerce que dará fundamento à sua puberdade e adolescência.

Lopéz (2008) aponta a latência como um processo de amadurecimento e reestruturação psíquica, cognitiva e emocional que preparará o indivíduo para o resto da sua vida. Chamado por Berger e Luckmann (2004) de socialização secundária, esse momento marca o começo de novas situações experimentadas pelo indivíduo, diferentes daquelas vivenciadas no âmbito familiar.

Nesse sentido, a escola e o relacionamento com os pais após a dissolução do complexo de Édipo revelam-se como dois momentos de expressiva importância para o desenvolvimento do ego e da personalidade da criança. Ao não mais ser a merecedora da exclusiva dedicação provida pelos pais até então, há que se encontrar meios para essa substituição e então começam a surgir novos interesses. A vida escolar é um marco importante nesse processo, pois lá a criança aprenderá novas regras morais e desenvolverá relacionamentos com outras crianças; considerando também as experiências fora da escola no intuito de conhecer mais acerca de si mesma (Souza, 2014; Steibel et al., 2011).

López (2007) demonstra que a fase de latência é marcada por diversas situações contrárias aos interesses da criança. Antes, ela era merecedora de todos os cuidados, sentia-se protegida, porém, agora, ela vivencia diariamente a separação da família, precisa adaptar-se à escola e aos colegas, precisa aprender e dominar novas habilidades, ter maior controle dos seus desejos, aprender novas culturas e regular seu comportamento diante de problemas e dificuldades. Todas estas experiências mobilizam emoções e constituem-se em momentos de aprendizagem determinantes da história deste indivíduo.

Sarti (2004) discorre de maneira pertinente sobre o lugar do jovem na família. Segundo ele, o jovem deve ser visto como aquele que introduz uma alteridade na família, seja pela inserção de novos discursos que abalam o oficial, seja pela ruptura, inversão ou ainda pela reafirmação deste discurso. As reações diversas e possíveis – de fechamento ou abertura – serão decisivas para as relações familiares e, em especial, para o lugar do jovem que, em busca de uma identidade própria, a constrói pelas várias alteridades com as quais se enfrenta. Do diálogo entre as observações fora do ambiente familiar em confronto com o discurso oficial reinante na família, é que o jovem encontra o seu lugar. Deve haver espaço, na família, para essa constituição se formular também com o aproveitamento do que a família traz, do contrário, essas relações serão prejudicadas.

Rossato Neto (2008) descreve essa mudança de posicionamento da criança em relação aos pais e família, à medida que começa a constituir novos relacionamentos fora do âmbito dela. De início, a criança tinha nos pais a única referência de valores e de autoridade. Eles representavam a sua única fonte de conhecimento, logo, ela alimentava o desejo de ser exatamente como eles. Porém, ao construir novos relacionamentos, descobrir novos interesses e conhecendo outros pais, reavalia os seus. Procede a comparações, solicita opinião a outras pessoas, põe em dúvida as qualidades únicas que creditava a seus pais anteriormente. A criança, entregue à sua imaginação, substitui os seus pais por outros, geralmente, de um nível social mais elevado. Desse modo, no confronto entre o que acreditava antes de conviver em outros ambientes, com os novos valores e sentidos que se lhe colocam, ela vai se constituindo como sujeito construindo a sua identidade.

Essa fase, para Sarti (2004), caracteriza-se precisamente pela busca de outros referenciais para a construção de uma identidade fora da família, como parte de um processo de afirmação individual e social. Em razão disso, sentem a necessidade de partilharem vivências em grupo que estejam fora de seu âmbito familiar de origem. O autor afirma ser recorrente o emprego de "nós" como estratégia de identificação com os outros, que, igualmente, se reúnem em grupo, como se recriando famílias onde possam falar de si. Constituem-se em torno de interesses em comum, seja a música, atividades culturais, esporte. É fato que tais grupos evidenciam diversas formas de expressão de jovens no espaço público.

Souza (2014) alerta para os prejuízos advindos de um processo de latência deficiente. Quando não devidamente realizado, implica uma criança repetidora de comportamentos, que não consegue se desvincular das atitudes parentais, não questiona e aceita as normas de seu pequeno grupo e não se abre para o mundo. E, mais adiante, desenvolverá relacionamentos levianos e desprovidos de criatividade, caracterizando-se, como indicado pelo autor, como "adultos sem latência". É notadamente um prejuízo para a história do indivíduo, pois estas lacunas irão repercutir significativamente nas ações que ele desenvolverá ao longo da sua vida, comprometendo a si próprio, bem como irão afetar as pessoas de seu círculo de convivência mais próxima. O processo de latência mal definido, certamente, tem implicações na performance de vida do sujeito.

Steibel e colaboradores (2011) complementam a importância da eficiente resolução do processo de latência apresentando os resultados de um estudo de caso coletivo realizado com oito crianças com idades entre 7 e 9 anos, objetivando descrever os seus conflitos e as suas defesas, para observar se elas apresentariam as características típicas da latência. As crianças foram divididas em dois grupos: o primeiro, formado por crianças que apresentavam, como principais conflitos, questões edípicas; e o segundo, formado por crianças que ainda não vivenciavam esses conflitos ou que estavam no seu estágio inicial. Os autores identificaram características típicas da latência em virtude do largo uso de mecanismos de defesa na intenção de lidar com os conflitos oriundos do complexo de Édipo. Identificaram-se negação, onipotência e isolamento. Já no segundo grupo, a partir de aspectos psicossomáticos, foram identificados ansiedade de separação, temor da perda de amor e, inclusive, tendência psicótica. Nesse grupo não estavam ausentes só os aspectos do conflito edípico, mas também se constataram dificuldades decorrentes do encurtamento da latência, consequência de uma erotização precoce. As duas situações apontadas implicam atrasos ou dificuldades para o ingresso no período de latência.

Enck (2007) sugere que os possíveis problemas existentes no período de latência são os mesmos que acarretam na precocidade da puberdade. Ele buscou identificar as razões mais importantes que expliquem o início precoce da puberdade, apresentando como resultado as seguintes: a delegação da parte dos pais da educação de seus filhos para a escola, influência do marketing sobre a criança no que se refere aos padrões de consumo da família, formas de exibição do sexo nos meios de comunicação, a falta de clareza quanto aos limites, a educação dirigida aos filhos pelos pais (distantes ou presentes demais na vida deles), acesso a conteúdos inadequados para a capacidade cognitiva e emocional da criança, dependência dos conteúdos multimídia, substituição dos pais por babás, empregadas domésticas ou creches. Cumpre destacar que, sem necessidade de grandes reflexões, esta é uma realidade visível, bem aparente para quem quiser enxergar. As razões apontadas pelo autor parecem se personificar na maioria das famílias, e, a partir da visibilidade dada ao tema, as famílias deveriam refletir e rever sua conduta e modo de educar os filhos, visto que as questões expostas comprometem significativamente o desenvolvimento das crianças.

Lopéz (2007) ressalta na relação entre o modo como a criança desenvolveu suas primeiras relações afetivas, especialmente com seus pais, e os conflitos próprios do período de latência, o ponto fundamental para que a criança se sinta segura no momento em que intente ingressar em novas relações. Da base formulada em seu relacionamento com os pais no universo familiar dependem, em boa medida, os vínculos que se estabelecerão em novos contextos que se colocarão cada vez mais para a criança a partir dessa fase. Logo, a confiança e segurança a que podem ter desenvolvido a partir do seu relacionamento com os pais fornecerão as condições para o estabelecimento de novos relacionamentos.

A latência representa uma fase de grande desgaste de energia para a criança (Enck, 2007), pois é confrontada com demandas que até então não faziam parte de seu universo. Lopéz (2007) considera que a criança se percebe num espaço cujas exigências estão além de sua capacidade intelectual, não conseguindo tolerar a frustração de ter seu comportamento repreendido, além de ser cobrada a renunciar aos seus desejos. O autor indica ainda que a escola não parece aos olhos da criança um ambiente favorável em que lhe seja possível equilibrar exigências e frustrações com gratificações e reconhecimentos razoáveis. Assim, as demandas deste novo espaço de socialização apresentam para a criança inúmeras possibilidades de ampliação de perspectivas e de compreensão de si mesma, no entanto, para ela lidar com essas questões haverá de ocorrer, como afirma Enck (2007), desgaste expressivo de energia.

Sarti (2004) considera a escola o lugar socialmente designado pelo adulto para a criança, havendo ali uma projeção daquele em sentidos distintos sobre a criança ali colocada. Seja a criança ou o jovem, ele é objeto de expectativas familiares, tendo o rumo de sua vida traçado por pais de forma que ele venha a cumprir o que a família dele espera. Em razão do exposto, são bastante conhecidos os conflitos gerados pela resistência dos jovens que nem sempre estão dispostos a concretizar essa forma de herança e de perpetuação de sua família.

Implicações nas organizações familiares

Decorrente dessa observação, estende-se esse dilema para os jovens que nascem em famílias que atuam profissionalmente em torno de organizações familiares. Esses jovens, não raras vezes, são incentivados desde a infância a se inserirem nos negócios familiares, representando, como apontam Lopes, Carrieri e Saraiva (2013), papéis outorgados que podem ou não estar de acordo com seus próprios desejos pessoais e profissionais. Conversar abertamente sobre estas questões parece ser o mecanismo ideal para a apresentação de expectativas desse jovem e dessa família que, afinal, pretendem o bem comum. No entanto, há uma diversidade de questões que ficam difusas pela dificuldade que, na maioria das vezes, existe para a expressão bem clara das expectativas de um e de outro. Há relações de poder imbricadas, o pai é a personificação da lei, contestar a sua posição e vontade parece ser, em muitas ocasiões, para o filho, uma atitude de desprestígio à figura paterna.

Os autores alegam existir, da parte da instituição, a preocupação de que aqueles membros da família que ficam de fora dela terão menos atenção, menos *status* e menor identidade familiar do que os que nela estão atuando. Outra posição também bastante difundida diz respeito à obrigação que os jovens devem cumprir. Como se houvesse uma mensagem sendo pronunciada silenciosamente o tempo todo de que eles têm esse compromisso com os pais, de que "devem isso" aos pais em virtude do esforço destes para a construção do patrimônio da família e que, agora, é chegada a hora de retribuir. Não trabalhar no empreendimento familiar seria caracterizado como uma deslealdade. Em razão dessas cobranças diversas, muitas vezes os jovens cumprem o que deles se espera, mas sem ser expressão de sua vontade. E mais grave ainda é quando a dinâmica da atuação no empreendimento familiar gira em torno de cobranças, exigências e limitações que não permitam a plena execução das tarefas atribuídas, tampouco o exercício da autonomia. Esse quadro certamente gerará desmotivação e agravamento de conflitos de toda ordem.

Outra cobrança comum também quanto à continuidade dos negócios é considerar que, se os jovens não entrarem, a empresa irá fracassar. Essa posição é gravemente delicada, pois, ao mesmo tempo que enaltece as qualidades da nova geração, depositando nela todas as expectativas de continuidade e expansão dos negócios familiares, vendo-a com a competência necessária para tal, também é, como apontam Gersick e colaboradores (1997), indutora de culpa, pois a nova geração torna-se a depositária de todas as virtudes apontadas para gerir a empresa, mesmo que ela ainda não tenha a devida capacidade para tanto, ou que este não seja o seu desejo. Mas, devido ao nível de cobrança em que isto se dá, negar tal condição não pode acontecer sem gerar culpa. Mas para cumprir o que lhe confiam – não deixar a empresa morrer – e atender ao disposto no discurso que se oficializa em torno das expectativas nela depositadas, ela reprime a sua vontade.

Os autores indicam um reforço nessa pressão quando, em virtude das necessidades da empresa na fase de crescimento, os irmãos sócios recorrem aos seus filhos despreparados como uma alternativa à contratação de profissionais estranhos à família (Gersick et al., 1997). Essa experiência pode revelar, também paradoxalmente, a identificação com os propósitos e os negócios familiares, bem como apontar igualmente para a não identificação, suscitando entre os filhos herdeiros a intenção de dedicar-se a outra atividade profissional.

A respeito da negação dos próprios valores, Lescura e colaboradores (2010) contribuem afirmando que quando se rejeitam os desejos pessoais da parte de muitos herdeiros de organizações familiares, estes buscam dar continuidade a um projeto pela obrigação que sentem em não permitir a falência de um legado construído ao longo de tantos anos, que representa não somente o aspecto econômico, mas principalmente por manter vivos os sentimentos de uma tradição geracional que ali se faz presente.

Os autores destacam que, ao responsabilizar-se por um projeto edificado pelo pai, o filho cumpre uma obrigação instituída no seio familiar. Por essa razão, negar esse papel implica repercussões bem maiores do que as específicas do universo da empresa para continuidade do negócio: implica, aos olhos do pai, a morte de valores e tradições construídos e cultivados pela família. Dessa maneira, há que se considerar a complexidade de sensações e percepções envolvidas para a chegada da decisão do filho em momento como esse. Qualquer uma das opções que ele adote repercutirão tanto positiva ou negativamente, seja para a empresa, para a família ou para si próprio.

Como complemento ao exposto acima, devem ser consideradas as observações pertinentes sobre a lógica dessa concepção feitas por Lopes, Carrieri e Saraiva (2013). Os autores indicam que as relações políticas assentadas sobre os laços familiares e/ou organizacionais revelam-se, por vezes, determinantes na construção das trajetórias pessoais e profissionais desses sujeitos, desdobrando-se na sua vinculação à organização ou na rejeição a essa lógica.

Considerações finais

O lugar do pai dentro do ambiente familiar, em virtude das mais diferentes configurações familiares que se têm delineado nos últimos tempos, também passou por mudanças importantes que dificilmente são compreendidas fora do seu contexto histórico e social. Vivencia-se um momento de muitos desafios para a construção e vivência da paternidade, motivados pela possibilidade de se repensar as questões afetivas no desenvolvimento dos filhos e também por não mais se poder ver, na figura do pai, apenas o *status* de provedor. Mas repensar o papel do pai nessa configuração envolve diretamente também o lugar materno, o que tem repercussão nos modos como esses relacionamentos vão se constituir. Historicamente, as questões relativas ao afeto e aos filhos eram uma exclusividade materna. Em razão disso, hoje, resgatar a presença do pai no ambiente familiar, discutindo sobre a sua ausência e os seus reflexos, é uma tarefa desafiadora para os pais, mães e demais sujeitos implicados nas questões de interesse à família (Cúnico e Arpini, 2013).

As consequências da ausência paterna no seio familiar certamente têm implicações diversas na vida dos filhos. Importante é refletir sobre as posições de pai e mãe na família contemporânea, atentando-se para as responsabilidades que competem a cada um deles nesse espaço de formação de valores e de identidades. Acreditamos que a discussão levantada neste capítulo, com as contribuições importantes da teoria psicanalítica, favoreça essa reflexão.

7. Estudo de caso de um grupo empresarial familiar

O presente capítulo objetiva descrever o relacionamento entre pai e filhos no que se refere ao processo sucessório de um grupo empresarial familiar com sede no estado do Rio de Janeiro. Para isso, serão elencadas as principais características desse grupo, também a exposição breve de sua trajetória, considerações acerca do ingresso dos herdeiros nos negócios, os pontos conflitantes vivenciados pelo fundador, sua origem, ideais, além do seu comprometimento para com o crescimento da empresa familiar. Discorre-se ainda sobre como se processam as práticas de gestão no que compete ao processo sucessório, pontos polêmicos e situações deles decorrentes, a dinâmica funcional entre família, gestão e empresa, bem como sobre as formas de interação entre os sujeitos ouvidos na entrevista.

A fala dos sujeitos

Os depoimentos manifestados ao longo das entrevistas revelaram o universo dos significados e dos processos elaborados pelos membros da família e funcionários, durante as suas relações cotidianas, sua subjetividade e como elas influenciam na dinâmica dos negócios.

Em análise às falas das entrevistas, reuniu-se conteúdo relevante que possibilita a compreensão do processo sucessório na organização, tendo como ponto de partida os aspectos simbólicos constituídos em torno do empreendimento familiar. Ainda ressalta-se a possibilidade de compreender o significado que cada um dos entrevistados denota aos processos que eles protagonizam. Esses processos giram em torno da concepção sobre a empresa, observando-se qual a motivação, aspirações, valores e ações do pai e dos filhos nesse espaço empresarial. Nesse sentido, importou estabelecer o sujeito partícipe da entrevista e sua relação dentro e fora dos negócios como o mote principal do estudo, visando ao entendimento de como cada um deles se ajusta e lida com as situações ali vivenciadas.

O referencial psicanalítico

Para a realização desta pesquisa de caráter teórico-reflexivo, optou-se por trabalhar com o referencial psicanalítico. Partiu-se da psicanálise, como fonte teórica, para a construção do conhecimento na presente pesquisa e, com base nessa teoria, com suas proposições sobre o processo de estruturação psíquica dos indivíduos, das ressonâncias destes na estruturação dos laços sociais (Emídio, 2014), buscou-se compreender a relação simbólica indivíduo-trabalho-organização, a dinâmica em que esse objeto está inserido (Mendes, 2002), bem como, as estruturas familiares e, principalmente, a relação entre pai e filho, fatores fundamentais que podem interferir no processo sucessório.

A psicanálise, ao propor uma incursão ao mundo intrapsíquico, aos objetos internalizados, às fantasias, ao passado e ao inconsciente individual, favorece a compreensão do presente e o mundo dos comportamentos tecidos no cotidiano da vida do indivíduo (Vilaça, 2010). A psicanálise, por meio do estudo do inconsciente humano, tornou-se um método de investigação do passado no presente, um meio de esclarecer uma parte da pré-história da vida mental dos seres humanos através do estudo das funções primitivas da mente (Rossato Neto, 2008). Portanto, como se observa, o propósito central da psicanálise consiste na sondagem da estrutura psíquica do indivíduo, permeada por desejos inconscientes que estão reprimidos, porém atuantes, e de difícil acesso ao consciente.

Na análise dos dados, buscou-se esclarecer o significado inconsciente das produções imaginárias, palavras e ações dos envolvidos que, sem caracterizar-se como terapia psicanalítica, apesar de o referencial teórico ser a psicanálise, permite este enfoque no contexto da administração, no que diz respeito às empresas familiares, buscando-se observar seus desdobramentos na vida da empresa e suas performances (Campos e Mazzilli, 1998).

A análise dos dados buscou fundamento na formulação teórica do complexo de Édipo, exemplificando o processo de identificação dos filhos com o pai, que se formula em decorrência dos sentimentos de amor e ódio, igualmente da culpa advinda do enfrentamento com o pai amado e admirado (Campos e Mazzilli, 1998).

Freud (1924) define o mito de Édipo, fazendo dele um paradigma simbólico para explicar os conflitos humanos internos e que perpassam as relações entre gerações, produzindo a civilização e a cultura. A história de Édipo relata o desejo do pai de se livrar do filho na ocasião de seu nascimento, pois isso será o suficiente para assegurar a sua superação, apontando-lhe para a iminência da velhice e da morte. O filho é informado de que o seu destino implica matar o pai. Na tentativa de evitar esse desfecho, afasta-se na direção contrária, no entanto, sem saber, acaba matando o pai (já que aquele de quem se afastou não era o pai) e se apossando do que era dele. Não sem grande sofrimento, Édipo segue arrastando o conflito entre satisfação do desejo e culpa (Campos e Mazzilli, 1998).

O complexo de Édipo celebra o feito de inserir o sujeito no convívio social, ou seja, uma de suas funções essenciais é trazer o indivíduo à luz da realidade externa e, por consequência, dar condições de que o mesmo se relacione com os outros à sua volta. Assim, o Édipo, ao desempenhar tal função, divisa limites ao sujeito, que são primordiais para o convívio em grupos sociais (Macedo, 2009).

O paradigma de Édipo, assim, atualiza-se nas situações de sucessão e na gravidade da situação, não deve fazer pensar fundamentalmente na ideia de confusão e caos, mas, sim, na capacidade de elaboração dos sujeitos envolvidos. Não tratar essa dimensão da empresa pode ocasionar distúrbios de ordem física e afetiva, uma vez que sentimentos de raiva e culpa somam-se às responsabilidades inerentes à direção de uma empresa, notadamente em situações de intensa competitividade como as atuais (Campos e Mazzilli, 1998).

A estruturação de um sujeito não é definitiva, é histórica, portanto, nela se misturam as marcas da história singular e coletiva, a obscuridade dos fantasmas de seus pais, dos fatos relativos à sua origem e, ainda, do que não foi pronunciado, mas que se torna observável por vias sintomáticas. O conteúdo transmitido pelos pais é revelador das marcas de um atravessamento social e cultural (Martins et al., 2010).

É importante destacar a dificuldade para a obtenção de dados em um trabalho de estudo de caso como o presente. Os participantes são tendenciosos e negam as experiências de dor, as razões que lhes causam sofrimentos e, por tratar-se de empresários e tendo em vista o local da pesquisa, tal dificuldade tende a ser ainda maior, pois, em geral, os sujeitos sentem-se confortáveis em relatar seus sucessos, mas não os insucessos, fracassos e conflitos. Isso se dá afinal em razão de que falar para o outro é uma forma de admitir, para si mesmo, o que não é tarefa simples, implica verbalizar aquilo que se pretende manter guardado. No entanto, apesar das situações que poderiam desfavorecer a coleta de dados, a proposta foi alcançada, uma vez que se fez a exposição dos depoimentos extraídos das situações relatadas durante as entrevistas (Lopes e Carrieri, 2010).

No caminho para o desenvolvimento deste trabalho, em princípio, procedeu-se ao exercício da leitura, da pesquisa em biblioteca, do olhar para o texto e sua construção. Posteriormente, foi possível ao pesquisador deste trabalho envolver-se com o sentido deste estudo e acrescentar-lhe seu pensamento, a sua leitura, aquilo que foi possível entender e apropriar-se a partir dos estudos empreendidos. Estes procedimentos permitiram uma interpretação, favoreceram o entendimento do sentido atribuído ao simbólico, aos fenômenos psicanalíticos, também ao inconsciente. Assim, buscou-se entre as reflexões propiciadas pelos mitos, a sua voz e o que eles representam, também observar que sentido eles expressam e de que forma podem refletir sobre o mundo contemporâneo e suas configurações, com base em suas possíveis atualizações (Emídio, 2014).

Descrição das empresas

O grupo empresarial familiar, objeto deste estudo, é constituído por quatro empresas no setor de turismo: uma escola de idiomas (fundada em 1980), um hotel (1991), uma agência de viagens (1998) e um albergue (2002). As quatro empresas passaram a integrar uma *holding* criada em 2003. As empresas possuem, no total, 117 funcionários e todas estão localizadas no estado do Rio de Janeiro.

Tendo estabelecido contatos anteriores, no dia agendado para a primeira entrevista no escritório central do empreendimento, os participantes da pesquisa requisitaram a omissão dos nomes tanto dos participantes quanto da denominação social das empresas. Um cuidado que se revela importante no sentido de manter preservada a imagem da família e dos negócios, além de possibilitar maior liberdade de expressão aos participantes. Houve o cuidado de não tornar as respostas fornecidas durante a entrevista individual acessíveis aos demais, de modo que não se viciassem possíveis respostas pela influência dos outros. Na intenção de facilitar o entendimento dos vínculos e os papéis desempenhados pelos membros participantes, adotaram-se nomes fictícios para estes, conforme se expõe:

Fundador e pai: Germano, 76 anos de idade, ensino médio completo.

Filho 1: Lucas, 37 anos, diretor financeiro, formado em administração.

Filho 2: Daniel, 36 anos, diretor de marketing, formado em turismo.

Diretor 1: Alberto, diretor comercial, 62 anos.

Diretor 2: Sérgio, diretor de recursos humanos, 51 anos.

Os dois filhos de Germano começaram a se envolver nos negócios quando ainda eram crianças e atualmente trabalham na empresa em cargos de diretoria. Lucas é o diretor financeiro, e Daniel é o diretor de marketing das empresas do grupo. O patriarca ainda é o principal responsável pela tomada de decisões nas empresas e não há, ainda, a participação de membros da terceira geração nos negócios. Além deles, foram entrevistados os demais diretores, não pertencentes à família: Alberto, diretor comercial, e Sérgio, diretor de recursos humanos.

Germano começou a trabalhar como professor de língua inglesa e tinha o sonho de ser o seu próprio patrão. Proveniente de Portugal, a sua família escolheu o Rio de Janeiro para fixar residência. No início, quando da abertura de uma escola de língua estrangeira, ele não tinha funcionários, sendo o único responsável em elaborar as apostilas das aulas, além de reproduzi-las e distribuí-las aos alunos, procurando sempre melhorar a qualidade do material didático. Paralelamente ao ensino da língua inglesa, ele trabalhava como guia turístico, atividade que lhe proporcionou descobrir novos ramos de atuação como empreendedor. Mais de 10 anos depois de fundada a sua primeira empresa – a escola de inglês – ele decidiu diversificar as operações para outros segmentos, em vez de inaugurar novas escolas de idiomas. Essa opção deu-se por representar uma nova maneira de aproveitar o seu talento para aprender idiomas, bem como evitar depender economicamente de apenas um ramo, mas, principalmente, pela possibilidade de aproveitar o potencial turístico do Rio de Janeiro.

Germano tornou-se, assim, não apenas um professor-empreendedor, mas também um empresário, reconhecido pelo mercado. Com a sua diversificação de atividades deu mostras de reconhecer a importância de expandir os negócios, já com vistas à criação de cargos para atuação futura de seus filhos. Desse modo, ele admite o seu desejo de ter os filhos trabalhando junto a ele nas empresas, entrevendo a possibilidade de auxílio destes no projeto de expansão e perpetuação dos negócios da família.

Análise das entrevistas

A entrevista evidenciou, por meio da fala do fundador e diretores da organização, temas e figuras que se repetem em seus discursos, os quais são semanticamente organizados em três eixos para proceder à análise dos dados: sonho compartilhado, processo sucessório e convívio na empresa.

Germano: "Eu acho que os meus filhos tinham que trabalhar comigo. Eu sempre achei importante que eles viessem me ajudar. Eles já estavam empregados há muito tempo, tinha sempre uma vaga para cada um aqui, eles não precisavam ser empregados dos outros [...] Antes mesmo de terem carteira assinada, já vinham pra cá me ajudar".

Nas empresas familiares, é comum que os filhos comecem a se familiarizar com os negócios quando ainda crianças, seja apenas visitando o pai, brincando ou realizando pequenas atividades depois das aulas da escola, nos finais de semana ou nas férias. Germano deixa expresso o seu desejo de que os filhos deem continuidade às suas empresas, reconhecendo-os, portanto, não apenas como proprietários, mas como depositários de suas expectativas, uma vez que almeja a participação destes na empresa com vistas à continuidade da organização. Não lhe agrada o fato de os filhos trabalharem para terceiros, na sua declaração, sujeitando-se a serem empregados de outros quando têm o próprio negócio da família. Ao pai, não é natural conceber os filhos trabalhando para outros, se há funções para estes desempenharem na organização familiar. Observa-se que Germano outorgou, desde cedo, uma série de prerrogativas aos filhos. Os filhos reproduzem e aceitam a perpetuação daquilo que está associado ao negócio da família, sem a possibilidade de recusar – caso contrário, acreditam que poderiam ter menos atenção no convívio familiar que aqueles que estão na empresa, além de serem vistos como desleais –, pois compreendem que é sua obrigação gerir a empresa. Temem que a recusa seja entendida como manifestação de pouco apreço ao esforço do fundador. Assim, os filhos relegam os seus sonhos profissionais a um segundo plano ou os deixam de lado por completo em troca da promessa de que futuramente vão comandar os negócios.

Desde a infância, como foi possível observar na fala do pai, os filhos aprenderam sobre os valores e o funcionamento dos negócios. A maneira como essa realidade é apresentada aos herdeiros, a influência da dinâmica familiar nos negócios e a referência do pai conduzindo a empresa sendo observada desde cedo podem ter feito com que os filhos se identificassem com a empresa do pai, procurando conquistar os seus próprios feitos e realizações. Nesse sentido, observa-se que a atuação dos filhos em dois diferentes e importantes departamentos sinaliza para o desempenho de atividades com vistas à substituição do pai em sua função executiva futuramente, mesmo que, como também observado, a formação sonhada de um deles tenha sido deixada de lado, adaptando-se uma formação que guarda relativa semelhança com sua vontade inicial, possível de ser mais bem aproveitada (ou útil) à organização.

O pai representa a autoridade, instaura normas e, como figura soberana, estende a sua influência da empresa familiar para a subjetividade dos filhos. Ou seja, o líder da organização, com imagem forte e determinadora de condutas profissionais que geram resultados positivos influencia a tomada de decisões dos filhos quanto a estar na empresa. Resultado da confluência de espaços que têm a mesma liderança, implicando a dificuldade de, em todas as situações que se apresentam, guardadas as especificidades de cada um, a saber, o líder atua em casa, bem como o pai atua na empresa.

Germano demonstra que a convivência dos filhos na empresa, ainda na infância, fez com que estes, desde cedo, percebessem a empresa como a fonte do sustento financeiro da família, além de constituir uma opção de vida. Dessa maneira, cresceram expostos às experiências concretas vivenciadas pelo pai na luta diária em fazer a empresa crescer, conquistar solidez e gerar o retorno financeiro almejado. Assim, ainda bem jovens, observaram a possibilidade de renda e bom retorno financeiro decorrente de trabalho árduo e comprometimento do pai com a atividade familiar, não implicando, pois, dificuldade em se perceberem integrantes deste processo em que, junto ao pai, sentem-se responsáveis em dar continuidade e preservar o patrimônio da família. A empresa familiar, portanto, vai além das relações profissionais, ela representa a solução de vida e o único caminho de subsistência.

Logo, quando há a identificação dos herdeiros, potenciais sucessores, para com o empreendimento familiar, apresentam-se inúmeras vantagens para o cenário dessas organizações. Para além do fortalecimento do próprio negócio familiar, Kanitz e Kanitz (1978) destacam que ser administrador numa empresa qualquer é bem menos interessante e remunerador do que ser administrador em sua própria empresa. Logo, as vantagens revelam-se nas possibilidades de renda e benefícios aos gestores quando estes são da própria família. Tanto que os autores dizem que a perda do poder monetário age como uma forte barreira para os filhos saírem das empresas, pois o pai criou uma dependência monetária dos filhos em relação às empresas, de modo que o salário poderá ser rapidamente absorvido pelo padrão de vida dos filhos, o que determina, em definitivo, qualquer tentativa e possibilidade de abandono. Assim, tem-se que há um conjunto de aspectos favoráveis à família que se mantém unida em torno de um projeto de vida em comum.

Lucas: "Não tinha como não gostar da empresa. Eu já ia lá quando era criança, servia cafezinho e atendia o telefone, passava fax. Ajudava também nas minhas férias. De vez em quando, eu saía com alguns grupos de turistas pra passear, era muito bom [risos] [...] Quando eu realmente comecei a trabalhar, eu passei por vários departamentos da empresa. Eu comecei no departamento comercial vendendo cursos e depois pacotes de excursão para o exterior, passei pelo setor de informática e pelo financeiro e por aí vai, ajudava até a pegar os materiais das aulas na gráfica para distribuir aos alunos".

Daniel: "Quando eu era criança, eu tirava fotocópias, também ajudava na faxina, eu lembro que até o aniversário do meu pai, ele comemorava na empresa

[...] Mais tarde, eu trabalhei na contabilidade, fazia contatos com os fornecedores, elaborava avaliações de desempenho dos professores, montava planilhas".

Lucas: "O meu pai era louco que eu e o meu irmão trabalhássemos com ele e de termos uma faculdade, pois ele não fez uma faculdade, assim poderíamos ajudá-lo a fazer a empresa crescer com conhecimentos mais técnicos [...] Desde quando eu nasci, eu já estava destinado a trabalhar na empresa. Meu pai tem muito orgulho dessa empresa, falava sempre muito bem dela. Dizia que mantinha essa empresa pelos filhos".

Daniel: "Anos depois de ter entrado aqui ficou claro que eu deveria ter seguido outra carreira [...] Tive que me adaptar aqui [...] Nós não tivemos oportunidade de escolher. Viemos direto pra cá. Fora da empresa teve só a faculdade e o curso de intercâmbio".

Lucas: "Diferentemente do meu irmão, eu sempre quis ser igual ao meu pai, eu sempre o admirei muito por tudo o que conseguiu na vida [...] É impressionante o que o meu pai consegue fazer, ele é muito talentoso, não sei se eu posso chegar no nível dele".

Daniel: "Eu queria ter estudado comunicação, mas o meu pai me disse pra estudar turismo, para trabalhar com ele, dizia que ia ser mais útil [...] Meu irmão já estava fazendo administração[...] O papai me mostrou vantagens de trabalhar com ele, ter alguém pra ensinar coisas novas, um pouco de flexibilidade de horário, mais estabilidade financeira, essas coisas aí, então, eu aceitei. Ele também me orientou a fazer uma pós-graduação na área de administração, então, eu escolhi estudar marketing que tem alguma coisa a ver com comunicação, né?"

As falas dos entrevistados apontam para quatro diferentes constatações, a saber: identificação com o projeto familiar, escolha profissional dos filhos, a profissionalização e o processo sucessório. Apresenta-se abaixo a descrição de aspectos relativos a cada uma delas separadamente, para, no fim, observar a relevância das informações no conjunto da dinâmica da empresa aqui analisada.

A primeira constatação põe em evidência a identificação dos filhos com a empresa familiar. Os entrevistados revelam ter uma intensa relação com ela. Devido à presença na empresa desde bem jovens, percebe-se, principalmente no discurso de Lucas, a sua profunda adoração pela empresa e pelo seu trabalho ali desempenhado. Lucas deixa claro dois motivos importantes para o seu ingresso na empresa: inicialmente, aponta que a influência do pai desde criança sobre ele sempre foi significativa, alimentando, desde então, o desejo de ser como ele. O pai passou a representar, para Lucas, um modelo a ser seguido, seja como referência de pessoa ou como profissional. O outro motivo foi a pressão que o pai lhe impôs para assumir responsabilidades no que tange à continuidade das empresas. Essas razões motivaram-no a tentar ser igual ao pai, ou mesmo a ter pretensões de superá-lo. Observa-se que o filho tem no pai sua referência de vida, importando dizer que essas são condições ideais para, junto da formação profissional técnica exigida em sintonia com as demandas do mercado para a organização em contexto diferente da época em que foi fundada, garantir a continuidade e a perpetuidade do negócio familiar. O projeto de vida do pai foi assumido como projeto de vida do filho.

Por sua vez, Daniel apresenta conflitos entre seus desejos pessoais e profissionais, conscientes e inconscientes, e a realidade que lhe foi apresentada pelas empresas do pai interferindo no seu ego. Assim, ao ter mais consciência sobre si mesmo e sobre os aspectos envolvidos no trabalho em família, o *eu* estará em conflito consigo mesmo, diante de diferentes objetos libidinais e variedades de identificação, além de renunciar aos seus desejos, pelo sentimento de culpa por contrariar o pai, internalizando a lei e as suas normas, durante a construção da sua subjetividade, não conseguindo, portanto, redirecionar seus investimentos ao objeto obrigatório (a empresa). A proximidade com as empresas, desde cedo, foi de encontro aos seus interesses despertados no decorrer da construção da sua subjetividade, influenciada profundamente pelos desejos do pai, conforme enunciado por Daniel, quando da indicação do pai para o curso de turismo (e não de comunicação, conforme o desejo do filho). Da conversa acerca do curso de graduação e a aceitação do filho quanto ao que o pai entendeu como mais adequado e oportuno à empresa familiar, resultou renúncia aos desejos pessoais, implicando no jugo da Lei.

Para além de o filho ter aceitado uma realidade imposta para evitar desobedecer ao pai, também para não se sentir excluído da família e ainda pelo sentimento de obrigação em trabalhar na empresa da família, os herdeiros de empresas familiares poderão se sentir inseguros e com baixa autoconfiança para buscarem novas oportunidades. Esse quadro sugere conflitos de toda ordem, denotando que a atuação na empresa se dá por obrigação, e, por não estarem livres, seguem executando suas funções, porém carregados de frustração.

Para Correa (2003), não raro essa pressão familiar ou a impossibilidade de se expressar claramente quanto aos próprios anseios, além da incapacidade por se afirmar para tal, em detrimento da culpa, pode comprometer a estrutura psíquica do indivíduo. Em razão dessas circunstâncias também, muitos sonhos e anseios, vocações e habilidades, gostos e aptidões são relegados, deixados de lado para atender as exigências dos pais e, ao atender aos pais quanto às exigências profissionais, então, garante-se também a paz no lar (Almeida, 2010). E, em situações como estas, o próprio filho pode se cobrar quanto à necessidade de atender ao disposto no discurso do pai, por parecer bem mais grandioso o projeto da família do que o seu, individual, chegando, ele próprio, a se convencer quanto à irrelevância de sua vontade frente à vontade de um projeto de vida da família.

Quando entende seu próprio desejo, deveria o jovem ter a liberdade para assumi-lo, vivenciar seu processo de subjetivação, independentemente do desejo de seus predecessores. No entanto, muitas vezes, ao se levantar contra o papel que a família lhe apresenta para a continuidade desta, geram-se tensões. Não se espera que os filhos criem resistência àquilo que os pais planejaram para eles na organização familiar, afinal, estes criaram uma empresa para os filhos, por intermédio da qual se pretendem oferecer a eles sempre as melhores oportunidades e condições.

Freud (apud Sarti, 2004; Correa, 2003; Checchinato, 2001) afirma que a criança é alvo de projeção do mundo adulto, é herdeira dos sonhos, desejos não realizados, dos ideais, das frustrações e dos problemas dos pais. Esse lugar é um lugar de gozo, gozo da realização de desejos inconscientes e, às vezes, inconfessáveis, dos pais, como gozo da criança por sentir-se encaixada nos desiderato que a determina e subordina. Há uma complacência mútua e uma conivência tácita. Trata-se de um *modus vivendi* possível em que a saída sintomática encarnada na criança responde ao recalcado e aos ideais de ego dos pais (Checchinato, 2001).

Assim, na medida em que os pais idealizam os seus projetos, estão planejando, na mesma ocasião, uma série de condições para seus filhos. É comum que repitam as mesmas observações, que recontem a mesma história sempre com vistas a alimentar as expectativas de concretização do proferido. E esse discurso, segundo Checchinato (2001), alimenta a estrutura neurótica ou faculta a psicose.

Uma família, entendida como uma unidade nuclear da sociedade, apresenta pequenos "eus", que fazem reverberar as identificações com seus pais, características e valores do superego como altamente valorizados e apreciados. Embora a história de sujeito do inconsciente já esteja formada, pois seu destino como neurótico, psicótico ou perverso não se opera ao nível do eu, ainda assim, sobre essa infraestrutura serão construídos os elementos superestruturais egóicos e socialmente determinados (Kupfer, 1992).

Independentemente das expectativas que os pais lancem sobre os filhos, sendo empresários ou não, o fato é que estas não se mantêm constantes ao longo da vida. Quando se trata, por exemplo, das expectativas de um pai empresário, estas se alternam à medida que a empresa altera sua posição no mercado. Sendo assim, essa inconstância quanto às aspirações prejudica a criança que está em busca de um modelo (Kanitz e Kanitz, 1978).

Há que se considerar igualmente a necessidade de os filhos, em dado momento, desligarem-se da autoridade dos pais. É da criação dos opostos que se promove o avanço cultural, pois que se media um diálogo entre a nova e a velha geração. Ao longo da vida, durante as diversas etapas de desenvolvimento pelas quais os indivíduos passam, muitos não avançam e, como expõe Freud (1969 apud Merhi et al., 2010), "nunca superam a autoridade dos pais e não retiram deles sua ternura, ou só o fazem de maneira muito incompleta". Nesse sentido, há então aqueles que, embora já adultos e dotados de competência para decidirem, por si, não o fazem, atendendo ao disposto pela lei que o pai representa. No caso de Daniel, em consonância com o discurso paterno, deixou de estudar o que desejava para estudar o que agradava ao pai, em virtude dos interesses da organização.

Checchinato (2001) demonstra que os pais não deveriam submeter os filhos aos seus desejos e sim respeitar os desejos próprios dos filhos, e ter como foco a realização destes, estabelecendo, assim, a condição fundamental para o desenvolvimento da própria subjetividade. Portanto, decorrente desta observação, nota-se que a atuação do pai em relação aos seus dois filhos – Daniel e Lucas – deu-se por igual, desconsiderando as particularidades inerentes a cada um deles. Lucas fala com entusiasmo sobre a empresa e as funções que nela desempenha, evidenciando a total identificação com o negócio familiar. Já no discurso de Daniel, observa-se resignação quanto à situação em que se encontra, revelando, especialmente, em relação à sua formação, conduta em prol do interesse coletivo, uma vez que o seu próprio desejo foi relegado a um segundo plano, reforçando, pois, a influência do projeto familiar sobre o projeto pessoal.

Conforme observado, a segunda constatação é relativa à escolha profissional. É curioso observar que a escolha da carreira de filhos de donos de empresas familiares, em bom número de vezes, dê-se em sintonia com os interesses da organização. Muito embora pai e filho possam estar incertos em relação à época em que a sucessão na empresa se processará, raramente a escolha de profissão é feita numa área muito diversa daquela em que atua a empresa familiar. Normalmente, a escolha recai sobre direito, engenharia, economia etc., áreas que permitem uma carreira independente ao mesmo tempo que representam um passaporte para o ingresso na empresa familiar. O pai, satisfeito com a escolha dos filhos, entende essas carreiras como duplamente vantajosas: o filho capaz de alavancar a sua carreira independentemente da empresa, ao mesmo tempo que esta formação ainda é altamente favorável aos interesses da mesma. Essa situação, porém, para o filho, cria confusões, pois não sabe se investe na carreira fora da organização, nem em que momento terá espaço na organização familiar para lá dar impulso à própria carreira. Por certo que a conjugação de interesses da empresa com a formação profissional dos herdeiros traz benefícios à organização. Quanto mais a empresa necessitar dessa competência técnica, mais difícil será para o herdeiro deixar a empresa e buscar fazer sua trajetória profissional fora dela (Kanitz e Kanitz, 1978).

Ademais, quando a escolha da profissão ocorre em virtude da identificação com o empreendimento da família, mais adequada ainda esta opção se revela. Veja-se o caso de Lucas, formado em administração, responde pelo cargo de diretor financeiro da empresa. Notadamente, o curso escolhido é o recomendado para cargos de gestão, embora, dependendo dos setores de atuação, haja especificidades técnicas que devem ser buscadas em cursos de aperfeiçoamento ou especializações. Logo, observa-se a conjugação de interesses na escolha de Lucas: por desejar trabalhar na empresa, a escolha pelo curso de administração resultou de um processo, praticamente, natural.

Já a graduação de Daniel ocorreu segundo as orientações do pai em prol dos interesses da organização familiar. Salienta-se que, mesmo não tendo se formado no curso pretendido, a escolha orientada pelo pai atendeu aos propósitos da organização, com a qual este filho igualmente se mostra comprometido.

A terceira constatação orienta para a percepção da necessidade de maior profissionalização aos processos de gestão do empreendimento familiar. Lucas revela, inconscientemente, o desejo de maior profissionalização ao reconhecer a necessidade de "conhecimentos mais técnicos". A empresa precisa de uma gestão profissionalizada, desvinculada de aspectos afetivos e emocionais, da intuição, empirismo e improvisação, voltada para resultados e a perpetuação da empresa. Lucas deseja implementar, nas empresas do pai, os conhecimentos adquiridos na faculdade, observando-se que a sua escolha quanto ao curso de graduação (administração) já é indicativa dessa preocupação. O comprometimento dos filhos, da chamada segunda geração da empresa familiar, é ingrediente caro ao desejo de perpetuidade do negócio sob os olhos do fundador. É possível observar que, em muitos casos, o momento em que a segunda geração assume sua posição de herdeiros e responsáveis pela continuidade do negócio futuramente, há posições que se conflitam. Nem sempre os conhecimentos técnicos do filho são recebidos pelo pai com "bons olhos", pois ele fundou e alavancou o empreendimento familiar sem essa condição. Já o filho pode apresentar um olhar diferenciado e com maior sintonia ao contexto em que a organização naquele momento se encontre. No caso da empresa aqui observada, sugere haver a preocupação de profissionalização dos herdeiros com vistas à posterior sucessão, vez que os filhos, desde cedo, conviveram na instituição, trabalharam em diferentes setores e, depois de graduados, assumiram posições importantes na administração do negócio. Importante pontuar aqui que, quanto mais houver vivência e identificação do filho para com os propósitos do pai em sua fase de desenvolvimento, maiores serão as chances de se acertar o ritmo e dividir tarefas na organização familiar.

É pertinente observar que a literatura em geral que se ocupa do tema da profissionalização nas organizações familiares aponta como equívoco considerar esse aspecto somente associado à contratação de executivos externos. Muito pelo contrário, os potenciais sucessores, com instrução especializada e voltada às necessidades da empresa, podem profissionalizar a gestão da empresa. Assim, a intuição e o amadorismo dão lugar a um conjunto de técnicas, ferramentas, tecnologias e normas de gestão, como planejamento, acordos societários, sistemas de controle e desempenho, planos de cargos, de salários e de carreira, entre outros.

A profissionalização nesse empreendimento familiar mostrou ser preocupação do fundador, especialmente observada no direcionamento do pai relativo à formação de Daniel, que cursou turismo, área de formação em estreita sintonia com os interesses da organização, em função das demandas do hotel, do albergue e da agência de turismo, três segmentos integrantes desse empreendimento familiar. Já a constatação de Lucas acerca da necessidade de buscar mais especializações é um indicativo da sua identificação com a empresa. Uma vez que tem no pai uma figura idealizada, um modelo a seguir, entende que os tempos são outros e, para continuar sólida no mercado, a empresa precisa se adaptar às exigências do mercado atual. Para ser como o pai, precisa estudar mais, adquirir mais conhecimentos técnicos a fim de fazer a empresa crescer e se fortalecer ainda mais. Logo, observa-se que a presença dos filhos no empreendimento não se dá em virtude apenas de serem os "filhos do dono". A eles cabem responsabilidades que mais adequadamente são desempenhadas por quem tem formação específica na área. A família nessa organização sugere trabalhar em prol de um projeto familiar, atenta às necessidades do empreendimento que, para manter sua posição e com vistas ao crescimento, direciona a formação técnica dos herdeiros.

Já a quarta constatação relaciona-se ao processo sucessório. Ambos os filhos ressaltaram a importância de terem trabalhado em todos os setores do grupo empresarial, devido à oportunidade de adquirir experiência e de conhecer os aspectos intrínsecos do ramo de atuação de cada uma das empresas, bem como compreender o funcionamento do grupo como um todo. Dessa maneira, a vivência prática adquirida possibilitou o seu amadurecimento, pessoal e profissional, entendida como preparação vital para assumir o lugar do pai. A familiaridade com os problemas, os dilemas internos e as práticas gerenciais utilizadas, além do desenvolvimento de relações de confiança com os *stakeholders* são aspectos facilitadores ao longo do processo de sucessão.

Em relação a esse processo, observem-se algumas falas:

Germano: "Eu sei que, mais cedo ou mais tarde, eu tenho que passar a empresa para os meus filhos. Eu tenho que contratar consultores, eu sei que eu não sou eterno, mas eu sei que ainda posso fazer muito pela empresa, ainda é difícil sair do comando das empresas [...]. Eu sei que não adianta escolher o sucessor somente porque é o filho mais velho. A idade não faz você ficar mais competente, tem vários outros critérios mais importantes [...]. Também é uma preocupação o papel do outro filho que não for escolhido [...]. Eu já repassei 10% das cotas da *holding* para cada filho. Eu vou passar o restante mais tarde ou eu repasso mais um pouco agora e o resto deixo como herança".

Germano entende que a sucessão é um processo inexorável e demonstra interesse em realizá-la, já iniciando, mesmo que timidamente, a transmissão da propriedade. Apesar de também desejar repassar a gestão aos seus filhos, o patriarca apresenta dificuldades e resistências consigo mesmo em aceitar a sucessão nas suas empresas. Nas empresas familiares, os fundadores acreditam que são insubstituíveis, e que a empresa sempre precisará deles, como na fala "ainda posso fazer muito pela empresa". Portanto, inconscientemente, preferem recalcar a possibilidade de se afastarem dos negócios. Isso se explica, em parte, pela estreita ligação da vida pessoal com a empresa, fazendo com que o fundador tenha dificuldade de se enxergar fora dela. É como se, ao se afastar da empresa, não lhe restasse razão para nenhum outro fim. Ele avalia a própria trajetória positivamente e, ao observar o patrimônio construído, experimenta nesse momento um misto de sensações. Reconhece em si ainda condições de comandar o grupo, ressaltadas pela possibilidade de ainda fazer muita coisa pela organização. Também vivencia a preocupação quanto à escolha do sucessor, revelando preocupação não só como empresário, mas também como pai, quando cita a condição do filho que não será escolhido. Portanto, são dilemas que se tornam cada vez mais concretos. E, nesse sentido, o próprio fato de adiá-los representa uma forma de não enfrentamento dos complexos processos que os envolvem. O desejo de continuar ativo na organização indica também a necessidade de se mostrar útil, uma vez que a aposentadoria, em muitas circunstâncias, remete à ideia de inutilidade.

Conforme recomendado pela literatura, o fundador também demonstrou a importância de estabelecer critérios para a escolha do sucessor, em vez de usar o critério da primogenitura, mas resiste em determinar quais critérios são esses. Isso faz com que os sucessores não saibam, exatamente, as expectativas que são deles esperadas, o que prejudica a sua preparação e frustra suas expectativas. A preocupação quanto à situação do filho que não for escolhido para ser o seu sucessor reforça a complexidade do processo de sucessão, pois, como se sabe, nessas empresas a postura e posição nela assumida tem implicações no universo familiar. Ao mesmo tempo que há empenho para a escolha acertada do sucessor, para o que o estabelecimento de critérios é essencial, há também a preocupação quanto ao desfecho dessa demanda para a união da família. Há que se ressaltar, porém, que a objetividade deve conduzir essa escolha, observando-se os interesses da empresa. Dos bons resultados do negócio familiar decorrem uma série de vantagens e condições conquistadas à qualidade de vida da família.

Os fundadores das empresas familiares apresentam necessidades, expectativas e conflitos inconscientes que permeiam a sua relação com os filhos. A dúvida e inconsistência das motivações do fundador de querer ou não realizar a sucessão devem-se aos seus desejos e rancores reprimidos no inconsciente. Ele não tem consciência clara de como fazer a sucessão e se deve realmente fazê-la. Faz-se necessário que ele descubra essas energias que estão reprimidas. Mesmo que ao pai seja natural que um dos filhos o substitua, esse momento pode ser entendido como um ato de violência para ambos. O filho vai reafirmar ao pai seu nascimento e a possibilidade de lhe superar, e é justamente essa possibilidade que evidencia ao pai a chegada da aposentadoria, da velhice, a proximidade da morte. A presença do pai funcionou como referência de conduta, de valores, identificações e imitações ao longo da vida e, como observado neste caso, isso se deu igualmente também no interior das organizações familiares. Entretanto, ao mesmo tempo, o desejo de ter um filho preparado para substituí-lo e dar continuidade ao seu negócio traz à tona a possibilidade de ser superado.

Essa tensão experimentada por Germano traduz uma concepção de ser humano. De acordo com a psicanálise, o homem é dotado de um universo de desejos e necessidades que não conhece. Aquilo que pensa e manifesta querer seria apenas uma parte daquilo que o homem, de fato, é. Boa parte do que constitui o ser fica guardada no inconsciente, inacessível ao ego e reprimida pelo superego. Assim, é possível observar que o fundador tem consciência de que a angústia indefinida é reveladora de algo errado, mas não sabe exatamente o que é, a razão para tal sentimento que o aflige. Logo, observa-se que a razão, o entendimento objetivo dessa angústia não é possível, por localizar-se no inconsciente, inacessível ao ego. Isso representa um aspecto da personalidade humana que rompe com a razão, evidenciando que o homem não se conhece integralmente acerca de suas motivações, gostos, amores e ódios. As escolhas conscientes são influenciadas por energias inconscientes que estão reprimidas (Cunha, 2008).

Constitui-se, desse modo, uma região da personalidade habitada por pulsões reprimidas, que não são conscientes para o ego, estando no inconsciente tudo aquilo que o ego não sabe que existe, tudo que foi reprimido com base nas concepções morais internalizadas pelo indivíduo (Cunha, 2008). Desta forma, o fato de Germano não ter exatamente claro as razões para não realizar a sucessão é revelador dessa faceta do indivíduo, que age motivado por questões inconscientes.

Tudo seria muito simples se os conteúdos reprimidos ficassem definitivamente soterrados, mas não é assim que se passa. As pulsões, precisamente por serem energias, continuam a pressionar o superego para chegar ao nível consciente (Cunha, 2008). Observa-se, pois, que o inconsciente é o regulador/condutor do comportamento e das decisões tomadas por Germano. Ao se pronunciar sobre a sucessão, ele evidencia algumas certezas, mas também se mostra hesitante em relação a outras. Parece ser possível concluir de sua fala o desejo de ter mais certezas sobre o modo de conduzir esse processo. Atente-se que "certezas" pertencem ao plano da objetividade. Já as dúvidas são reveladoras de conflitos, com implicações subjetivas. Sem que ele perceba, as decisões que norteiam sua ação estão sendo conduzidas pelo seu inconsciente.

Portanto, a dinâmica das relações simbólicas estabelecidas entre fundador-organização são fundamentais para a compreensão dos processos intrapsíquicos e do inconsciente, assim como do não dito e a fala por ele externalizada (Mendes, 2002).

Germano: "Os meus filhos querem levar a sucessão adiante [...]. Eu sei que isso é estranho, mas eu sinto como se eles quisessem que eu morresse, como se os meus filhos quisessem me tirar da empresa".

Assim como Laio é morto por Édipo, o fundador da empresa familiar, como dominador e representante da lei, vê os filhos como ameaça e teme que eles lhe tomem o poder e a posse da empresa. Antes mesmo de os filhos nascerem, Germano, assim como Laio, já se sentia, inconscientemente, ameaçado pelos filhos que tentariam destituí-lo de sua posição para ocuparem seu lugar. Os filhos desejam alcançar os seus próprios feitos e realizações, tendo o pai, ora como referência, ora como alvo a ser superado. Já o pai vivencia a complexidade desse momento pelas dificuldades que tem de acompanhar os filhos, de aceitar as suas ideias e pelo sentimento incômodo de que estes estejam mais bem preparados do que ele. Por outro lado, os filhos têm as suas perspectivas não atendidas pelas ordens e submissões ao pai. Enquanto o processo de sucessão não for objetivamente definido e implantado, os filhos ficam à mercê do comando do pai, favorecendo que haja frustração, pois que se sabem sucessores e com responsabilidade, no futuro, para a gestão do empreendimento, mas também não experimentando a confiança concreta do pai no presente para tal.

Consequentemente, foi possível perceber na empresa um sentimento de rivalidade e de competição entre pai e filhos, o que pode vir a ocasionar dificuldades para o processo sucessório e para a perpetuidade dos negócios. Note-se que o pai, em sua fala, menciona o fato de os filhos desejarem a implantação do processo sucessório. Segundo o exposto, os filhos, em virtude do envolvimento com a dinâmica da empresa familiar desde bem jovens, sentem a necessidade de mais espaço para atuação na organização. No entanto, o pai ainda se sente receoso de "entregar" o patrimônio para os filhos gerirem. Assim, ocorrem expectativas diferentes frente ao empreendimento familiar e dado o adiamento do processo sucessório, a rivalidade e a competição encontram terreno fértil para crescer, o que, certamente, pode implicar complexidades quando da transferência de poder futuramente.

Nas empresas familiares, esses sentimentos podem aumentar a desconfiança entre fundadores e filhos que passam a subestimar os trabalhos atualmente desenvolvidos, um e do outro, e na capacidade do outro de dar continuidade às empresas da família. Assim, um culpa o outro pelos erros cometidos, e o fundador demonstra não gostar do fato de o filho tratá-lo profissionalmente. Nessas ocasiões, os conflitos tendem a se agravar, favorecendo dificuldades para o adequado exercício das funções estabelecidas aos sucessores no interior da organização. Ao mesmo tempo que o pai louvou a formação do filho, segundo as competências exigidas para a organização, agora ele teme que o filho possa superá-lo e lida com dificuldade quando, no exercício das funções próprias do cargo, o filho venha a lhe fazer observações. Esses fatos, muitas vezes, agravam a dinâmica profissional entre fundadores e filhos, podendo o pai desejar novamente, como afirmam Kanitz e Kanitz (1978), o comando de tarefas já anteriormente repassadas à responsabilidade dos filhos ou nelas interferir sobremaneira, trazendo para si o controle amplo da gestão do empreendimento, ou seja, passa a centralizar as decisões da empresa, além de colocar a aposentadoria como propósito bem distante do momento presente.

Uma das situações mais complexas para o fundador é perceber a perda da importância da sua função na empresa, diferentemente das atribuições desempenhadas anteriormente. Quando criou a empresa, todas as atividades orbitavam em torno dele, a empresa dependia totalmente dele, mas ele começa a enxergar que a empresa não precisa mais dele como antes. É por demais perturbadora a possibilidade de a criatura continuar existindo e crescendo sem o seu criador. O fundador não tem consciência das diferenças entre a sua história de vida, valores e identidade para com a história de vida, valores e identidade da empresa. Esse fato explica a dificuldade que a primeira geração que comanda as empresas familiares tem de sair do poder, pois, devido à dificuldade de separar a história pessoal da história da empresa, não há mais razão para viver. Como tem sua história de vida associada ao crescimento da organização, tem dificuldade de se ver fora dela, restando-lhe um sentimento de impotência frente à iminência de sua aposentadoria, que, por sua vez, faz surgir o pensamento em relação à proximidade do fim da vida. Em razão dessa complexidade toda, falar sobre esses temas claramente apresenta grande dificuldade. De certa forma, tanto pai quanto filhos pensam acerca do assunto, mas especialmente o pai parece aguardar um fato importante, talvez um evento natural como doença, por exemplo, que torna concreta a necessidade da conversa acerca de seu afastamento e da sucessão. Também pode ocorrer a morte do fundador ou a decisão, de um momento para o outro, de afastar-se, efetivando-se assim a sucessão sem a devida preparação e escolha decorrente de um processo do qual o fundador tenha participado diretamente. Não raro, por ocasião da morte do fundador, segundo Kanitz e Kanitz (1978), os filhos tendem a culpar uns aos outros pelos dissabores que o pai, como fundador, tenha experimentado na relação com os filhos na empresa. Nessas situações, emergem sentimentos diversos e intensos que poderiam ter menos relevo se essas demandas que ora se apresentam tivessem sido antes resolvidas. Representam, pois, momento de tensão importante para o desenrolar do destino da organização.

A empresa do pai, mesmo antes do processo sucessório, constitui-se simultaneamente num lugar seguro e movediço, onde o filho-sucessor terá de firmar-se enquanto pessoa, no enfrentamento com a tradição, as leis e as normas e o carisma do pai-presidente (Campos e Mazzilli, 1998). É um terreno de ambiguidades. Tem nele um modelo a imitar, um vitorioso com quem aprender, mas é, ao mesmo tempo, espaço para se estabelecer por mérito próprio, vindo a confrontar com a lei ali instituída, revelando-se, dessa forma, em local de confronto entre a tradição e a nova geração.

É preciso considerar também a expectativa que os pais depositam sobre os filhos. Quanto mais narcisista, mais irreais forem as projeções familiares nos filhos, menos chances de alcançar o sucesso na empresa familiar. Quanto mais esse pai-fundador for onipotente, querendo ser e determinar a lei dessa família (empresa), mais dificuldade haverá no processo sucessório. Ao ser detentor do conhecimento, esse pai, não permitindo que os outros possam compartilhá-lo, pelo medo de perder o poder, não permite que essa lei torne-se simbólica. Dessa maneira, não sendo transmitidos para a geração seguinte os seus conhecimentos e os seus direitos, os herdeiros precisarão destruir essa lei (empresa) para se apossarem de seus saberes e poderes. É necessário que os filhos matem esse pai representado pela figura de um pai onisciente e onipresente. Portanto, conforme esse pai está representado na empresa, os filhos terão diversas formas de “matarem” simbolicamente essa figura paterna, para darem prosseguimento ou não à empresa familiar (Rossato Neto, 2008).

Em decorrência desse desejo de ter o absoluto controle da organização, muitos dos fundadores adiam a sua retirada da empresa pela dificuldade que têm em descobrirem novas fontes de prazer, que podem estar distantes da empresa, uma nova ocupação com que se identifiquem, novos interesses que possam redirecionar a mesma energia e dedicação que antes exerciam sobre as suas empresas. Há que se fazer os fundadores observarem a possibilidade de engajamento em tarefas e atividades diversas não atreladas ao trabalho.

Com base no estudo de Barreto e Ferreira (2011), realizado a partir do texto “Luto e melancolia”, escrito por Freud (1974), sobre as consequências da perda dos sujeitos do que ele denominou *objeto de amor*, afirma-se que para o fundador, esse objeto consiste na empresa familiar, alvo dos seus investimentos libidinais, tornando-se, portanto, extremamente importante para sua vida.

Neste texto, Freud afirma que a questão principal relacionada à melancolia refere-se à situação em que o sujeito não consegue se distinguir do seu objeto de amor, fazendo com que a falta deste se configure como uma perda do próprio Eu (Barreto e Ferreira, 2011). Assim, a melancolia experimentada é reflexo da dificuldade de se perceber independente de seu objeto de amor, a empresa. A falta que a rotina da empresa e o empenho de tempo e dedicação a ela evidenciam agora implicam a dificuldade de se perceber como sujeito, ocorrendo o que Freud chama de a perda do eu. O fundador se vê associado à empresa, ou seja, a empresa é ele. Abrir mão da empresa é não se reconhecer, não se identificar, em um primeiro momento.

É necessário, portanto, que o fundador consiga alcançar o luto. O luto significa então a realização de um trabalho, em que é necessário desinvestir a energia libidinal do objeto perdido e direcioná-la a outro. No entanto, esse processo é permeado de complexidades, pois como explicita Freud “[...] é fato notório que as pessoas nunca abandonam de bom grado uma posição libidinal, nem mesmo, na realidade, quando um substituto já se lhes acena” (1974:250). Nesse sentido, o luto requer um trabalho doloroso, mas que precisa ser realizado. Ao longo da vida, muitos objetos são perdidos e vão sendo substituídos, mas a melancolia configura-se em uma realidade diversa (Barreto e Ferreira, 2011).

A melancolia é entendida como de caráter patológico, pois há uma confusão entre o objeto perdido e o próprio eu. Quando o luto não é superado, o sujeito está exposto a um grande sofrimento e pode se tornar um melancólico, o qual busca a saída desta condição, sendo uma destas possibilidades representada pelo autoaniquilamento, que se apresenta como uma solução possível (Barreto e Ferreira, 2011; Borges, 2006; Dantas, 2002).

Os colaboradores, assim como a família do fundador, têm um discurso comum e compartilham valores específicos da empresa. Os ideais do fundador são identificados como os mesmos da empresa, atuando como uma função estrutural para os funcionários e para a família, visto que a ilusão de que tais valores beneficiam ambos os grupos de forma justa os coloca em um mesmo patamar, o que permite a manutenção da identificação entre os membros, havendo uma alteração no nível do Eu ao incorporar para si os valores da empresa/fundador. Freud aponta também que há uma satisfação substitutiva no laço, uma aposta do fundador na troca ou no retorno que o outro pode propiciar a este. Porém, essa satisfação se dá sempre de forma incompleta, e sem a figura do ideal comum, o laço libidinal se desfaz e o grupo se desorganiza (Barreto e Ferreira, 2011).

O fundador precisa descobrir atividades que possam contribuir para que ele, prestes a perder o seu objeto de amor, vislumbre novas possibilidades de investimento libidinal e possa realizar o trabalho de luto. É importante observar que o término da vida laboral coincide com outro momento ainda delicado e incômodo aos sujeitos em todo o tempo, o envelhecimento. Já não bastassem as implicações próprias do término das atividades profissionais como os conflitos de identidade, a perda de *status*, eventuais dificuldades financeiras ou menos autonomia nesse sentido, a própria aposentadoria e o envelhecer tornam ainda mais complexo esse momento, uma vez que é possível relacionar esses aspectos todos à finitude da vida, o que é fonte certa de angústia para os sujeitos (Barreto e Ferreira, 2011).

Uma possibilidade de o processo de luto desenrolar-se de forma "natural" seria o sujeito transferir a sua energia libidinal para outro objeto, evidenciando a superação da perda anterior. Não se trata, porém, de tarefa fácil, principalmente quando se está inserido num modelo ou cultura que faz acreditar na necessidade fundamental da identificação do indivíduo com o seu trabalho. Assim, se o indivíduo não superar esta perda (do trabalho) e a confunde com a perda do próprio Eu, todas as manifestações para um quadro melancólico podem aparecer (Barreto e Ferreira, 2011).

Para Freud (1974), autoestima em baixa é um traço exclusivo da melancolia, a qual se manifesta em virtude da confusão entre si e o objeto de amor. Assim, a perda do referido objeto caracteriza a perda do próprio Eu, como se fizesse emergir uma ausência de identidade, caracterizando perda de seu lugar no mundo. Para Freud, a passagem por esse período de dor ocasionada pela perda precisa ser vivida e superada. Nos casos de não superação, o quadro melancólico desenvolve-se (Barreto e Ferreira, 2011).

Lucas: "Tenho vontade de ser dono dessa empresa, apesar de ainda não me sentir dono daqui. Eu sei que tem um dispositivo na legislação que me permitiria fazer isso, pois eu sou herdeiro, mesmo que ainda não seja o sucessor escolhido, mas não vou fazer isso, pois eu seria malvisto, da mesma maneira se eu escolhesse trabalhar em outro lugar [...]. Eu fui para a Inglaterra estudar, fiz faculdade. Quando eu voltei, eu queria mostrar que era bom e superar qualquer um, pra provar que eu poderia assumir a empresa, mas a frustração é muito grande [...]. O papai não me põe para trabalhar ao lado dele, como eu vou aprender sobre a empresa? Ele me ensinou bastante, mas algumas coisas tenho que aprender sozinho, tenho que me virar, os funcionários ajudam também, mas sobre a função dele, ele não ensina [...]. Eu já tenho 37 anos. Sou casado, tenho um filho, mas ainda não tive a oportunidade de ser o principal gestor dessa empresa".

Daniel: "Eu passei a exercer cargos um pouco mais importantes, a partir da minha época de faculdade, e desde então, o papai sempre desconversa quando falamos da sucessão. Quando falamos sobre esse assunto, ele questiona se não estamos querendo matá-lo [...]. Ele sempre deixa a gente na expectativa de assumir a empresa, mas esse dia nunca chega, é frustrante ficar esperando [...] Ele quer que a empresa fique sempre com a família, mas não sei se isso vai dar certo [...]. Parece que o jeito é deixar as coisas como estão".

Ambos os filhos apresentam conflitos internos quanto a tomar conta daquilo que lhes pertence, como herança, daquilo que eles querem para si, tomar logo conta da empresa do pai, por em prática os conhecimentos adquiridos com a sua experiência e os seus estudos. Ficam na expectativa de assumir o mais breve possível o comando da empresa, mas sentem que esse momento nunca chega, já que o pai continua pedindo para esperarem. O tempo passa e os filhos estão se aproximando dos 40 anos de idade, desejam "matar" o pai, mas têm receio de se arrependerem, assim como aconteceu com Édipo.

Machado (2005) ressalta que em relação à idade, convém observar que os filhos nascidos quando seus pais tinham 30 anos ou mais, ingressam ao mercado de trabalho quando os pais já estão perto de completar 60 anos, portanto, próximos da aposentadoria. O fato de os filhos terem tido condições de estudar, fazer a graduação e outros cursos de especialização, significou uma demora maior para que assumissem cargos de gestão em setores específicos. E devido à preocupação inicial com a profissionalização dos sucessores, o convívio entre sucessor e sucedido na empresa tende a ser mais curto, além da distância maior entre as idades. Essa realidade merece atenção à medida que pode impactar no processo de transição e continuidade dessas organizações, e o modelo de gestão adotado pelos sucessores pode ser muito diferente daquele adotado pelo sucedido.

As indefinições e a ausência de diálogo entre pai e filhos, especificamente em relação à sucessão, permite entender que esse assunto é polêmico e ao mesmo tempo misterioso, portanto, motivador de frustração, ansiedade e angústia, não restando outra opção que não, novamente, recalcar assuntos delicados, tentando "esquecê-los". Por outro lado, quando do questionamento aos filhos acerca do modo de agir do pai, tem-se a impressão de que essa atitude significa, para eles, desrespeitar a figura paterna e o patrão. Como se pudessem ser acusados de quererem "matar" o pai e de serem interesseiros e gananciosos, de revelarem-se egoístas e com atenção focada no dinheiro, e, dessa forma, não respeitando a história de trabalho do pai, além de não estarem comprometidos com o bem-estar da família.

Com fundamento em Rossato Neto (2008), o complexo de Édipo e sua consequente ou antecedente castração podem ser relacionados com o processo sucessório nas organizações familiares de duas maneiras, conforme se apresenta para a organização em estudo.

O complexo de Édipo revela-se no filho Lucas pela possibilidade de matar o pai (o fundador, ou seu representante) naquilo que ele significa de autoritarismo, poder absoluto, ego ideal, impossibilidade de ocupar seu lugar para que viva, também por identificação. Aquilo que é admirável, passível de ser seguido, transformado, é tornado valor pessoal. Goethe, citado por Rossato Neto (2008), considera, para circunstâncias como a referida, tornar propriedade pessoal aquilo que era herança. A saber, Lucas deseja apropriar-se das características do pai, ser como ele, ocupar o lugar dele. Para tal, o pai deve "morrer". O id do filho age querendo tomar o lugar do pai para satisfazer as suas pulsões, mas estas são reguladas pelo superego, ficando, assim, impedido de tomar o lugar do pai. Ao mesmo tempo que deseja, entende errado desejá-lo e agir em favor da consumação de sua vontade.

Essa convivência na organização é delicada. De início, o filho objetiva superar o pai, ser melhor que este, esforçando-se ao máximo para tal. No entanto, não demora a perceber a dificuldade desse seu intento: o pai é a figura forte, respeitável, dinâmica, conhecedora das estratégias do negócio que o fizeram alavancar e deseja manter a sua soberania, hesitando quanto aos movimentos do filho no sentido de desejar ser como ele. Assim, o próprio filho dá cabo à imagem de que nunca será como o pai, o que é reforçado, não raras vezes, pelas comparações inevitáveis que se dão, chegando a ouvir de terceiros da impossibilidade de ser como seu pai. Em segundo lugar, o pai não vai preparar o filho para muni-lo de competências que sejam capazes de o superar. E, por último, acrescenta-se a grave constatação de que, em nossa cultura, a simples tentativa de o filho empenhar-se para superar o pai revela-se uma afronta (Kanitz e Kanitz, 1978). Com apontamentos dessa ordem, observa-se a situação delicada do filho nessas organizações. É como se houvesse a cobrança para a excelência, mas a excelência não deve ser usada em terreno onde o pai ainda está em campo.

Freud (apud Rossato Neto, 2008) considera que todo o progresso da sociedade repousa sobre a oposição entre as gerações sucessivas. Os pais são para a criança pequena a única autoridade e fonte de todos os conhecimentos, a ponto de esta ter como desejo mais intenso tornar-se igual ao pai ou mãe (aquele do mesmo sexo), ser grande como eles. No entanto, à medida que ela cresce, desenvolve-se intelectualmente, conhece outros pais, conquista o direito de questionar e de duvidar de todas as virtudes que reconhecia neles. Assim, encontra a ocasião para dedicar-se à tarefa de libertar-se de seus pais que já não gozam da mesma estima que antes, alimentando o desejo de substituir seus pais por outros, normalmente de posição social mais elevada. Decorrente dessa imaginação relativa a pais de melhor linhagem, desenvolve-se a inveja alimentada por esta fantasia.

Assim, a possibilidade de o filho, simbolicamente, matar o pai (o fundador, ou seu representante) pode ser relacionada à maior consciência da própria personalidade e autoconhecimento, pois, ao reconhecer as suas qualidades e os seus defeitos, estende essa percepção igualmente ao seu pai, à sua família, à empresa e às relações que se estabelecem entre pai-filho-família empresa. Encontra, dessa forma, os meios para transformar o pensamento narcísico em simbólico (reconhecendo a figura do pai) e apropriar-se dessa herança (Rossato Neto, 2008).

Por outro lado, o discurso de Daniel evidencia postura diversa de seu irmão. A fala do segundo filho remete à possibilidade de deixar o pai tão vivo quanto figura idealizada, representante do autoritarismo, de "todo o saber" que inviabiliza concretizar a sucessão. O pai-fundador influencia o psiquismo dos sucessores, de modo a não ceder espaço para inovação e modernização. Assim, permanecem os ideais familiares escolhidos, que se tornam próprios pelos que, nessa ocasião, detêm o comando (Rossato Neto, 2008).

Tem-se, portanto, que ao Daniel caberá reprimir o seu desejo de assumir o comando dos negócios com base nas concepções morais internalizadas por ele de não tomar o lugar do pai.

Ainda há de se observar também a possibilidade de se revelar, nas empresas familiares, sentimento de profunda incapacidade do filho quando se apropria da natureza do problema com que deve lidar, sentindo-se incapaz de solucioná-lo (Kanitz e Kanitz, 1978).

Diante de um quadro como esse, o futuro profissional dos sucessores torna-se indefinido. Em razão de não saber se há ou não um plano de sucessão, muitos sucessores ficam na dependência da solução de problemas familiares para que, então, possam se dedicar a resolver os seus. Observa-se, nesse sentido, que ser filho do dono de uma empresa familiar não é posição confortável, dependendo de como o fundador lida com essa questão (Flores Jr. e Grisci, 2012). Há ocasiões em que os sucessores não passarão disso: filhos do dono. Não há possibilidade de serem sócios, nem subordinados, resultando em posição desconfortável na organização (Kanitz e Kanitz, 1978).

Quando dessa característica nas organizações familiares, o pai sugere, desde o início, "preparar" o filho não para ser seu sucessor, mas para ser sua sombra, que não pode se aproximar da mãe – "empresa" – e tomar o seu lugar. Assim, os filhos terão espaço para isso apenas depois da morte do pai ou, se por força de outras circunstâncias, este ficar impossibilitado de dirigir a empresa. Nessa ocasião, tem-se um momento de complexidade para os filhos que se defrontam com um dilema: substituir o pai que morreu e dirigir a empresa, ou seguir sua carreira profissional fora da empresa da família, contrariando os desejos do pai. Caso a opção seja por dirigir a empresa, é preciso que esse filho "mate" simbolicamente esse pai, reconhecendo que este não apresentava somente virtudes, mas também fraquezas. Do mesmo modo como acontece consigo também, sujeito de virtudes e fraquezas (Rossato Neto, 2008).

Assim como na separação com a figura materna, a ameaça de castração do pai se faz sentir em diferentes aspectos dentro da empresa familiar. O pai limita os filhos nas suas atividades, anseios e sonhos, gerando angústia. O fundador estabelece a lei, é ele que impõe as regras na empresa, determina o momento de os filhos entrarem na empresa, que tarefas vão executar, que cursos devem fazer, entre outros.

A castração, como símbolo, repete-se em todo o tempo, ao longo da vida do indivíduo, seja na delação, pela denúncia, na impossibilidade de se apreender o mundo em suas relações afetivas através de um Eu. Repete-se, pois, em conformidade às experiências anteriores de perda: primeiro o seio materno e depois com o controle esfincteriano. Tem-se, assim, a alusão à função do pai como portador da lei, que interdita e normatiza os limites da relação diádica da mãe (empresa) com o filho (Rossato Neto, 2008).

Todo o esforço para substituir o pai verdadeiro por um que lhe é superior nada mais é do que a expressão da saudade que a criança tem dos dias felizes do passado, quando o pai lhe parecia o mais nobre e o mais forte dos homens, e a mãe a mais linda e amável das mulheres. Ela dá as costas ao pai, tal como o conhece no presente, para voltar-se para aquele pai em quem confiava nos primeiros anos de sua infância, e sua fantasia é a expressão de um lamento pelos dias felizes que se foram (Rossato Neto, 2008).

Em relação ao convívio na empresa, transcrevem-se abaixo algumas das falas dos participantes da entrevista, sinalizando para a boa convivência entre os familiares e colaboradores da organização.

Germano: "É ótimo ter os meus filhos aqui comigo porque eu confio neles. Quem pode me passar mais confiança do que os meus filhos? Eu posso deixar a empresa com eles e sair pra fazer outra coisa na rua".

Lucas: "A confiança é uma das coisas mais importantes que pode ter aqui na empresa. Essa confiança vinda da família, os clientes percebem isso, o que ajuda na fidelização [...] Eles sabem que aquele produto que compram com a gente, tem toda uma história de uma família por trás que nós vamos ter cuidado de manter a integridade do nosso nome".

Daniel: "Há facilidades em trabalhar aqui [...] Os funcionários também fazem alguns favores pessoais, mas eu e o meu irmão não abusamos, e eles fazem com boa vontade [...] Os funcionários vão em casa, conversamos, fazemos churrasco, assistimos futebol [...] Nosso pai ajuda os funcionários no que ele pode, e os funcionários são gratos a ele".

Alberto: "O clima aqui dentro é ótimo [...] Há muita confiança, mas essa confiança é fácil de perder. Você se queima se pisar na bola [...] Para continuar do jeito que está, a gente se preocupa em não desapontar o chefe (o fundador) [...] O meu filho é amigo do Lucas, eles se dão muito bem".

Sérgio: "O Germano e os seus filhos são pessoas do bem, são humildes, não gostam de esbanjar [...] Falam bem com todos os funcionários".

Observa-se, mediante as falas apresentadas, que familiares e funcionários valorizam, profundamente, os relacionamentos sociais baseados na confiança. Os membros externos à família demonstram o cuidado com a responsabilidade de manterem-se fiéis à identidade e aos valores compartilhados, aos papéis desempenhados e à história em comum. Pelas relações de confiança estabelecidas, surge, psicanaliticamente, o sentimento de família para com o trabalho, tornando os funcionários parte integrante da "grande família", símbolo da sua identidade. Em troca, espera-se lealdade e resultados.

A confiança estabelece o apoio incondicional ao fundador e uma relação de proximidade dos funcionários com ele e os seus filhos, o que, por sua vez, gera o sentimento de pertença, como se membros da família fossem, assegurando sensibilização e envolvimento emocional tanto com a empresa quanto com a família, bem como primando pela harmonia no convívio entre os seus membros.

Dessa forma, ficam evidenciados a afetividade e o paternalismo, considerados aspectos peculiares das empresas familiares, pelo "carinho" dos familiares para com os colaboradores, e também pelo fato de os colaboradores gozarem de convívio com o fundador e os filhos em ambientes familiares, evidenciando um relacionamento de maior proximidade, que extrapola os limites do contrato de trabalho. Assim, observa-se uma atmosfera de confiança e prestígio mútuos, reforçada ainda pelo fato de o fundador ser referido como aquele que ajuda os funcionários, a quem muitos demonstram gratidão e apreço.

Durante a realização das entrevistas, observou-se que, além de bem equipados, os escritórios de trabalho dos funcionários apresentavam também porta-retratos com imagens de suas famílias com a família do fundador, deixando à vista diferentes momentos de suas vidas em que o convívio de ambas as famílias foi sendo estreitado. A amizade criada entre patrão e empregados, os valores compartilhados e a valorização das relações afetivas refletem-se, como já observado anteriormente, também na participação na vida pessoal, frequentando as casas uns de outros, no convívio nos momentos de lazer, no desenvolvimento de vínculos com seus familiares e amigos, tornando as relações na empresa mais informais e harmônicas em detrimento das relações profissionais. Dessa feita, cumpre ressaltar o clima de confiança estabelecido entre a família e seus colaboradores, a ponto de abrirem as portas do espaço privado da família, implicando, portanto, que se enxergue esses colaboradores como pessoas igualmente comprometidas com o projeto familiar, tanto quanto se membros da família fossem. É a confiança que gera responsabilidade, como expresso por um dos colaboradores, que alude ao fato de "não poder pisar na bola", pois mereceu a confiança e, assim, age comprometido com o *status* que conquistou como membro/colaborador do grupo.

Em condições nas quais seja possível a empresa e a família trabalharem com confiança e transparência, a possibilidade de concordância e aceitação de todos quanto aos projetos colocados aumenta, gerando, em virtude disso, maior interação e dinamismo na execução das tarefas. Esse clima mostra-se favorável à motivação e comprometimento dos colaboradores que resultará, normalmente, em maior valorização de sua contribuição aos propósitos para os quais o grupo trabalha. É importante acrescentar que a empresa funciona como um elemento coesivo entre o legado do fundador com os filhos e funcionários. A eles competem, no presente, valorizar a trajetória que constituiu a empresa tal qual hoje se apresenta, bem como serem os propulsores para novas metas e empreendimentos no futuro. É em torno da empresa que se congregam os diferentes interesses, sejam dos filhos ou dos colaboradores. Da força desses interesses e comprometimento, tem-se uma imagem positiva frente ao mercado.

Como evidenciado na fala de Lucas, o reflexo dessas atitudes e união entre os membros da organização são percebidos pelos clientes e demais *stakeholders*, que reconhecem as competências e as habilidades da família na gestão da empresa que adota por designação comercial o próprio sobrenome, conferindo-lhe, assim, maior prestígio, confiança, segurança, qualidade, estabilidade e fazendo com que eles com ela se identifiquem. O mercado, em geral, fica temeroso quando ocorre o processo sucessório, em razão da dificuldade de se manter a tradição e os valores familiares entrelaçados à marca da organização e aos seus produtos. Por essa razão, importa planejar adequadamente o processo sucessório e torná-lo transparente de modo que, durante a sua execução, esses temores do mercado sejam acalmados, sinalizando para a manutenção da imagem conquistada.

Lucas: "Na nossa empresa sao apenas três membros de uma família, mas há algumas divergências, fico imaginando em outras empresas familiares com diversos familiares trabalhando juntos ".

Alberto: "Às vezes os filhos discutem bastante, mas no dia seguinte, eles estão bem [...] Eles parecem ter uma certa maturidade para esses assuntos. Acham que as discussões não são pessoais, são para o bem da empresa".

Sérgio: "O pai deles procura ser um pai participativo [...] É comum tratar, de forma profissional, um determinado assunto da empresa, mas de repente, alguma coisa envolvendo a família ou assuntos pessoais aparece numa reunião importante".

Os entrevistados revelam o potencial de divergências e conflitos que poderão prejudicar a harmonia das relações familiares e as atividades do grupo empresarial. A empresa familiar representa um sistema complexo formado pela inter-relação entre a família e a empresa, com a influência dos familiares sobre os negócios, além de apresentarem naturezas e objetivos muito diferentes, que precisam ser conciliados, envolvendo a emoção e a razão num contexto sócio-empresarial Teoricamente, o que é problema da família precisaria ser resolvido fora da empresa, não interferindo na dinâmica dos negócios. No entanto, essa tarefa não se supõe com tanta objetividade assim, uma vez que os membros da família em exercício de suas funções na empresa, embora desempenhem papéis diferentes em cada espaço, são os mesmos. Assim, o patrão não deixa de ser o pai, tão pouco o diretor de departamento deixa de ser o filho, implicando o entrecruzamento de experiências vivenciadas nos diferentes espaços.

Como foi possível observar em relação ao convívio familiar, destaca-se que o pai, o senhor Germano, é um pai presente e participativo na vida dos filhos. Atua como pai comprometido tanto com a família, bem como com o projeto de vida que idealizou para a família, o que se revela na participação dos filhos desde bem novos em diferentes momentos na organização. Como é apontado na literatura, a presença do pai na vida dos filhos implica o estabelecimento de vínculos que, entre as vantagens, favorece o diálogo como espaço oportuno de resolução de conflitos. Como o pai é o representante da lei, essa sua competência é mais experimentada junto aos filhos em virtude da familiaridade que adquiriram com a personificação desta figura que a função paterna assume. Portanto, quando os conflitos entre irmãos surgem, há a possibilidade destes serem reduzidos devido à facilidade de aproximação e comunicação entre eles, bem como a moderação das tensões mediadas pelo exercício da lei que ao pai compete. Oportuno considerar que cada família se constitui por indivíduos construídos pelas vivências que experimentam. O mesmo sujeito que tem a sua identidade marcada pela influência recebida na família é o que, na organização familiar, repercute essa vivência; portanto se o exercício da lei se deu pleno na família, com mais facilidade o gestor/fundador será visto na organização como a lei que vai mediar os conflitos neste espaço igualmente.

Considerações finais

Desde cedo, o pai demonstrou o desejo de que os filhos trabalhassem com ele, influenciando nas suas escolhas profissionais de modo que pudessem dar continuidade aos negócios da família. Os filhos agem em conformidade com a vontade manifesta do pai, relegando a um segundo plano seus sonhos pessoais por acreditarem que poderiam, em algum momento, assumir, em definitivo, a função do pai nos negócios. Aceitaram a realidade imposta, mesmo que tenha ocorrido certa negociação em virtude da exposição da razoabilidade das opções apresentadas. Não tiveram alternativa para recusar a proposta do pai, vez que se sentiriam excluídos da família, além de se considerarem desleais ao pai.

A empresa é apresentada como a única solução de vida, evidenciando a forte influência do pai sobre os filhos e o desejo deste de ter a família trabalhando unida em prol da expansão do seu projeto de vida. Assim, em virtude da influência da família e da identificação com o pai, os filhos adotam o sonho do pai e passam a trabalhar juntos, em conformidade com as necessidades da organização. Desse modo, os filhos procuram espaço na empresa, para realizar os seus sonhos profissionais, não realizados externamente.

Os dois irmãos apresentam sentimentos distintos em relação ao seu trabalho e aos negócios da família. Enquanto Lucas apresenta uma profunda identificação, Daniel, por outro lado, gostaria de ter tido o apoio necessário para realizar os seus sonhos fora do âmbito empresarial-familiar. A postura do pai frente aos filhos não considerou os desejos distintos de ambos, tanto que Daniel foi orientado a agir em conformidade aos interesses da organização, segundo a vontade do pai de ter os dois filhos na empresa.

Nota-se, portanto que o fundador projetou os seus desejos nos filhos, exerceu poder e controle sobre a subjetividade destes, vinculando-os à organização e escolhendo, inclusive, as suas profissões. Esta atitude pode favorecer a supressão de aptidões pessoais, habilidades, desejos, expectativas e vontades próprias. O resultado disso foi que não coube aos filhos a possibilidade de livre escolha ou apropriação da vontade particular, tendo predominado a vontade de seu predecessor. Observa-se, porém, que esta atitude não se caracteriza arbitrária, por completo, uma vez que os partilhou desde cedo deste ideal com os filhos, intentando que se comprometessem com os propósitos da organização, percebendo-a como sua também. O pai, com visão empreendedora, direcionou a formação profissional dos filhos em sintonia com os propósitos da organização.

Tendo em vista a insistência do pai para que os filhos buscassem formação profissional em consonância com os objetivos da organização e expressar claramente o desejo de que estes trabalhassem junto a ele no empreendimento familiar, é um grande dilema a postura do pai em relação ao assunto sucessão. Observa-se que, na empresa, há um bom convívio familiar, o diálogo aberto é uma constante e a presença do pai se faz visível e respeitada em diferentes esferas e momentos na organização, mas o assunto sucessão não ganha espaço para protagonizar uma conversa clara e objetiva. O fundador é um pai participativo na vida dos filhos, mas não faz um gesto favorável para apoiá-los abertamente para assumirem a empresa no futuro. Dessa postura paradoxal, resultam entraves de ordens diversas. Inicialmente, é possível que se desenvolva o sentimento de frustração nos filhos, como se percebessem que terem atendido à solicitação do pai, no tocante à formação profissional e composição junto ao quadro de colaboradores da organização, não tivessem o apreço e aprovação do pai como acreditavam ocorrer, chegando a pensar no equívoco de terem atendido ao apelo do pai. Também, à medida que se adia a conversa clara sobre o assunto e não se estabelecem as regras para o processo sucessório, a perpetuidade do negócio pode ser questionada, e, em geral, é negado aos filhos o acesso aos mecanismos de gestão que o pai adota para a empresa. Igualmente, a atitude do pai pode sugerir aos filhos o desprestígio da profissionalização que buscaram. Assim, um misto de sensações se desenvolve e a instabilidade quanto ao futuro de seus papéis na organização tende a fragilizar também as relações familiares. Percebem que o projeto familiar não devesse ser deles, são parte dele, mas não é deles, é do pai. E todos os outros aspectos positivos da organização perdem relevo junto aos filhos pela insegurança despertada ao não se falar da sucessão. Merece destaque o fato de o pai ser presente, transmitir valores para os filhos, mas agir de forma contrária em relação ao processo sucessório. O diálogo acontece dentro de casa, sobre assuntos diversos na organização, mas não há meios para conversar sobre a sucessão, revelando, portanto, ser este tema a grande controvérsia na organização.

O consciente do fundador admite que a sucessão familiar é importante, porém o seu modo de conduzir o tema atende ao disposto no seu inconsciente, revelando que ele não percebe a sucessão da maneira como se expressou sobre a mesma. Ao declarar que este processo é importante, deduz-se que na organização existam procedimentos que apontem para o seu planejamento com vistas à sua concretização, no entanto, como observado, há resistência do fundador quanto a esse mecanismo, revelando-se temeroso quanto ao mesmo. Ao alegar que não sabe se deve realmente fazê-la é indício de que o assunto lhe é caro, temendo delegar a um sucessor as competências que por hora são suas, tornando evidente, pois, que está em duelo com diversos conflitos internos acerca do assunto.

Porém, como afirma Correa (2003), aquilo que fica oculto, não dito, ou "mal dito", atravessa as gerações na dimensão do transgeracional. Quando é marcado pelo negativo, observa-se que o que se transmite é aquilo que não pode ser contido. O que não encontra inscrição no psiquismo dos pais é depositado no psiquismo da criança: os lutos não realizados, os objetos desaparecidos sem traço nem memória, a vergonha, as doenças e a falta.

Com base em Merhi e colaboradores (2010), observa-se aqui que a escolha por não realizar a sucessão já estava tomada no nível do inconsciente, porém precisava de legitimação no nível do consciente, o que ocorreu por meio do discurso despretensioso do fundador em relação à possibilidade de fazer a sucessão.

O fundador percebe os filhos como ameaça e teme que eles tomem o poder e a posse da empresa. Assim, sentimentos de rivalidade são desenvolvidos, podendo prejudicar a perenidade das empresas, além de evidenciar, com essa postura, que o predecessor deseja continuar sendo útil para os negócios, entendendo ele que as suas funções continuam sendo importantes para os propósitos da organização. É confuso, para ele, imaginar a empresa sem a sua presença, sendo administrada e expandindo-se sob a gestão dos filhos. Menos provável ainda é imaginá-la sob a gestão de terceiros/membros externos da família. A empresa representa, para o fundador, uma parte da sua subjetividade, da sua pessoa, dos seus valores, que estão entrelaçados com os da empresa, assim, com a proximidade da aposentadoria, tem-se representada uma ameaça tão profunda que ele a associa com a proximidade da morte. Com o referido entendimento, prefere acreditar que a sucessão poderá ocorrer naturalmente, sem planejamento prévio e sem grandes consequências para a continuidade dos negócios e para o bem-estar da família.

Apesar da indefinição da sucessão perante os herdeiros e da sua certeza no inconsciente do pai, a empresa demonstra capacidade de se reinventar, atuando em ramos diferentes daquele que a iniciou, o qual se tornou secundário, e, mesmo assumindo riscos de prejudicar o negócio principal, a estratégia de diversificação deu certo. As relações de confiança são profundamente valorizadas e os funcionários são zelosos quanto aos cuidados para não decepcionarem o fundador. Com a participação dos filhos, após trabalharem em diversas áreas das empresas, a gestão tornou-se mais profissionalizada, tendo ocorrido a implementação de processos internos e ferramentas gerenciais. Esse histórico de ações e condutas favoreceram o crescimento do empreendimento familiar, e a atuação profissionalizada dos filhos permite-lhes considerarem-se aptos a assumir o lugar do pai. Em análise da trajetória, considera-se a delicadeza do momento experimentado pelo fundador bem como pelos filhos. O fundador observa a sua trajetória, visualiza o resultado de seu trabalho e associa, naturalmente, esse sucesso às suas virtudes como empresário e ao mérito de sua dedicação. E, embora tenha os filhos na organização, como sempre foi seu desejo, tem dificuldades em deixar seu legado para que estes o continuem, considerando que a sua atuação nos negócios é ainda fundamental, procrastinando a sucessão. A objetividade que norteou suas ações como empresário até o momento são as influenciadas pelos conflitos subjetivos que o impedem de ver no planejamento sucessório uma ferramenta fundamental para que os filhos, afinal, possam dar continuidade ao patrimônio que ele construiu.

8. A relação entre pai e filho

Neste capítulo, serão apresentadas considerações sobre a relação pai e filho, dando ênfase à necessidade de fortalecimento do vínculo que os uniu naturalmente. Para isso, será preciso um investimento da parte do pai para que este vínculo se consolide com eficiência, desenvolvendo a confiança, estimulando a formação de valores, fazendo o filho se ver como um sujeito de valor aos olhos do pai. Discorre-se também sobre como a figura paterna, pela presença efetiva junto ao filho, influencia positivamente o desenvolvimento dele. Serão abordadas ainda as mudanças que se operaram na organização familiar, mas que continuam sinalizando para o espaço necessário a ser ocupado pelo pai na vida do filho.

Construindo diálogo e confiança

Apesar das mudanças nas configurações da família e da presença da mulher no mercado de trabalho, não é difícil afirmar que se atribui ainda à mãe o papel principal quanto à educação dos filhos. Diante dessa constatação, é igualmente importante estudar a relação entre pai e filho. Da conjugação de valores entre pai e mãe devem resultar os princípios para a formação do filho, bem como a administração dos cuidados que a ele se dispensam.

São diversos os benefícios de um relacionamento entre os membros de uma família que se estabelece pela transparência de opiniões e na valorização do diálogo. Quando se cresce e convive em um ambiente no qual se é estimulado a falar o que sente e pensa, aprende-se sobre tolerância e convivência com ideias distintas; aprende-se também sobre a importância do respeito à opinião alheia e de que essa postura fortalece a confiança entre os que ali convivem, estendendo, bem possivelmente, essa postura para outros relacionamentos. Em ambientes em que o diálogo transparente é favorecido, diminuem-se as chances de os filhos desenvolverem transtornos, traumas, ou ansiedade, pois eles não precisam omitir, restringir-se de falar o que pensam, dado que essa restrição, normalmente, favorece os problemas apontados. Fortalecem-se enquanto membros da família pela confiança e transparência de opiniões.

A ausência de diálogo compromete a qualidade do relacionamento de pais e filhos. Essa lacuna gera perdas para o processo de amadurecimento do filho, possibilitando que este, na infância ou mesmo na vida adulta, sinta-se inseguro para conversar assuntos de natureza diversa com seu pai, podendo, também, repercutir em outras esferas de sua vida, seja na pessoal ou na profissional. Chama-se, pois, a atenção para a importância de se construir, desde o nascimento do filho, um ambiente favorável ao diálogo, como um expediente eficaz para a promoção e estabelecimento de um vínculo duradouro, que deverá gerar, ao longo da vida, uma relação de confiança mútua, mas, sobretudo, permitirá ao filho enxergar na figura do pai alguém mais experiente, podendo servir-lhe de inspiração para trilhar, com mais segurança, os próprios caminhos. A ausência desse vínculo, bem possivelmente, comprometerá a relação de confiança dos dois.

Os pais, em virtude de seus afazeres acumulados e da eterna luta contra o tempo e tarefas, não se percebem como sujeitos que, no papel de pai, devem demonstrar e falar sobre sentimentos. A convivência com os filhos é necessária para que se estabeleçam limites, propicie a orientação e formação de valores que deverão nortear a vida destes. O filho precisa, além de ser visto, enxergar no pai aquele em quem confia para falar sobre os seus sentimentos. A relação de confiança que se pretende para toda a vida começa a ser construída desde cedo e, para isso, o pai não pode ser personagem secundário.

Compete ao pai, que representa a autoridade, tomar a iniciativa para as ações que promovam a construção de uma relação de confiança. Como o adulto da relação, é este que deverá, a todo tempo, atentar para seu papel de líder também no ambiente familiar (muitos o fazem com excelência apenas no ambiente profissional) a fim de que a confiança nele tenha início na infância de seus filhos, solidificando-se à medida que estes crescem, permitindo, na vida adulta e no período de definição da própria trajetória profissional, que as discussões em torno deste tema (e de outros igualmente) sejam autênticas, mediadas pela confiança plena de bem querer, de tentativa séria de compreensão. Isso permite que o filho, mesmo que desaponte o pai, sinta-se à vontade para dizer o que pensa e coloque-se na posição de querer ouvir, uma vez que respeita o discurso paterno, dando a ele crédito pela relação sólida estabelecida pela convivência no seio familiar.

Quando o filho tem confiança no pai, vê, na figura paterna, alguém com quem pode francamente conversar sobre seus medos e dúvidas, pois acredita que o pai deseja, de fato, que ele tome a melhor decisão. Essa sensação de ser ouvido com atenção favorece que se exponham os conflitos com maior naturalidade, vivenciando a angústia com menos tensão, uma vez que é partilhada com alguém que o filho respeita e confia para ajudá-lo a se decidir com maior segurança. E ainda assim, se a decisão tomada não se mostrar a melhor, conseguirá lidar com essa decepção, visando superá-la, prosseguindo rumo ao alcance de seus objetivos.

Esse exercício encontra no ambiente familiar a primeira oportunidade de se concretizar, para formar adultos mais confiantes e aptos para terem maior segurança no exercício profissional, desempenhando as tarefas que lhes são atribuídas. Destaque-se que esta não é uma tarefa fácil. Para a relação entre pai e filho ser sadia, a intenção em ouvir o outro (mesmo que pense diferente) deve ser sincera e, para isso, não é preciso que momentos solenes se coloquem: a transparência de posições se concretiza em diálogos constantes no dia a dia. Por isso, o pai – um dos interlocutores significativos dessa conversa – não pode estar ausente do espaço onde o filho se encontra, ratificando que sua tarefa não se encerra com a provisão das suas necessidades básicas e bens de consumo que o dinheiro pode proporcionar. Ele deve ser presente na vida do filho. Se assim não for, o diálogo não se estabelece com autenticidade e será forjado apenas quando necessário, não surtindo os efeitos desejáveis para o estabelecimento do vínculo entre ambos.

Kuster (2015) aponta a referência para regras e modos de convivência que o pai representa. A postura do pai quanto aos valores que tem a ensinar ao filho, instruindo sobre a vida, indica quais valores e estilo de vida em família e na sociedade é desejável que a criança assimile. Desse modo, o pai é quem vai propiciar a inserção da criança no mundo social, mostrando-se, pelas atitudes e posturas que adota, referência de quem e como ser. Muitas vezes critica-se o comportamento da criança reportando a má conduta desta, seja em ambientes domésticos ou sociais, esquecendo-se de que, não raras vezes, ela não tem esse padrão de referência na figura paterna, que tem o compromisso moral de se apresentar desse modo para a criança.

Da confiança que a criança sente no pai, emerge a crença de que é possível suportar limites e adiar instintos. Compete ao pai fazer o filho entender o sentido de se submeter à lei, de que assim ele estará mais seguro e protegido, mesmo que, em princípio, não compreenda o alcance total da sua importância e queira, eventualmente, burlar as leis. A ele compete, principalmente, a formação de valores no seio familiar.

Toda criança deseja se sentir importante aos olhos do pai. Para tal reconhecimento, os gestos carinhosos do pai, a disponibilidade de tempo que dedica ao filho e a sua disposição para ouvir a criança e estabelecer diálogos produtivos com ela são importantes expedientes dos quais o pai não pode prescindir. Ao pai compete o esforço sincero de incluir a criança nas atividades rotineiras de sua vida pessoal, assim como profissional. O filho deve crescer percebendo-se como um sujeito de valor para seu pai. O pai precisa fazer com que o seu filho, desde criança, saiba mais a respeito da sua vida. Não deve se fechar, o filho precisa conhecer como ele vive. É nessa relação de diálogo franca e aberta que um aprende com o outro. A vida do pai é importante para o filho, assim como a do filho deve ser para o pai, portanto, participar um da vida do outro gera oportunidades para o estreitamento do laço que, na verdade, não deveria ter que ser alargado. Assim, nem pai e nem filho perdem o melhor dessa relação. É papel do pai propiciar as condições para que o filho não se afaste e tenha nele uma razão para querer ficar. Quando há indiferença para com as atitudes do filho, há problemas.

Portanto, ao pai cabe boa parcela da tarefa de desenvolver no filho a autoestima. Sabe-se que um indivíduo que acredita em si mesmo, no seu valor e potencialidades, tende a ter melhor desempenho em todas as atividades que desenvolver. Para tanto, é importante que o filho cresça sabendo que é amado, que é importante para ele. Deve receber elogios sinceros constantemente. Também é preciso que haja correção de comportamentos errados, considerações que o levem a enxergar o erro, sendo orientado carinhosamente nesses momentos. Dizer a ele que se orgulha dele, estabelecer propósitos para o mesmo de modo que consiga alcançá-los e celebrar suas conquistas. Ensiná-lo sobre o olhar dos outros acerca dele, enaltecer as qualidades para as pessoas com quem ele convive. Atitudes como essas contribuem para a composição da autoestima e, influenciado pela percepção positiva sobre si mesmo, este filho, além de uma relação saudável com o pai, terá maiores chances de, como adulto confiante e maduro emocionalmente, vir a ser um bom pai.

É preciso que o pai elogie ou teça críticas construtivas. É dando visibilidade às ações e atitudes do filho, interagindo e executando seu papel, que o filho percebe o interesse deste para com aquilo que faz. Quando a atitude do filho não é aprovada, não é importante apenas repreender, deve sim ser alertado para o que não foi conveniente, o que fez de errado, já que apenas " brigar" não resolve, pelo contrário. Deve haver um diálogo que provoque a reflexão, implicando uma avaliação do ato com apresentação de sugestões para o que fazer. Desse modo, o pai mostra-se, de fato, preocupado com a educação do filho, pois, além de chamar a atenção para o erro, orientou sobre como fazer o correto, valendo-se a contento de seu lugar de adulto experiente e pai presente. Acrescente-se ainda, de acordo com Kuster (2015), que é tarefa do pai dar limites à mãe em relação a seus caprichos e relacionamento com a criança.

Kuster (2015) afirma que ser pai vai além dos determinantes biológicos. Ser pai é fornecer meios para o adequado desenvolvimento da criança, entre eles, o afeto, ingrediente vital. A criança que se sente amada, cresce mais segura de si e capaz de estabelecer relacionamentos com outras pessoas de maneira mais satisfatória. Também se espera do pai o exercício da lei, atuando como um representante social maior, oferecendo ao mesmo tempo proteção e segurança à criança, encaminhando-a para um saudável desenvolvimento da infância à vida adulta.

O filho (em qualquer idade) sente-se bem por saber-se amado. Para isso, o contato físico não pode estar ausente. O pai deve pegar o bebê no colo e continuar a beijar e abraçar o filho, mesmo que já tenha crescido. A ausência de contato físico faz o filho não se sentir amado. Além disso, esse sentimento de bem querer lhe é transmitido quando é reconhecido como uma voz importante no ambiente familiar. Quer ser ouvido pelo pai, ter seu lugar de sujeito respeitado, compartilhar experiências visando ao crescimento e maturidade como indivíduo que emerge de um bom relacionamento com seu pai, mais preparado para os desafios que a vida adulta e o mercado de trabalho vão lhe apresentar.

Assim, dá-se relevo à figura paterna executando seu papel junto aos filhos com as demandas que são inerentes à sua posição na família. É certo que não se comparam suas atitudes com os pais de outrora, mas é sim figura de poder na família, e compete-lhe agir de modo a influenciar positivamente o desenvolvimento de seus filhos. Para isso, as iniciativas do filho em se aproximar do pai devem encontrar respaldo, pois serão oportunidades preciosas para que ele aprenda que compartilhar a sua vida e seus sentimentos são atitudes valorizadas pelo seu pai. Isso gerará cumplicidade, confiança e incentivará outras iniciativas do mesmo gênero, minimizando as chances de o filho se fechar e desistir de estar no campo da visão do pai. Aos poucos nem mais se importando em buscar o amor paterno. Ao dar crédito às investidas do filho em relatar seus sentimentos, o pai, mesmo sem dizer isso explicitamente, dirá ao filho que este é importante, que deseja cuidar dele e ajudá-lo nas dificuldades que vir a enfrentar.

Ausência do pai

Em virtude do ganho que a relação pautada no diálogo e na confiança gera, é importante, apontar o equívoco de muitos pais que agem acreditando que sua ausência pode ser compensada ou substituída por dinheiro, pagando escolas caras, delegando a educação dos filhos para estas, como se isso fosse o melhor que poderia ter feito pelo filho, além de oportunizar atividades extras de toda natureza e presentes caros: tudo o que o dinheiro permitir. É desejável que se possibilite essas situações, mas jamais devem ser empregadas para preencher a lacuna que a ausência do pai representa. O filho certamente deseja conforto, lazer, roupas boas, comer bem, mas não só. Esses itens devem ser vistos como adicionais, consequência da condição estabilizada da família, jamais como substitutos da presença do pai (ou da mãe igualmente).

Importante frisar que além de mimos, presentes e satisfação de necessidades básicas como moradia e alimento, o maior presente que os filhos podem ganhar do pai é atenção, carinho, companheirismo e diálogo. A presença efetiva do pai no espaço familiar, promovendo momentos de interação com os filhos é tão (ou mais) importante que o cumprimento de seu papel de provedor, como tradicionalmente instituído na sociedade.

Quando cobrados acerca de suas atitudes, justificam-se dizendo de suas extensas horas de trabalho como um esforço justamente para proporcionar "o melhor" para os filhos. A família é a primeira instituição a que o indivíduo pertence. É nela que ele deve aprender valores para a vida toda, devendo a escola dar continuidade a essa formação, mas jamais substituir as tarefas que competem à família. Por ser a primeira instituição a família, não deveria nenhum pai negligenciar sua função nela, nem acreditar que uma boa conta bancária vale mais do que as lições que lhe competem ministrar na própria casa, com atitudes e presença efetiva no lar.

O tipo de comportamento que privilegia o trabalho, celebrado por inúmeros homens de negócios, buscando cada vez mais bens materiais, pode ser uma tentativa de preencher vazios, inconscientemente completando as lacunas de afeto e atenção não recebidos na sua infância, com dedicação extrema ao trabalho. Não percebem que, agindo dessa maneira, estão reproduzindo padrões de comportamentos de seus antepassados, sendo igualmente pais ausentes. Dessa maneira, estão sempre ocupados, viajam muito, administram os negócios sempre crescentes que demandam cada vez mais seu tempo, impedindo-os de terem tempo para se dedicarem à família. E o envolvimento com o trabalho é tamanho que mal conseguem pensar na lógica adotada por alguns pais que abrem mão de mais oportunidades de negócio para se dedicarem à família, como se isso fosse uma atitude impensada, meio que inconsequente. E, ao agirem assim, visando sempre às conquistas profissionais, relegam muitas coisas a um segundo plano. Já aqueles que equilibram o tempo dedicado ao trabalho com o tempo dedicado à família, mesmo sem proporcionar tantos bens materiais ao filho, têm maiores chances de desenvolver nele a autoconfiança, proporcionando-lhe o alicerce seguro que favoreça o alcance de seus sonhos futuramente. Em algum momento da vida do filho, a opção de privilegiar mais o trabalho que a família exibirá consequências.

A ausência do pai e uma relação familiar desprovida de transparência e diálogo, além de um ambiente familiar não acolhedor, não propiciando que o filho se sinta parte desse grupo, ou se sinta amado ali, naturalmente, contribuirá para que ele busque a satisfação dessas necessidades de acolhimento e pertencimento em outros grupos que compartilhem interesses em comum, com os quais ele se sinta à vontade para expressar suas ideias, sinta-se seguro e compreendido. Nem sempre esses grupos o influenciam positivamente, podendo ser ali o passo inicial para ações que trarão consequências ruins, como o distanciamento cada vez maior da família, como o envolvimento com drogas e álcool. A ausência do pai pode também significar carência afetiva.

Se houver conflitos mal resolvidos, ou também uma relação de confiança que não se concretizou a contento, decorrentes de uma relação pai e filho superficial, este pode, ao contrário das expectativas que se apresentam, não ter o pai como referência e, bem por isso, desejar ser o contrário dele. Esta situação não é a desejável, pois representa uma relação que se estabeleceu divergente do que se concebe como ideal, uma vez que, no imaginário da criança, inicialmente, o pai deve aparecer como herói, dotado de força, coragem e virtudes que se quer imitar. O não mais desejar fazê-lo significa a existência de ruídos na construção desse relacionamento.

Vilaça (2010) aponta que a falta de um relacionamento sadio com o pai, ou figura masculina representativa deste, está na origem da dificuldade encontrada por meninos para estruturarem seu universo emocional e a própria identidade. Do mesmo modo é negativo quando os pais estão presentes, porém agem de forma violenta e autoritária, o que pode encaminhar os meninos a recusarem sua identificação com o masculino.

A qualidade dos vínculos que a criança vai desenvolver no futuro, em boa medida, se dá pela qualidade dos laços que ela teceu na tríade familiar. Kuster (2015), a respeito disso, informa que a criança, ao se sentir amada, cuidada e protegida por seu pai, recebendo seu afeto, será capaz de, no futuro, ter direito a afetos oriundos de outras pessoas, sendo-lhe possível, pois, construir bases sólidas de relacionamento afetivo e pertencimento. Já se o pai da criança se omitir de seu compromisso, se for omisso quanto ao desenvolvimento das noções de afeto e pertencimento, isso acarretará consequências para os relacionamentos futuros que os filhos venham a constituir, seja no namoro e casamento, maternidade ou paternidade. Desse modo, torna-se possível considerar que relacionamentos amorosos que não evoluem ou são conflitantes, em boa medida, devem-se ao ressentimento provocado no indivíduo em virtude da falta de amor paterno. Uma forma de manifestação dessa dificuldade de relacionamento no homem pode ser a insegurança: cresceu com mulheres exercendo poder sobre ele (mãe, professora), admitindo que elas são poderosas, temíveis e grandes. Assim, tem a tendência de desejar dominá-las ou evitar compromissos para não se sentir ameaçado.

De nada adianta, para o sucesso da empresa familiar, que o pai obtenha todo o reconhecimento e realização fora de seu lar. Todo o mérito e prestígio que ele alcança profissionalmente não será suficiente para legitimá-lo como autoridade merecedora de respeito e admiração dos filhos, se ele, como pai, não cuidar, antes de tudo, da sua casa. Como disse Pedro Salomão (2016), não há sucesso profissional que justifique fracasso familiar.

O ideal é que o filho perceba no discurso do pai acerca do seu trabalho reflexos positivos deste, que possam inspirá-lo eventualmente para seguir a mesma carreira ou, então, que alcance também índices de sucesso desejáveis na sua trajetória profissional. Para isso, o pai não deverá falar mal do trabalho, pois isso vai impedir o desejo do filho de trabalhar com ele, porque tem, de antemão, uma apreciação negativa das tarefas que lá encontrará. É desejável que separem as esferas profissionais das familiares. Nem tudo que o pai discute e enfrenta na empresa merece ser tornado público na casa em convívio com os seus. Não falar nada, por outro lado, também não é o ideal, pois ao falar de seu trabalho, o pai está falando de si, permitindo ao filho saber mais dele, conhecê-lo melhor, oferecendo motivos para admirá-lo.

Para Kuster (2015), mesmo que o pai seja muito ocupado com a sua carreira, ele precisa encontrar estratégias que reforcem a confiança que seu filho lhe tenha confiado. Uma maneira de fazer isso é dar visibilidade à própria figura paterna no lar, o que pode conseguir contando histórias em que ele e o filho sejam os protagonistas, desenhar coisas do seu universo de interesses, bem como vivenciando hábitos comuns do dia a dia da família. Não há modo eficaz de desenvolver a confiança nessa relação do pai com o filho que não seja pelo fortalecimento do vínculo, o que se dá pela atuação consciente do pai quanto à importância de sua figura para o crescimento saudável da criança. Esse elo adequadamente caracterizado na infância do filho não se romperá ao longo dos anos.

Em muitos casos, a figura do pai é ausente como se nem vivo fosse. A presença do pai na vida do filho se concretiza em gestos diversos, muitas vezes bem mais significativos ao filho do que o pai poderia supor. Ser presente na vida do filho significa, por exemplo, assistir ao jogo de futebol de que ele participa na escolinha ou em atividades recreativas de que toma parte (formal ou informalmente); porém assistir a esse jogo, implica estar lá por completo, de fato observar a atuação do filho. Para isso, desligar o celular (ou ignorá-lo) durante a partida é uma atitude bem-vinda, assim o foco será o menino em campo, o pensamento do pai direcionado ao que se passa durante a partida. A forma de o pai se posicionar e se envolver com o acontecimento (não apenas no futebol) são determinantes para a qualidade desse vínculo que se deseja saudável e concreto. A experiência vivida pelo filho, as emoções experimentadas, a análise e considerações do pai acerca do presenciado são os ingredientes fundamentais para o crescimento e amadurecimento do filho, bem como da própria relação entre ambos.

É preciso que se esteja inteiro nas relações. Além da presença física, o envolvimento emocional é igualmente importante. Atividades comuns do dia a dia costumam ser valorizadas pelo filho, como, por exemplo, que o pai o acompanhe no trajeto de casa para a escola, que assista televisão com ele, que joguem videogame juntos, que almocem ou jantem em família, passeiem. Na verdade, essas ações parecem intrinsecamente vinculadas ao papel de pai, porém, em virtude do acúmulo de tarefas, de maior carga horária dedicada ao trabalho, dos compromissos que se multiplicam, nem sempre essas atividades se vivenciam na família. Em consequência disso, os relacionamentos não se dão a contento, a distância se coloca entre pais e filhos e a expressão "eu te amo" que, de coração, deveria ser pronunciada naturalmente e com frequência, não se ouve.

Tendo claro, pois, que a omissão e a ausência do pai na infância provocam, na vida adulta, uma série de fraquezas ou dificuldades nos relacionamentos, tem-se mais uma razão forte para que pais reflitam sobre seu papel, sobre o modo como devem conduzir a vida na família junto aos filhos. Ao se dar forma ao sonho de ser pai, é preciso, igualmente, se dar forma a um pai presente, vez que, como apontado aqui, os reflexos das ações assertivas (e não assertivas) se fazem notar na vida dos filhos.

Os novos pais

Em virtude das novas configurações familiares, é possível, no entanto, também levantar, por meio do exposto por Benczik (2011) para aspectos positivos dessa mudança quanto ao lugar do pai na família, como, por exemplo, maior proximidade com a família e por isso compartilhando vários aspectos da vida de seus filhos, seja no emocional, cognitivo e social. Atualmente, já é realidade observar filhos sendo levados ao médico pelo pai, pais comparecendo a reuniões escolares ou acompanhando o filho pequeno na escola em período de adaptação a esse ambiente, bem como dividindo tarefas domésticas com a mãe. Kuster (2015) considera serem expressivos os números dos pedidos de guarda das crianças em que o pai comparece como o primeiro responsável por elas.

Essas atividades todas que o pai partilha com a mãe quanto às necessidades do filho sinalizam para uma maior proximidade entre pai e filhos, possibilitando a formação de um vínculo afetivo entre ambos, evidenciando também que há muitos homens buscando o seu lugar nessa nova configuração familiar.

É importante discorrer também sobre a responsabilidade não só do pai ou da mãe, e sim da atuação dos dois em conjunto quanto ao modo de educar o filho. Benczik (2011) defende que quando os pais decidem juntos o modo de agir em relação ao filho, reforçam os seus papéis e oferecem a ele uma referência de crescimento saudável e com harmonia, concedendo, pois, à criança, que se prepare para os desafios da vida adulta de forma mais estruturada e feliz.

Há que se notar, com considerações positivas, que muitos dos pais de hoje não estão empenhados na reprodução do modelo antigo ou padrão representado pelos seus pais, que era fundado na excessiva rigidez de papéis e tarefas específicas determinadas para cada sexo. Vilaça (2010) apresenta ser comum, na atualidade, perceber o crescente número de pais que se empenham em reformular e repensar o comportamento adotado pelos seus pais, com o intuito de não reproduzir os equívocos destes e o velho padrão, que não tem mais razão de ser na nova família. Associada ao modelo de paternidade tradicional-impessoal, além da hierarquia e da distância que o modo de ser pai exigia à época, a ruptura da nova configuração de pai, representa, uma significativa alteração, que contempla bem mais aspectos que o simples modo diferente de o pai agir no espaço familiar. Implica pensar, elaborar uma nova concepção de masculinidade, já que os antigos modelos de exercício de paternidade não dão conta das demandas exigidas atualmente na nova família.

Assim, os filhos de outrora reconhecem a necessidade de, hoje, no papel de pais, adotarem modos diferentes no exercício da função paterna. Empenham-se em desenvolver vínculos de afeto baseados nas relações mais próximas, nas possibilidades de demonstração de amor e carinho. Não ocorre um relaxamento da figura de poder que o pai representa quando este se dispõe a sentar no chão e brincar com o filho, a desenhar com ele, entre outras atividades. Ao pai, mais participativo da rotina doméstica, é permitido envolver-se emocionalmente com as diferentes fases do desenvolvimento do filho, compartilhando igualmente com a mãe as alegrias e dificuldades do desafio de educar uma criança, de fazê-la aprender valores, no seio da família, que influenciarão sobremaneira a sua vida.

Se o pai marcar presença na família efetivamente, ele possibilitará ao filho estabelecer ligação com a figura masculina que vai formando para si. Da boa convivência com os seus, o filho terá no pai um exemplo claro de que a felicidade é possível de ser alcançada junto a pessoas queridas, e que é na casa junto aos familiares que estão os destinatários máximos de seu bem querer. Assim, favorece-se a percepção de que na família é que está a possibilidade de encontrar alegria e boa convivência. Quando se tem nesse ambiente um conjunto de características favoráveis, de harmoniosa convivência, respeito e valores partilhados, o conviver em família fortalece os laços entre os membros que a compõem, garantindo que durem e repercutam favoravelmente nas ações e conduta da vida adulta dos filhos.

Em muitos casos, quando os pais são separados, não deverá nem o pai e nem a mãe falarem negativamente acerca do ex-cônjuge. Essa atitude por parte de ambos merece destaque, pois o filho continuará sendo filho e não deveria ser sujeitado pelos pais a comentários que diminuem o mérito do outro. Há estudos que indicam que os filhos de pais separados tendem, inclusive, a emergir mais fortes e mais amadurecidos, dependendo do modo como essa relação entre os pais separados se dá. Assim, tem-se claro que a divergência dos pais e a decisão de não mais constituírem um casal não significa liberdade para, junto ao filho, expressar um rol de desapontamentos sobre o outro. Isso interfere no amadurecimento e saúde emocional do filho.

Uma preocupação, por outro lado, há de ser levada em consideração. Pais presentes não devem ser tomados como sinônimo de pais superprotetores. Os pais que superprotegem os filhos criarão seres humanos imaturos, inseguros e com baixa autoconfiança. É do ciclo natural da vida que cada um experimente desafios, viva os próprios dilemas, decepcione-se, enfim, que enfrente aquilo que a vida lhe apresentar. Os pais não estarão sempre presentes (nem devem), mas se estiveram presentes anteriormente na formação do filho, educando-o e preparando-o emocionalmente para a autonomia, este terá condições de agir com segurança, pois que confia em si mesmo e sente-se preparado para percorrer sua trajetória. A superproteção é nociva e não favorece a independência. Pais presentes preparam os filhos para agir com segurança, especialmente na sua ausência. Os pais devem educar os filhos para o mundo e não para si mesmos.

Vilaça (2010) enfatiza que as raízes psicológicas para compreender a vivência conjugal localizam-se nas primeiras experiências da sexualidade infantil, pois a dinâmica das relações amorosas dependerá de como essas experiências se processam com as figuras familiares. É o modo como o sujeito internalizou as relações objetivas vivenciadas na infância que, associadas ao aspecto racional, expressam para ele o conceito de conjugalidade. Ele revive as relações objetais de sua infância em consonância com os parceiros de seu laço amoroso do presente, dando forma a uma nova composição, oriunda dessa mistura de vivência e experiências internalizadas que se projetam na forma de este se relacionar quando adulto com seus parceiros.

É no matrimônio, sobretudo, que o ser humano tem oportunidade de reestruturar as negatividades que traz como herança, tendo na parceria conjugal o espelho no qual pode apreender muito sobre si mesmo (Almeida, 2010).

Em razão da intensa influência dos modelos vividos na família de origem, com vistas à construção de uma aliança conjugal entre parceiros, é preciso haver um desligamento da família de origem. É preciso que o novo par faça uma escolha: a família de origem ou a nova constituição familiar. A manutenção do vínculo filial traz grandes prejuízos ao vínculo amoroso (Vilaça, 2010). Tem-se, portanto, que a herança psicológica e os modelos internalizados pela vivência na família de origem influenciam fortemente a formação da vida a dois de um novo casal.

O mais importante é o diálogo com o cônjuge, a atitude reflexiva para com a própria história, o autoconhecer-se para que seja possível concretizar a união de novos pares sem a intensa influência de aspectos negativos da história do indivíduo. É dessa nova união, com pais mais conscientes de si e da sua influência sobre a vida dos filhos no aspecto psicológico, que se espera gerar filhos mais bem preparados para os próprios desafios. Não há que se vislumbrar apenas a composição de família como nos moldes tradicionais (pai e mãe/ homem e mulher na mesma casa). Importa que pais se conscientizem de sua responsabilidade sobre a formação de valores junto aos filhos.

Considerações finais

No entanto, um convívio saudável e duradouro com os filhos não é tão objetivo e simples de se construir, uma vez que os pais nem sempre tiveram, quando crianças, relacionamentos totalmente positivos, podendo ter vivido relacionamentos conturbados com os seus pais. A experiência vivida pelo pai quando filho pode servir de referência para o que se quer ou, paradoxalmente, para o que não se quer, na relação com o seu filho na condição agora de pai. Para isso, é preciso reflexão séria e tomada de posição, do contrário, ele não poderá oferecer segurança ao filho. Nesses casos, aumentam as chances de ter um filho ansioso, e a insegurança na vida adulta lhe será companheira.

Geralmente, dificuldades de relacionamento se agravam em virtude de experiências anteriores que os indivíduos não conseguiram resolver, e, não raro, falta clareza sobre essa influência nos relacionamentos atuais, pois que esta se dá no plano do inconsciente. Para superar isso, é importante que os indivíduos se conheçam melhor, busquem compreender aspectos de sua personalidade para evitar a perpetuação dos mesmos dilemas. Há programas de autoconhecimento que estimulam isso, fazem aflorar as virtudes, levando o indivíduo a perceber as suas particularidades, contribuindo para efetivação de relacionamentos mais saudáveis e maduros, melhorando a qualidade de vida. Programas de autoconhecimento e psicoterapias como a psicanálise, a regressão de memória, a psicologia transpessoal, o processo Hoffman da Quadrinidade, o Coaching e o Eneagrama mostram-se eficazes nessa busca.

Todas as ações praticadas pelos filhos, de alguma forma, em geral, ligam-se à história dos pais, seja por estímulos positivos, mas também pelos negativos. Assim, percebe-se que desempenhar a função de pai adequadamente (ou de mãe) é tarefa das mais sérias e contribui para a geração de adultos mais bem resolvidos.

É inegável que desde a vida uterina, a criança já recebe mensagens de seus pais. Ao nascer, vem a este mundo com uma carga de investimento: nome, sobrenome, legado, desejos ancestrais não realizados e tendo que elaborar a própria história e constituir-se como sujeito no mundo (Vilaça, 2010). A criança recebe estímulos diversos para auxiliá-la a dar-se conta de si, desde o modo como a mãe a acolhe em seus braços, segura e posiciona para dar aconchego, amamentar, embalar seu sono, acariciar, tudo são ações que transmitirão mensagens ao bebê, além do tom de sua voz, enfim, todo tratamento dispensando a criança comunica-lhe a respeito do universo em que está inserida. Logo, é importante cuidar para que essas palavras e gestos sejam geradores de influência positiva para a criança.

Conclui-se que ainda que o papel do pai na sociedade contemporânea tenha sofrido inúmeras alterações, ele tem um rosário de tarefas a cumprir na formação adequada de seu filho. Apesar das alterações da figura do pai, no ambiente familiar, como ele se apresenta hoje, ele continuará com o seu espaço para o seu agir consciente e sendo decisivo ao desenvolvido da criança.

Discorreu-se, acima, sobre estratégias que podem contribuir para minimizar conflitos e dilemas na relação pai e filho, com o intuito de desenvolver uma relação saudável que implique o fortalecimento de vínculo, minimizando as chances de que problemas graves se apresentem mais adiante, de que as lacunas sejam muitas e as consequências severas para o relacionamento de ambos no futuro. É significativo apontar para a necessidade de os pais buscarem caminhos (motivados pela reflexão sobre sua história e relacionamento familiar) para uma trajetória saudável no ambiente doméstico que reverberará, quando assim o for, também no ambiente profissional. Também estes apontamentos podem ser significativos a pais que pensem na possibilidade de instalar uma empresa familiar, tendo claro que nesse tipo de negócio, muitos sentimentos se misturam, e nem sempre há a possibilidade de se separar o que é familiar e do que é trabalho. Em virtude disso, primeiro se deve garantir sucesso nas relações familiares, depois as relações de trabalho tendem a ser mais objetivamente concretizadas.

Conclusão

O presente livro teve como objetivo compreender a relação entre pai e filho no processo sucessório em organizações familiares exemplificando os seus elementos intrínsecos, a presença de interesses antagônicos, pessoais e profissionais, no âmbito empresarial, bem como os conflitos e as complexas redes de relacionamentos na família e na empresa. Buscou-se incentivar as discussões sobre essa temática a partir da perspectiva da psicanálise.

Desse modo, foram utilizadas revistas acadêmicas nacionais que representam as principais fontes de publicações de pesquisas sobre organizações familiares, RAC, RAE, Rausp e O&S, além dos anais dos principais encontros acadêmicos organizados pela Anpad. De âmbito internacional, foram utilizados os dois únicos periódicos dedicados, exclusivamente, à publicação de pesquisas sobre a referida temática, FBR e JFBS. Algumas das fontes de pesquisas utilizadas, sobre psicanálise, estão em: *Ágora*, *Psicologia USP*, *Estudos de Psicologia* e *Pulsional Revista de Psicanálise*.

O trabalho apresentou um estudo de caso múltiplo realizado em um grupo empresarial familiar, composto por quatro empresas: uma escola de idiomas, uma agência de viagens, um hotel e um albergue. O relato dos entrevistados teve início na história da empresa e na realização do sonho do fundador, sua influência na cultura organizacional e no comportamento dos indivíduos envolvidos nos negócios, além das realizações, expectativas e dilemas dos herdeiros. As suas primeiras experiências nas empresas, os seus sonhos e desejos divergentes, o processo sucessório, e as relações entre os familiares, sobretudo entre o pai e os filhos.

Embora demonstre a intenção de realizar a sucessão, inconscientemente, o fundador não tem esse desejo. Este tema é tomado por muita tensão. Situação que pode ser explicada, pela perspectiva dos filhos, por contrariar o pai no presente e pela possibilidade de sua falta no futuro. Em razão disso, as opiniões sobre a sucessão foram cautelosas. Inconscientemente também, o pai faz uso de aspectos afetivos e do seu sonho pessoal para submeter os filhos aos seus desejos e à consolidação de seu propósito empresarial.

De certa forma, pode-se apontar haver direcionamento de sentimentos familiares à organização, dado o entrelaçamento desses dois ambientes para com os membros da família que na organização atuam, ocasionando a dificuldade de dissociar o que é próprio da família daquilo que é próprio da organização. Notou-se haver admiração e orgulho de fazer parte deste grupo. A dinâmica com que se viram envoltos desde crianças nas empresas familiares e o respeito à trajetória do fundador que constituiu o sólido conjunto de empresas familiares concretiza-se pelo interesse demonstrado pelos herdeiros em continuar presente em posições de gestão da empresa. O ingresso dos filhos nos negócios simbolizou a permanência do legado familiar e o fortalecimento dos laços familiares, uma vez que membros da mesma família trabalham no empreendimento familiar, todos em favor de um objetivo comum.

Da observação empreendida, ficou evidente que a harmonia entre os familiares e os colaboradores é o aspecto mais marcante do relacionamento que dali decorre. No entanto, há também conflitos e rivalidades entre os membros da família, como é considerado comum em empresas familiares.

Os resultados indicam que o saudável relacionamento entre pai e filho é decisivo para o êxito do processo sucessório em organizações familiares. Os problemas vivenciados em uma empresa familiar partem das configurações construídas no âmbito familiar onde a complexidade das relações são transpostas e redefinidas na esfera profissional, bem como a convivência no trabalho influencia a convivência entre familiares. O empreendimento familiar é decorrência do modo como a família foi constituída, além de ser o reflexo dos seus dilemas inconscientes.

Este estudo possibilitou ampliar os debates e as reflexões sobre a temática da sucessão e a relação entre pai e filho nas organizações familiares, sob a perspectiva da psicanálise, pois, como aqui se procedeu, os aspectos da dinâmica familiar foram tomados como suporte, pensando na compreensão do funcionamento das empresas familiares. Sua dinâmica é influenciada pelos aspectos simbólicos da família, seus costumes, normas, valores e histórias. Para a compreensão das organizações familiares, há que se dispensar a atenção à vida familiar.

O diálogo transparente, a profissionalização da gestão e a criação de políticas de governança se fazem necessários, mas, sobretudo, métodos terapêuticos, como a psicanálise, auxiliam na compreensão dos dilemas e das angústias internalizados, dos conflitos mal resolvidos e dos fatores subjacentes na relação entre pai e filho. A psicanálise auxilia o sujeito a refletir sobre si e sobre sua história, bem como possibilita conhecer a construção dos significados, as representações simbólicas, os comportamentos e as interações entre eles, podendo ou não ser explícitos. A partir das informações surgidas nas entrelinhas do discurso declarado, a psicanálise aprofunda questões com o cuidado e a atenção devidos, permitindo que sejam percebidos dados e conteúdos do indivíduo através das manifestações do inconsciente.

Desde o início da sua vida, o indivíduo aprende a internalizar os seus medos e receios, mas evita pensar ou fazer alguma coisa para resolvê-los. Os pensamentos reprimidos não ficam simplesmente esquecidos, retirados da mente, acerca dos quais nunca mais se terá consciência. A memória sai do consciente, mas continua retida no inconsciente, acompanhando-o para o resto da vida, regulando as suas ações. Assim, os dilemas que o indivíduo vivencia, como o complexo de Édipo, não podem ser negligenciados.

As principais contribuições de Freud vêm dos seus estudos sobre o inconsciente humano, onde esses conteúdos ficam guardados sem que o indivíduo perceba esse processo. O inconsciente é responsável por guiar os pensamentos e atitudes, e influenciará naquilo que o indivíduo sabe que está fazendo, ou seja, o aspecto consciente, o ego. Portanto, não adianta apenas "esquecer" ou querer evitar falar sobre um assunto. Pode-se não entender por que o indivíduo apresentou determinados comportamentos até aspectos inconscientes emergirem para o consciente, e então é possível entender o que aconteceu.

Assim, considera-se que a empresa estudada apresenta possibilidades de sucesso no seu intento de perpetuação, muito embora tais chances pudessem ser potencializadas se houvesse consciência dos aspectos implícitos ao relacionamento entre pai e filhos, pois, ao conhecê-los, haveria condições de se envidar esforços reais para a elaboração e posterior consecução dos processos relativos à sucessão. Dessa feita, a transmissão do projeto de vida do pai, o sonho do empreendedor tornado real assumido pelos herdeiros garantiria, com menos conflitos, a união da família bem como a solidez da organização.

A pesquisa aqui apresentada traz consigo algumas limitações. Primeiramente, por não ser possível estender os seus resultados por igual para qualquer outra organização familiar. Muito embora as condições sejam semelhantes, há peculiaridades que este estudo de caso apresentou que, certamente, lhe são específicas.

Além disso, o estudo pressupõe a possibilidade de outros fatores, e não somente o processo de sucessão, favorecerem complexidades do relacionamento entre pai e filho, como observado no estudo de caso, permitindo, desse modo, que se efetuem interpretações diversas do resultado alcançado.

O trabalho estabeleceu como direção o relacionamento entre pai e filho. Pesquisas subsequentes a esta, podem centrar sua atenção em outros tipos de relacionamento, envolvendo os demais membros da família, como por exemplo: pai e filha, mãe e filho(a) ou os próprios irmãos. Aqui se considerou a psicanálise, podendo, porém, estudos futuros adotarem outras abordagens, como a antropologia, a sociologia ou a psicologia.

Referências

ADACHI, P. P. *Família S.A.*: gestão de empresa familiar e solução de conflitos. São Paulo: Atlas, 2006.

ALBUQUERQUE, A. L.; OLIVEIRA, J. L. Os processos de socialização dos sucessores em empresas familiares: o desafio de construir a transição multigeracional. In: ENCONTRO DE ESTUDOS ORGANIZACIONAIS, 7., 2012, Curitiba. *Anais*... Curitiba: Eneo, 2012.

______; ______; PEREIRA, R. D. Caminhos e descaminhos na construção da legitimidade do herdeiro-sucessor. In: ENCONTRO DA ASSOCIAÇÃO DE PÓS-GRADUAÇÃO E PESQUISA EM ADMINISTRAÇÃO, 36., 2012, Rio de Janeiro. *Anais*... Rio de Janeiro: Anpad, 2012.

ALERIGI JR., A. Sueca Assa Abloy compra brasileiras Papaiz e Udinese. 29 de dezembro de 2015. *Reuters Brasil*, 29 dez. 2015. Disponível em: <http://br.reuters.com/article/businessNews/idBRKBN0UC1R120151229?> Acesso em: 30 jan. 2017.

ALMEIDA-SANTOS, P. S.; DANI, A. C.; MACHADO, D. G. Influência do controle familiar na prática do gerenciamento de resultados: evidências em companhias brasileiras de capital aberto. In: ENCONTRO DA ASSOCIAÇÃO DE PÓS-GRADUAÇÃO E PESQUISA EM ADMINISTRAÇÃO, 36., 2012, Rio de Janeiro. *Anais*... Rio de Janeiro: Anpad, 2012.

ALMEIDA, A. A arte do (re)encontro – casamento. Curitiba: FEP, 2010.

ANDERSON, R. C.; REEB, D. M. Founding family ownership and firm performance: evidence from the S&P 500. *Journal of Finance*, v. 58, n. 3, p. 1301-1328, 2003.

ANDRADE, D. M.; GRZYBOVSKI, D. Aplicabilidade do "Modelo dos Três Círculos" em empresas familiares brasileiras: um estudo de caso. In: ENCONTRO DA ASSOCIAÇÃO NACIONAL DE PESQUISA E PÓS-GRADUAÇÃO EM ADMINISTRAÇÃO, 32., 2004, Curitiba. *Anais*... Curitiba: Anpad, 2004.

______; LIMA, J. B. de; ANTONIALLI, L. M. Significados do processo de sucessão em uma empresa familiar. In: ENCONTRO DA ASSOCIAÇÃO NACIONAL DE PESQUISA E PÓS-GRADUAÇÃO EM ADMINISTRAÇÃO, 30., 2006, Salvador. *Anais*... Salvador: Anpad, 2006.

ASTRACHAN, J. H.; KLEIN, S. B.; SMYRNIOS, K. X. The F-PEC scale of family influence: a proposal for solving the family business definition problem. *Family Business Review*, v. 15, n. 1, p. 45-58, 2002.

ÁVILA, L. A. Psicanálise e mitologia grega. *Pulsional Revista de Psicanálise*, n. 152/153, p. 7-18, 2001.

BAPTISTA, L. L. Possibilidades e limitações da teoria da ação comunicativa numa empresa de estrutura familiar - um estudo de caso. In: ENCONTRO DA ASSOCIAÇÃO DE PÓS-GRADUAÇÃO E PESQUISA EM ADMINISTRAÇÃO, 35., 2011, Rio de Janeiro. *Anais*... Rio de Janeiro: Anpad, 2011.

BARDIN, L. *Análise de conteúdo*. São Paulo: Edições 70, 2011.

BARRETO, R. O.; FERREIRA, L. "Luto e Melancolia": contribuições psicanalíticas para o entendimento dos reflexos da aposentadoria na subjetividade dos indivíduos. In: ENCONTRO DA ASSOCIAÇÃO DE PÓS-GRADUAÇÃO E PESQUISA EM ADMINISTRAÇÃO, 35., 2011, Rio de Janeiro. *Anais*... Rio de Janeiro: Anpad, 2011.

BARRETTA, J. P. F. O complexo de Édipo em Winnicott e Lacan. *Psicologia USP*, São Paulo, v. 23, n. 1, p. 157-170, 2012.

BARROSO, H. C. M. Funcionalismo e interpretativismo em um processo de transformação organizacional: o simbolismo na perda do legado vinculado ao fundador. In: ENCONTRO DA ASSOCIAÇÃO DE PÓS-GRADUAÇÃO E PESQUISA EM ADMINISTRAÇÃO, 35, 2011, Rio de Janeiro. Anais... Rio de Janeiro: Anpad, 2011.

BEE, C.; NEUBAUM, D. O. The role of cognitive appraisal and emotions of family members in the family business system. *Journal of Family Business Strategy*, v. 5, p. 323-333, 2014.

BELMONTE, V. A. B.; FREITAS, W. R. S. Empresas familiares e a profissionalização da gestão: estudo de casos em empresas paulistas. *Rev. Adm. UFSM*, v. 6, n. 1, p. 71-90, 2013.

BENCZIK, E. B. P. A importância da figura paterna para o desenvolvimento infantil. *Rev. Psicopedagogia*, v. 28, n. 85, p. 67-75, 2011.

BENNEDSEN, M.; PÉREZ-GONZÁLEZ, F.; WOLFENZON, D. *Corporate Governance*: a synthesis of theory, research, and practice. Published Online, 2011.

BERGER, P. L.; LUCKMANN, T. *A construção social da realidade*: tratado de sociologia do conhecimento. 24. ed. Petrópolis: Vozes, 2004.

BERNHOEFT, R. *Cartas a um jovem herdeiro*: a herança não vem com um manual de instruções. Rio de Janeiro: Elsevier, 2004.

______. *Empresa Familiar*: sucessão profissionalizada ou sobrevivência comprometida. São Paulo: Ibecon, 1987.

______. O processo de sucessão numa empresa familiar: como conduzi-lo. *Tendências do Trabalho*, Rio de Janeiro, p. 28-30, jan. 1988.

______; CASTANHEIRA, J. *Manual de sobrevivência para sócios e herdeiros*. São Paulo: Nobel, 1995.

______; GALLO, M. *Governança na empresa familiar*. Rio de Janeiro: Campus, 2003.

______; MARTINS, I. G. S.; MENEZES, P. L. *Empresas familiares brasileiras*. São Paulo: Negócio Editora, 1999.

BERTERO, C. O.; VASCONCELOS, F. C.; BINDER, M. P. Estratégia Empresarial: a produção científica brasileira entre 1991 e 2002. *Revista de Administração de Empresas*, v. 43, n. 4, p. 48-62, 2003.

BETHLEM, A. de S. A empresa familiar: oportunidades para pesquisa. *Revista de Administração*, v. 29, n. 4, p. 88-97, out./dez. 1994.

BEUREN, I. M.; BOFF, M. L. Estratégias de legitimidade organizacional de Lindblom (1994) predominantes nos relatórios da administração do período de 1997 a 2006 de empresas familiares. In: ENCONTRO DA ASSOCIAÇÃO NACIONAL DE PESQUISA E PÓS-GRADUAÇÃO EM ADMINISTRAÇÃO, 32., 2008, Rio de Janeiro. *Anais*... Rio de Janeiro: Anpad, 2008.

BOHNENBERGER, M. C.; SCHMIDT, S.; FREITAS E. C. de. A influência da família na formação empreendedora. In: ENCONTRO DA ASSOCIAÇÃO NACIONAL DE PESQUISA E PÓS-GRADUAÇÃO EM ADMINISTRAÇÃO, 31., 2007, Rio de Janeiro. *Anais*... Rio de Janeiro: Anpad, 2007.

BORGES, A. A. P. *O desejo de ser pai*: algumas vicissitudes da função paterna. Dissertação (mestrado em psicologia) – Pontifícia Universidade Católica de Minas Gerais, Belo Horizonte, 2006.

BORGES, A. F.; LIMA, J. B. A construção do processo de sucessão empreendedora em empresas familiares. In: ENCONTRO DA ASSOCIAÇÃO DE PÓS-GRADUAÇÃO E PESQUISA EM ADMINISTRAÇÃO, 33., 2009, São Paulo. *Anais*... São Paulo: Anpad, 2009.

______; ______; ANDRADE, D. M.; ENOQUE, A. G. Práticas de empreendedorismo em empresas familiares empreendedoras. In: ENCONTRO DE ESTUDOS ORGANIZACIONAIS, 8., 2014, Gramado. *Anais*... Gramado: Eneo, 2014.

BORGES, M. L. S. F. *Função materna e função paterna, suas vivências na atualidade*. Dissertação (mestrado em psicologia) – Universidade Federal de Uberlândia, Uberlândia, 2005.

BORNHOLDT, W. *Governança na empresa familiar*: implementação e prática. Porto Alegre: Bookman, 2005.

BRITO, L. N. O. *Família contemporânea*: complexidades e desafios atuais. Dissertação (mestrado em psicologia) - Pontifícia Universidade Católica, Goiás, 2011.

BRITO, Q. S., SILVA, A. B. Fatores mediadores da relação trabalho e família de casais empreendedores. In: ENCONTRO DE ESTUDOS ORGANIZACIONAIS, 6., 2010, Florianópolis. *Anais*... Florianópolis: Eneo, 2010.

BUENO, J. C. C.; FERNÁNDEZ, C. D.; SÁNCHEZ, A. V. *Gestão da empresa familiar*: conceitos, casos e soluções. São Paulo: Thomson Learning, 2007.

CABRERA-SUÁREZ, M. K.; DÉNIZ-DÉNIZ, M. C.; MARTÍN-SANTANA, J. D. The setting of non-financial goals in the family firm: the influence of family climate and identification. *Journal of Family Business Strategy*, v. 5, p. 289-299, 2014.

CAETANO, J. R. *Papaiz muda a gestão*. 19 de março de 2003. Disponível em: <http://exame.abril.com.br/negocios/noticias/papaiz-muda-a-gestao-m0059021>. Acesso em: 17 set. 2015.

CALDAS, M. P.; TINOCO, T. Pesquisa em gestão de RH nos anos 1990: um estudo bibliométrico. *Revista de Administração de Empresas*, v. 44, n. 3, p. 100-114, jul./set., 2004.

CALEGÁRIO, A. C.; FORTUNATO, G.; PAGLIARUSSI, M. S. Transferência do capital social familiar em capital social organizacional: o impacto do envolvimento da família nos negócios. In: ENCONTRO DA ASSOCIAÇÃO DE PÓS-GRADUAÇÃO E PESQUISA EM ADMINISTRAÇÃO, 38., 2014, Rio de Janeiro. *Anais*... Rio de Janeiro: Anpad, 2014.

CAMPOS, L. J. de; MAZZILLI, C. Análise do processo sucessório em empresa familiar: um estudo de caso. In: ENCONTRO DA ASSOCIAÇÃO NACIONAL DE PESQUISA E PÓS-GRADUAÇÃO EM ADMINISTRAÇÃO, 22., 1998, Foz do Iguaçu. *Anais*... Foz do Iguaçu: Anpad, 1998.

CAPELÃO, L. G. F. Relações de poder no processo de sucessão em empresas familiares: o caso das Indústrias Filizola S.A. *Revista Organizações & Sociedade*, v. 7, n. 18, p. 141-155, maio/ago. 2000.

______; MELO, M. C. de O. L. Relações de poder no processo de sucessão em empresa familiar: o caso das Indústrias Filizola S.A. In: ENCONTRO DA ASSOCIAÇÃO NACIONAL DE PESQUISA E PÓS-GRADUAÇÃO EM ADMINISTRAÇÃO, 25., 2001, Campinas. *Anais*... Campinas: Anpad, 2001.

CARDOSO, R. Inovar é preciso. *Business Leaders*, 25 de outubro de 2016. Disponível em <www.businessleaders.com.br/categoria/negocios/inovar-e-preciso> Acesso em: 4 jan. 2017.

CARRÃO, A. M. R. *As empresas familiares da região de Piracicaba sob a ótica dos empresários*: uma investigação. Dissertação (mestrado em administração) - Pontifícia Universidade Católica, São Paulo, 1997.

CASTRO, L. C.; MORAIS, M. R.; CRUBELLATE, J. M. Atitudes e comportamentos da cúpula e os processos de profissionalização, formalização estrutural e sucessão em empresas familiares: um estudo exploratório. In: ENCONTRO DA ASSOCIAÇÃO NACIONAL DE PESQUISA E PÓS-GRADUAÇÃO EM ADMINISTRAÇÃO, 25., 2001, Campinas. *Anais*... Campinas: Anpad, 2001.

CATER III, J. J.; KIDWELL, R. E. Function, governance, and trust in successor leadership groups in family firms. *Journal of Family Business Strategy*, v. 5, p. 217-228, 2014.

CAVEDON, N. R. O método etnográfico em estudos sobre a cultura organizacional: implicações positivas e negativas. In: ENCONTRO DA ASSOCIAÇÃO NACIONAL DE PESQUISA E PÓS-GRADUAÇÃO EM ADMINISTRAÇÃO, 23., 1999, Foz do Iguaçu. *Anais*... Foz do Iguaçu: Anpad, 1999.

______; FERRAZ, D. L. Os diferentes modelos de família e de empresas familiares e seus respectivos valores: um olhar sobre empresas comerciais em Porto Alegre. *Revista Organizações & Sociedade*, v. 10, n. 27, p. 75-91, maio/ago., 2003.

CECCARELLI, P. R. Configurações edípicas da contemporaneidade: reflexões sobre as novas formas de filiação. *Pulsional Revista de Psicanálise*, n. 161, p. 88-98, 2002.

CHECCHINATO, D. Psicanálise dos pais. *Pulsional Revista de Psicanálise*, n. 152/153, p. 42-69, 2001.

CHITTOOR, R.; DAS, R. Professionalization of management and succession performance a vital linkage. *Family Business Review*, v. 20, n. 1, p. 65-79, 2007.

CHIZZOTTI, A. *Pesquisa em ciências humanas e sociais*. 8. ed. São Paulo: Cortez, 2006.

CHRISMAN, J. J.; CHUA, J. H.; LITZ, R. A. Comparing the agency costs of family and non-family firms: conceptual issues and exploratory evidence. *Entrepreneurship Theory and Practice*, v. 28, n. 4, p. 335-354, 2004.

______; CHUA, J. H.; SHARMA, P. Trends and directions in the development of a strategic management theory of the family firm. *Entrepreneurship Theory and Practice*, v. 29, n. 5, p. 555-575, 2005.

CHRISTENSEN, C. R. *Management succession in small and growing enterprises*. Boston Division of Research. Graduate School of Business Administration. Harvard University, 1953.

CHUA, J. H.; CHRISMAN, J. J.; SHARMA, P. Defining family business by behavior. *Entrepreneurship Theory and Practice*, v. 23, n. 4, p. 19-39, 1999.

COMINI, G. M.; BECHILIA, G.; CASALI, L.; BROWN, S. Dilemas e desafios do processo sucessório em organizações brasileiras sem fins lucrativos: um estudo de casos. In: ENCONTRO DA ASSOCIAÇÃO NACIONAL DE PESQUISA E PÓS-GRADUAÇÃO EM ADMINISTRAÇÃO, 32., 2008, Rio de Janeiro. *Anais*... Rio de Janeiro: Anpad, 2008.

CORREA, O. B. R. Transmissão psíquica entre as gerações. *Psicologia USP*, n. 3, n. 14, 2003, p. 35-45.

CRUZ, R. N. História e historiografia da ciência: considerações para pesquisa histórica em análise do comportamento. *Rev. Bras. Ter. Comport. Cogn.* [online], v. 8, n. 2, p. 161-178, 2006.

CUNHA, L. Papaiz se moderniza para evitar "invasão" de chineses. *Agência Estado*, 26 dez. 2012. Disponível em: <http://exame.abril.com.br/negocios/noticias/papaiz-se-moderniza-para-evitar-invasao-de-chineses--3>. Acesso em: 17 set. 2015.

CUNHA, M. V. Freud: psicanálise e educação. *Psicologia da Educação*, 2008. Disponível em: <https://cld.pt/dl/download/35e169b9-a79a-4dce-af9e-213643c16319/FreudPsicanálise%20e%20Educação.pdf>. Acesso em: 7 ago. 2015.

CUNICO, S. D.; ARPINI, D. M. A família em mudanças: desafios para a paternidade contemporânea. *Pensando Famílias*, Porto Alegre, v. 17, n. 1, p. 28-40, 2013. Disponível em: <http://pepsic.bvsalud.org/scielo.php?script=sci_arttext&pid=S1679-494X2013000100004&lng=pt&nrm=iso>. Acesso em: 8 out. 2015.

DANTAS, N. M. *Adolescência e psicanálise*: uma possibilidade teórica. Dissertação (mestrado em psicologia clínica) - Universidade Católica de Pernambuco, Recife, 2002.

DAVEL, E.; COLBARI, A. Organizações familiares: por uma introdução a sua tradição, contemporaneidade e multidisciplinaridade. *Revista Organizações & Sociedade*, v. 7, n. 18, p. 45-64, maio/ago., 2000.

DEKKER, J. C.; LYBAERT, N.; STEIJVERS, T.; DEPAIRE, B.; MERCKEN, R. Family firm types based on the professionalization construct: exploratory research. *Family Business Review*, v. 26, n. 1, p. 81-99, 2012.

DESORDI, S. A.; FRANTZ, T. R. Papai não trabalha mais? A contribuição da psicanálise no estudo do processo sucessório em uma empresa familiar. In: ENCONTRO DA ASSOCIAÇÃO DE PÓS-GRADUAÇÃO E PESQUISA EM ADMINISTRAÇÃO, 36., 2012, Rio de Janeiro. *Anais*... Rio de Janeiro: Anpad, 2012.

DONCKELS, R.; FRÖHLICH, E. Are family businesses really different? European experiences from stratos. *Family Business Review*, v. 4, n. 2, p. 149-160, 1991.

DONNELLEY, R. G. The family business. *Harvard Business Review*, v. 42, n. 3, p. 93-105, 1964.

______. A empresa familiar. *Revista de Administração de Empresas*, v. 7, n. 23, p. 161-198, out./dez. 1967.

DUARTE, F. D.; OLIVEIRA, L. R. de. Proposta para avaliação de maturidade no processo sucessório de empresas familiares. In: ENCONTRO DA ASSOCIAÇÃO NACIONAL DE PESQUISA E PÓS-GRADUAÇÃO EM ADMINISTRAÇÃO, 31., 2007, Rio de Janeiro. *Anais*... Rio de Janeiro: Anpad, 2007.

DUARTE, S. Advogados especializados em casos de família. 28 jan. 2011. Disponível em: <http://vejasp.abril.com.br/materia/advogados-especializados-em-casos-de-familia/>. Acesso em: 17 set. 2015.

DUMAS, C. Understanding of father-daughter and father-son dyads in family-owned businesses. *Family Business Review*, v. 2, n. 1, p. 31-46, 1989.

DYER JR., W. G. Examining the "family effect" on firm performance. *Family Business Review*, v. 19, n. 4, p. 253-273, 2006.

EMÍDIO, T. S. O pai e a psicanálise: um estudo sobre a função paterna e suas configurações no mundo contemporâneo. In: ENCONTRO DE ENSINO, PESQUISA E EXTENSÃO, Colloquium Humanarum, Presidente Prudente, v. 11, n. esp., p. 1212-1220, 2014.

______; HASHIMOTO, F. Reflexões sobre a função paterna e suas configurações no mundo contemporâneo. In: CONGRESSO INTERNACIONAL DE PSICOLOGIA, 5., 2012. *Anais*... CIPSI, 2012.

ENCK, E. M. N. O encurtamento da latência e a puberdade precoce: um problema dos tempos atuais. In: CONGRESSO BRASILEIRO DE PSICANÁLISE, 2007. Disponível em: <http://febrapsi.org.br/publicacoes/artigos/xxi_cbp_eluza.doc>. Acesso em: 1 ago. 2015.

ÉPOCA NEGÓCIOS. *Temos equipe para gerir tudo*. 20 jan. 2009. Disponível em: <http://epocanegocios.globo.com/Revista/Common/0,,ERT22588-16642,00.html>. Acesso em: 13 set. 2015.

ERNST & YOUNG, UNIVERSITY OF ST. GALLEN. The 500 largest family firms in the world. Disponível em: <http://familybusinessindex.com>. Acesso em: 4 ago. 2015.

EXAME. *Melhores e maiores*. Disponível em: <http://exame.abril.com.br/topicos/melhores-e-maiores>. Acesso em: 13 set. 2015.

FARIA, C. B.; VIZEU, F. A herança patrimonialista no processo sucessório de empresas familiares do Brasil. In: ENCONTRO DA ASSOCIAÇÃO DE PÓS-GRADUAÇÃO E PESQUISA EM ADMINISTRAÇÃO, 38., 2014, Rio de Janeiro. *Anais*... Rio de Janeiro: Anpad, 2014.

FARIAS, L. Papaiz é vendida para grupo sueco. *Diário do Grande ABC*, 30 dez. 2015. Disponível em: <www.dgabc.com.br/(X(1)S(req2xkv3g1crjp1g0isgisyf))/Noticia/1678712/papaiz-e-vendida-para-grupo-sueco>. Acesso em: 30 jan. 2017.

FEDERICO, A. A. L.; BARBOSA, J. D. De pai para filho: uma análise do processo sucessório nas concessionárias de veículos de direção familiar em Aracaju. In: ENCONTRO DE ESTUDOS SOBRE EMPREENDEDORISMO E GESTÃO DE PEQUENAS EMPRESAS. 2., 2001, Londrina. *Anais*... Londrina: Egepe, 2001. Disponível em: <http://jornalpovao.com.br/artigo8.pdf>. Acesso em: 20/01/2009.

FERRARI, A. G.; PICCININI, C. A.; LOPES, R. C. S. Atualização do complexo de Édipo na relação com o bebê: evidências a partir de um estudo de caso. *Estud. Psicol.*, Campinas, v. 30, n. 2, p. 239-248, 2013. Disponível em: <http://www.scielo.br/scielo.php?script=sci_arttext&pid=S0103-166X2013000200010&lng=en&nrm=iso>. Acesso em: 6 out. 2015.

FERREIRA, L. *Psicanálise*: o que ela pode fazer por você. Barrei: Sá Editora, 2010.

FERREIRA, P. A.; LOURENÇO, C. D. da S.; OLIVEIRA, V. A. R. de. Os reflexos da morte do fundador sob os elementos culturais: uma análise em duas organizações familiares sob a perspectiva simbólica. In: SEMINÁRIOS EM ADMINISTRAÇÃO FEA-USP. 11., 2008, São Paulo. *Anais*... São Paulo: Semead, 2008. Disponível em: <http://www.ead.fea.usp.br/semead/11semead/>. Acesso em: 17 mar. 2009.

FLACH, N. *Trancando os erros*. 11 jul. 2014. Disponível em <http://www.istoedinheiro.com.br/noticias/financas/20140711/trancando-erros/170825.shtml>. Acesso em: 17 set. 2015.

FLORES JR., J. E.; GRISCI, C. L. I. Dilemas de pais e filhos no processo sucessório de empresas familiares. In: ENCONTRO DA ASSOCIAÇÃO NACIONAL DE PESQUISA E PÓS-GRADUAÇÃO EM ADMINISTRAÇÃO, 34., 2010, Rio de Janeiro. *Anais*... Rio de Janeiro: Anpad, 2010.

______. Dilemas de pais e filhos no processo sucessório de empresas familiares. *Revista de Administração*, v. 47, n. 2, p. 325-337, 2012.

FREUD, S. A dissolução do complexo de Édipo. In: O Eu e o ID, "autobiografia" e outros textos (1923-1925). *Obras completas*. São Paulo: Companhia das Letras, 2011, v. 16 (obra original publicada em 1924).

______. *Três ensaios sobre a teoria da sexualidade*. Rio de Janeiro: Imago, 1997. (obra original publicada em 1905).

FRIEDLANDER, D.; PORTO, G. Minha doce vida de falido. *Agência Estado – O Estado de S. Paulo*, 1 fev. 2010. Disponível em: <www.estadao.com.br/noticias/geral,minha-doce-vida-de-falido,504488>. Acesso em: 22 set. 2015.

FUNDADOR da Papaiz morre na Itália aos 79 anos. *Folha de S.Paulo*, 19 dez. 2003. Disponível em <www1.folha.uol.com.br/fsp/cotidian/ff1912200315.htm>. Acesso em: 17 set. 2015.

G1 São Paulo. Morre em São Paulo o ex-deputado Adhemar de Barros Filho. *Globo.com*, 10 fev. 2014. Disponível em: <http://g1.globo.com/sao-paulo/noticia/2014/02/morre-em-sp-o-ex-deputado-adhemar-de-barros-filho.html>. Acesso em: 18 set. 2015.

GARCIA, É. da C.; MOREIRA, M. O. M. "Somos uma grande família": o papel do mito da grande família no controle psicossocial por vínculos. In: ENCONTRO DA ASSOCIAÇÃO NACIONAL DE PESQUISA E PÓS-GRADUAÇÃO EM ADMINISTRAÇÃO, 32, 2008, Rio de Janeiro. Anais... Rio de Janeiro: Anpad, 2008.

GARCIA, V. P. *Desenvolvimento das famílias empresárias*. Rio de Janeiro: Qualitymark Ed., 2001.

GERDAU. *Fato Relevante – Gerdau propõe nova estrutura de governança corporativa*. Porto Alegre, 26 de março de 2015. Disponível em: <http://www.bmfbovespa.com.br/Agencia/corpo.asp?origem=exibir&id=182015032600091&manchete=GERDAU%20(GGBR-N1)%20/%20GERDAU%20MET%20(GOAU-N1)%20-%20Fato%20Relevante-estrutura%20de%20gov.%20corp>. Acesso em: 13 set. 2015.

GERDAU. *Site: História – Linha do tempo*. Disponível em: <https://www.gerdau.com/pt/quem-somos/memoria-gerdau/linha-do-tempo>. Acesso em: 20 jan. 2015.

______. *Site – relações com investidores*. Disponível em: <http://ri.gerdau.com/?idioma=ptb>. Acesso em: 13 set. 2015.

GERSICK, K. et al. *De geração para geração*: ciclos de vida da empresa familiar. São Paulo: Negócio, 1997.

GIL, A. C. *Métodos e técnicas de pesquisa social*. 6. ed. São Paulo: Atlas, 2008.

GONÇALVES, J. S. R. C. As empresas familiares no Brasil. *Revista de Administração de Empresas Light*, v. 7, n. 1, p. 7-12, jan./mar. 2000.

GORGATI, V. *Os determinantes da estrutura de capital de empresas familiares brasileiras durante os processos sucessórios*: contribuições da teoria da firma. 2000. Dissertação (Mestrado em administração) – Universidade de São Paulo, São Paulo. 2000.

GRUPO MERCOSUL. *Curiosidade do dia sobre marcas:* o maior patrimônio de uma empresa. Disponível em: <http://www.grupomercosul.com.br/site01/curiosidade_papaiz.html>. Acesso em: 17 set. 2015.

GRZESZCZESZYN, G.; MACHADO, H. V. Empreendedorismo e empresas familiares: reflexões sobre a pesquisa. In: SEMINÁRIOS EM ADMINISTRAÇÃO FEA-USP, 9., 2006, São Paulo. *Anais*... São Paulo: Semead, 2006.

GRZYBOVSKI, D. *Plataforma de conhecimentos e aprendizagem transgeracional em empresas familiares*. 2007. Tese (doutorado em administração) – Universidade Federal de Lavras, Lavras, 2007.

______; HOFFMANN, P. Z.; MUHL, E. E. Estratégia e sucessão na gestão de empresas familiares: um estudo do caso Gerdau. In: ENCONTRO DE ESTUDOS ORGANIZACIONAIS, 5., 2008, Belo Horizonte. *Anais*... Belo Horizonte: Eneo, 2008.

______; BOSCARIN, R.; MIGOTT, A. M. B. Estilo feminino de gestão em empresas familiares. *Revista de Administração Contemporânea*, v. 6, n. 2, p. 185-207, maio/ago. 2002.

GUEIROS, M. M. B.; OLIVEIRA, L. M. B. Sucessão familiar: prática em empresa de transporte – uma visão dos dirigentes. In: ENCONTRO DA ASSOCIAÇÃO NACIONAL DE PESQUISA E PÓS-GRADUAÇÃO EM ADMINISTRAÇÃO, 24., 2000, Florianópolis. *Anais*... Florianópolis: Anpad, 2000.

HABERMAN, H.; DANES, S. M. Father-daughter and father-son family business management transfer comparison: family FIRO model application. *Family Business Review*, v. 20, n. 2, p. 163-184, 2007

HALL, A.; NORDQVIST, M. Professional management in family businesses: toward an extended understanding. *Family Business Review*, v. 21, n. 1, p. 51-69, 2008.

HARVEY, M.; EVANS, R. E. The impact of timing and mode of entry on successor development and successful succession. *Family Business Review*, v. 7, n. 3, p. 221-236, 1994.

HEINEMANN, G. B. B.; CHATELARD, D. S. Concepção atual de família: do declínio da função paterna aos novos sintomas. *Revista Mal-Estar e Subjetividade*, v. 7, n. 3-4, p. 639-662, 2012.

HOFFMANN, C. A autoridade e a questão do pai. *Ágora*, v. 4, n. 2, p. 169-176, 2006.

ISTOÉ DINHEIRO. *O três em um da Papaiz*. 9 abr. 2003. Disponível em: <http://www.istoedinheiro.com.br/noticias/negocios/20030409/tres-papaiz/19702.shtml>. Acesso em: 17 set. 2015.

JESUS, L. F. M. *A psicanálise quando fala da função paterna se refere ao pai da realidade?* 2009. Disponível em: <www.psicologia.pt>. Acesso em: 23 set. 2015.

JUCHEM, D. M.; LOVATTO, S. D. Sistema de gestão relacionado ao gerenciamento, sucessão e comportamento nas empresas familiares. In: SEMINÁRIOS EM ADMINISTRAÇÃO FEA-USP, 7., 2004, São Paulo. *Anais*... São Paulo: Semead, 2004.

JULIEN, P. *Abandonarás teu pai e tua mãe*. Rio de Janeiro: Companhia de Freud, 2000.

KANITZ, S. C.; KANITZ, L. M. A relação pai e filho nas empresas familiares. *Revista de Administração*, v. 13, n. 1, p. 33-41, 1978.

KETS DE VRIES, M. F. R.; CARLOCK, R. S.; FLORENT-TREACY, E. *A empresa familiar no divã*: uma perspectiva psicológica. Porto Alegre: Bookman, 2009.

KOELLE, C. E. Planejamento estratégico, gestão de competências e sucessão em empresas familiares. Dissertação (mestrado em administração) – Fundação Getulio Vargas, São Paulo, 2004.

KUPFER, M. C. M. A contribuição da psicanálise aos estudos sobre família e educação. *Psicologia USP*, v. 3, n. 1-2, p. 77-82, 1992.

KUSTER, M. O. A importância da função paterna no desenvolvimento da criança. *Revista de Pediatria Soperj*, v. 15, n. 1, p. 35-39, 2015.

LACTA. *Site institucional*. Disponível em: <http://www.lacta.com.br/historia>. Acesso em: 18 set. 2015.

LAHAYE, T. *Por que agimos como agimos*. São Paulo: Abbra Press, 1999.

LANSBERG, I. The succession conspiracy. *Family Business Review*, v. 1, n. 2, p. 119-143, 1988.

______; PERROW, E. L.; ROGOLSKY, S. Family business as an emerging field. *Family Business Review*, v. 1, n. 1, p. 1-8, 1988.

LEAL, R. P. C. L.; OLIVEIRA, J.; SOLURI, A. F. Perfil das pesquisas em finanças no Brasil. *Revista de Administração de Empresas*, v. 43, n. 1, p. 91-104, jan./fev./mar. 2003.

LEITE, S. Angústia, recalque e foraclusão: algumas notas para a clínica. *Psicanálise & Barroco em Revista*, v. 7, n. 1, p. 209-218, 2009.

LEONE, N. M. C. P. G. A sucessão não é tabu para os dirigentes da PME. In: ENCONTRO DA ASSOCIAÇÃO NACIONAL DE PESQUISA E PÓS-GRADUAÇÃO EM ADMINISTRAÇÃO, 15., 1991, Belo Horizonte. *Anais*... Belo Horizonte: Anpad, 1991.

______. O Saara não é um deserto: o processo sucessório de suas empresas é repleto de conhecimentos. In: ENCONTRO DA ASSOCIAÇÃO NACIONAL DE PESQUISA E PÓS-GRADUAÇÃO EM ADMINISTRAÇÃO, 26., 2002, Salvador. *Anais*... Salvador: Anpad, 2002.

______. O processo sucessório em empresas familiares: o exemplo dos comerciantes e o processo no Saara. *Revista Organizações & Sociedade*, v. 11, n. 29, p. 149-172, jan./abr. 2004.

______. *Sucessão na empresa familiar*: preparando as mudanças para garantir sobrevivência no mercado globalizado. São Paulo: Atlas, 2005.

LESCURA, C. et al. Representações sociais sobre as relações de parentesco: estudo de caso em um grupo empresarial familiar. *Revista de Administração Contemporânea*, v. 16, n. 1, p. 98-117, 2012.

______; BRITO, M. J.; CAPPELLE, M. C. A. A dinâmica entre família e organização: representações sociais acerca das relações de parentesco em uma organização familiar. In: ENCONTRO DE ESTUDOS ORGANIZACIONAIS, 6., 2010, Florianópolis. *Anais*... Florianópolis: Eneo, 2010.

______ et al. A dinâmica entre a família e organização: um estudo de caso utilizando o método historiográfico e a técnica do genograma. In: ENCONTRO DA ASSOCIAÇÃO DE PÓS-GRADUAÇÃO E PESQUISA EM ADMINISTRAÇÃO, 33., 2009, São Paulo. *Anais*... São Paulo: Anpad, 2009.

______ et al. Novos arranjos familiares e a empresa familiar: um debate teórico. In: ENCONTRO DE ESTUDOS ORGANIZACIONAIS, 6., 2010, Florianópolis. *Anais*..., Florianópolis: Eneo, 2010.

LIMA, G. C. O.; SOARES, A. S.; SOUZA, M. M. P. Questões familiares em processos sucessórios locais: um estudo na maior feira brasileira. In: ENCONTRO DE ESTUDOS ORGANIZACIONAIS, 4., 2006, Porto Alegre. *Anais*... Porto Alegre: Eneo, 2006.

LIMA, J. B.; SILVA, K. L.; CONDE, D. R. Empreendedorismo em empresas familiares: intraempreendedorismo e famílias empreendedoras. In: ENCONTRO DE ESTUDOS ORGANIZACIONAIS, 6., 2010, Florianópolis. *Anais*... Florianópolis: Eneo, 2010.

LIMA, V. L. C. et al. Análise da formação do potencial transgeracional em empresas familiares. In: ENCONTRO DA ASSOCIAÇÃO DE PÓS-GRADUAÇÃO E PESQUISA EM ADMINISTRAÇÃO, 37., 2013, Rio de Janeiro. *Anais*... Rio de Janeiro: Anpad, 2013.

LISSA, R. S. R.; MOJUSKI, C. do C.; DRACHEMBERG, D. M. As estratégias de profissionalização da empresa familiar: um estudo de caso. In: ENCONTRO DA ASSOCIAÇÃO NACIONAL DOS CURSOS DE GRADUAÇÃO EM ADMINISTRAÇÃO, 18., 2007, Cuiabá. *Anais*... Cuiabá: Angrad, 2007.

LITZ, R. A. Two sides of a one-sided phenomenon: conceptualizing the family business and business family as a möbius strip. *Family Business Review*, v. 21, n. 3, p. 217-236, 2008.

LODI, J. B. *A empresa familiar*. São Paulo: Pioneira, 1978.

______. *O fortalecimento da empresa familiar*. São Paulo: Pioneira, 1984.

______. *Sucessão e conflito na empresa familiar*. São Paulo: Pioneira, 1987.

______. *A ética na empresa familiar*. São Paulo: Pioneira, 1998.

LOPES, F. T. Fotografia de família: contribuições da abordagem psicanalítica para o estudo sobre organizações familiares. In: ENCONTRO DA ASSOCIAÇÃO NACIONAL DE PESQUISA E PÓS-GRADUAÇÃO EM ADMINISTRAÇÃO, 32., 2008, Rio de Janeiro. *Anais*... Rio de Janeiro: Anpad, 2008.

______; CARRIERI, A. P. Fotografias de família pela ótica das sucessoras: um estudo sobre uma organização familiar. *Revista de Administração Contemporânea*, v. 14, n. 3, p. 478-494, 2010.

______; ______; SARAIVA, L. A. S. Relações entre poder e subjetividade em uma organização familiar. *Organizações & Sociedade*, Salvador, v. 20, n. 65, p. 225-238, abr./jun. 2013.

LÓPEZ, L. E. Caracterización del desarrollo psicoafectivo en niños y niñas escolarizados entre 6 y 12 años de edad de estrato socioeconómico bajo de la ciudad de Barranquilla. *Psicología desde el Caribe*, n. 19, p. 110-153, 2007.

LOURENÇO, C. D. S.; FERREIRA, P. A. Simbolismo, cultura organizacional e mito fundador: um estudo de caso em uma empresa familiar. In: ENCONTRO DE ESTUDOS ORGANIZACIONAIS, 5., 2008, Belo Horizonte. *Anais*... Belo Horizonte: Eneo, 2008.

______; OLIVEIRA, V. A. R.; FERREIRA, P. A. O antes e o depois do processo de sucessão: uma análise fundamentada nos tipos de dominação weberianos. In: ENCONTRO DA ASSOCIAÇÃO NACIONAL DE PESQUISA E PÓS-GRADUAÇÃO EM ADMINISTRAÇÃO, 34., 2010, Rio de Janeiro. *Anais*... Rio de Janeiro: Anpad, 2010

LUSSIER, R. N.; SONFIELD, M. C. Family businesses' succession planning: a seven-country comparison. *Journal of Small Business and Enterprise Development*, v. 19, n. 1, p. 7-19, 2012.

LYRA, M. G.; GOMES, R. C.; JACOVINE, L. A. G. O papel dos *stakeholders* na sustentabilidade da empresa: contribuições para construção de um modelo de análise. *Revista de Administração Contemporânea*, v. 13, n. espe, p. 39-52, 2009.

MACEDO, A. L. C. *Estruturas clínicas*: reflexões sobre o papel do complexo de Édipo na formação das estruturas. Trabalho de conclusão de curso (graduação em psicologia) - Universidade do Vale do Itajaí, Biguaçu, 2009.

MACHADO, H. V. Reflexões sobre concepções de família e empresas familiares. *Psicologia em estudo*, v. 10, n. 2, p. 317-323, maio/ago. 2005.

MACHADO, R. M. DA C.; WETZEL, U.; RODRIGUES, M. E. A experiência de sucessão para herdeiras de empresas familiares do Rio de Janeiro. *Cadernos Ebape.br*, v. 6, n. 3, p. 1-24, set., 2008.

MADISON, K.; RUNYAN, R. C.; SWINNEY, J. L. Strategic posture and performance: Revealing differences between family and nonfamily firms. *Journal of Family Business Strategy*, v. 5, p. 239-251, 2014.

MAGALHÃES NETO, A. B.; FREITAS, A. A. A. F. de. As organizações familiares e os processos de profissionalização, sucessão e administração de conflitos: uma análise baseada no conceito de ciclo de vida. In: ENCONTRO DA ASSOCIAÇÃO NACIONAL DE PESQUISA E PÓS-GRADUAÇÃO EM ADMINISTRAÇÃO, 27., 2003, Atibaia. *Anais*... Atibaia: Anpad, 2003.

MARTÍNEZ, J. I.; STÖHR, B. S.; QUIROGA, B. F. Family ownership and firm performance: evidence from public companies in Chile. *Family Business Review*, v. 20, n. 2, p. 83-94, 2007.

MARTINS, K. P. H.; SAMPAIO, I. L.; LIMA, M. C. P.; DIAS, T. M. M. Reflexões sobre a função paterna no trabalho psicanalítico com crianças. *Cad. Psicanál.-CPRJ*, n. 23, p. 133-143, 2010.

MATTOS, A. Adhemarzinho vende tudo. *IstoÉ Dinheiro*, 24 jul. 2008. Disponível em: <www.terra.com.br/istoedinheiro-temp/edicoes/565/artigo97052-1.htm>. Acesso em: 17 set. 2015.

MENDES, A. M. B. Algumas contribuições teóricas do referencial psicanalítico para as pesquisas sobre organizações. *Estudos de Psicologia*, n. 7, p. 89-96, 2002.

MENEZES, R. S. S.; BERTUCCI, J. L. O. "Mulher de negócios": uma análise da representação social com base no discurso de empresárias associadas à Business Professional Women. In: ENCONTRO DA ASSOCIAÇÃO DE PÓS-GRADUAÇÃO E PESQUISA EM ADMINISTRAÇÃO, 33., 2009, São Paulo. *Anais*... São Paulo: Anpad, 2009.

MERHI, D. Q.; SILVA JUNIOR, A.; MARTINS DA SILVA, P. O.; LEITE DA SILVA, A. R. Carreiras e processo sucessório na empresa familiar: uma análise à luz da teoria psicanalítica. In: ENCONTRO DA ASSOCIAÇÃO NACIONAL DE PESQUISA E PÓS-GRADUAÇÃO EM ADMINISTRAÇÃO, 34., 2010, Rio de Janeiro. *Anais*... Rio de Janeiro: Anpad, 2010.

MILLER, D.; LE BRETON-MILLER, I. *Managing for the long run*: lessons in competitive advantage from great family business. Boston: Harvard Business School Press, 2005.

MIRALLES-MARCELO, J. L.; MIRALLES-QUIRÓS, M. M; LISBOA, I. The impact of family control on firm performance: evidence from Portugal and Spain. *Journal of Family Business Strategy*, v. 5, p. 156-168, 2014.

MIRANDA, S. R.; GRZYBOVSKI, D. Governança na pequena empresa familiar: caso Bilhares Engers. In: ENCONTRO DA ASSOCIAÇÃO DE PÓS-GRADUAÇÃO E PESQUISA EM ADMINISTRAÇÃO, 36., 2012, Rio de Janeiro. *Anais*... Rio de Janeiro: Anpad, 2012.

MORAES FILHO, A. C. T. *Gestão e sucessão de empresas familiares*: uma revisão de literatura. 2009. Dissertação (mestrado em gestão empresarial) – Fundação Getulio Vargas, Rio de Janeiro, 2009.

______; BARONE, F. M.; PINTO, M. O. A produção científica em empresas familiares: um enfoque conceitual. *Revista de Administração Pública*, v. 45, n. 6, p. 1971-1991, 2011.

MORALES, P. P. G. *Mesbla, prazer em servir*. 17 maio 2012. Disponível em: <http://falandodegestao.com/tag/mesbla/>. Acesso em: 22 set. 2015.

MOREIRA, J. O.; BORGES, A. A. P. A castração e seus destinos na construção da paternidade. *Psic. Clin.*, v. 22, n. 2, p. 71-81, 2010.

MOSELE, E. M.; BIEHL, K. A. Estudo sobre o processo sucessório nas empresas familiares de acadêmicos de administração. In: ENCONTRO DE ESTUDOS ORGANIZACIONAIS, 2., 2004, Atibaia. *Anais*... Atibaia: Eneo, 2004.

MUNDO DAS MARCAS. 3 março 2010. Disponível em: <http://mundodasmarcas.blogspot.com.br/2010/03/papaiz.html>. Acesso em: 17 set. 2015.

NAIDITCH; S. Em busca do brilho próprio. *Revista Exame*, ed. 902, n. 18, 26 de setembro de 2007. Disponível em: <http://exame.abril.com.br/revista-exame/edicoes/902/noticias/em-busca-do-brilho-proprio-m0138902>. Acesso em: 13 set. 2015.

______; MANO, C. Quem vai suceder este homem. *Revista Exame*, 9 mar. 2006. Disponível em: <http://exame.abril.com.br/revista-exame/edicoes/863/noticias/quem-vai-suceder-este-homem-m0081031>. Acesso em: 13 set. 2015.

NALDI, L. CHIRICO, F.; KELLERMANNS, F. W.; CAMPOPIANO, G. All in the family? An exploratory study of family member advisors and firm performance. *Family Business Review*, v. 28, n. 3. p. 227-242, 2015.

NETZ, C. Sonho só no bombom. *Revista Exame*, 22 abr.1996. Disponível em: <http://exame.abril.com.br/revista-exame/edicoes/610/noticias/sonho-so-no-bombom-m0054135>. Acesso em: 18 set. 2015.

NICHOLSON, N. Evolutionary psychology and family business: a new synthesis for theory, research, and practice. *Family Business Review*, v. 21, n. 1, p. 103-118, 2008.

OLIVEIRA, J. L.; ALBUQUERQUE, A. L.; PEREIRA, R. D. De "filho do dono" a dirigente ilustre: caminhos e descaminhos no processo de construção da legitimidade de sucessores em organizações familiares. *Revista de Administração*, v. 48, n. 1, p. 21-33, 2013.

OLIVEIRA, J. L. et al. Governança, sucessão e profissionalização em uma empresa familiar (re)arranjando o lugar da família multigeracional. In: ENCONTRO DA ASSOCIAÇÃO DE PÓS-GRADUAÇÃO E PESQUISA EM ADMINISTRAÇÃO, 34., 2010, Rio de Janeiro. *Anais*... Rio de Janeiro: Anpad, 2010.

ORO, I. M.; LAVARDA, C. E. F. Empresa familiar e desempenho econômico-financeiro: um estudo sobre a configuração da produção científica internacional. In: ENCONTRO DA ASSOCIAÇÃO DE PÓS-GRADUAÇÃO E PESQUISA EM ADMINISTRAÇÃO, 38., 2014, Rio de Janeiro. *Anais*... Rio de Janeiro: Anpad, 2014.

PAPA, A. C.; LUZ, T. R. O papel do fundador na cultura de uma empresa familiar: um estudo de caso em João Monlevade - MG. In: ENCONTRO DA ASSOCIAÇÃO NACIONAL DE PESQUISA E PÓS-GRADUAÇÃO EM ADMINISTRAÇÃO, 32., 2008, Rio de Janeiro. *Anais*... Rio de Janeiro: Anpad, 2008.

PAPAIZ. *O Grupo Papaiz*. Disponível em: <www.papaiz.com.br>. Acesso em: 17 set. 2015.

PEREIRA, A. C. S. et al. Desconstrução do mito e sucessão do fundador em empresas familiares. *Revista de Administração Contemporânea*, v. 17, n. 5, p. 518-535, 2013.

______; VIEIRA, A.; ROSCOE, M. T. A. Sucessão do mito organizacional: estudo de caso em uma empresa familiar. In: ENCONTRO DA ASSOCIAÇÃO DE PÓS-GRADUAÇÃO E PESQUISA EM ADMINISTRAÇÃO, 36., 2012, Rio de Janeiro. *Anais*... Rio de Janeiro: Anpad, 2012.

PEREIRA, R. D.; OLIVEIRA, J. L. A estruturação do processo sucessório e a influência dos valores familiares em uma empresa têxtil mineira. In: ENCONTRO DA ASSOCIAÇÃO DE PÓS-GRADUAÇÃO E PESQUISA EM ADMINISTRAÇÃO, 34., 2010, Rio de Janeiro. *Anais*... Rio de Janeiro: Anpad, 2010.

PINHO, F. F. de P.; BERGAMASCHI, L. S.; MELO, J. de S. C. Relações de gênero: uma categoria introduzida ao modelo tridimensional de desenvolvimento de empresa familiar. In: ENCONTRO DA ASSOCIAÇÃO NACIONAL DE PESQUISA E PÓS-GRADUAÇÃO EM ADMINISTRAÇÃO, 30., 2006, Salvador. *Anais*... Salvador: Anpad, 2006.

PINHO, F. G.; ACCORSI, F. Segredo de Família. *Pequenas Empresas & Grandes Negócios*, mar. 2015. Disponível em: <www.revistapegn.com.br>. Acesso em: 17 set. 2015.

PwC – PricewaterhouseCoopers Brasil. *Empresa familiar*: o desafio da governança. Pesquisa Global sobre Empresas Familiares 2014. Disponível em: < www.pwc.com.br/pt/publicacoes/setores-atividade/assets/pcs/pesq-emp-fam-14.pdf>. Acesso em: 30 ago. 2015.

QUEIROZ, V. S. The good, the bad and the ugly: estudo sobre pequenas e médias empresas familiares brasileiras a partir da teoria da ação de Pierre Bourdieu. *Cadernos Ebape.br.*, v. 6, n. 1, p. 1-17, 2008.

QUINTÃO, C. Inteligência competitiva empresa: Papaiz projeta crescimento de 5% neste ano. *Valor Econômico*, 3 fev. 2015. Disponível em: <https://alfredopassos.wordpress.com/2015/02/03/inteligencia-competitiva-empresa-papaiz-projeta-crescimento-de-5-neste-ano/> Acesso em: 17 set. 2015.

RICCA, D. *Da empresa familiar à empresa profissional*. São Paulo: Editora CLA, 1998.

______. *Sucessão na empresa familiar*: conflitos e soluções. São Paulo: Editora CLA, 2007.

ROCHA, C. H. M. da. Profissionalização x modernização: um estudo de caso de uma empresa familiar do setor têxtil. In: ENCONTRO DA ASSOCIAÇÃO NACIONAL DE PESQUISA E PÓS-GRADUAÇÃO EM ADMINISTRAÇÃO, 26., 2002, Salvador. *Anais*... Salvador: Anpad, 2002.

ROSSATO NETO, F. J. Do mito do fundador ao mito do Édipo: possíveis contribuições psicanalíticas. In: ENCONTRO DA ASSOCIAÇÃO NACIONAL DE PESQUISA E PÓS-GRADUAÇÃO EM ADMINISTRAÇÃO, 32., 2008, Rio de Janeiro. *Anais*... Rio de Janeiro: Anpad, 2008.

ROSSONI, L. O que é legitimidade organizacional? In: ENCONTRO DE ESTUDOS ORGANIZACIONAIS, 7., 2012, Curitiba. *Anais*... Curitiba: Eneo, 2012.

SACRISTÁN-NAVARRO, M. GÓMEZ-ANSÓN, S. Family ownership and pyramids in the Spanish market. *Family Business Review*, v. 20, n. 3, p. 247-265, 2007.

SALOMÃO, Pedro. *Empreendendo felicidade*: uma nova abordagem sobre negócios, vida e valores. Rio de Janeiro: Grupo 5w, 2016.

SARAIVA, L. M.; REINHARD, M. C.; SOUZA, R. C. A função paterna e seu papel na dinâmica familiar e no desenvolvimento mental infantil. *Rev. Bras. Psicoter.*, v. 3, n. 14, p. 52-67, 2012.

SARTI, C. A. A família como ordem simbólica. *Psicologia USP*, v. 15, n. 3, p. 11-28, 2004.

SCARAMUZZO, M. Assa Abloy compra o controle da Papaiz e da Udinese. *Exame.com*, 29 dez. 2015a. Disponível em: <http://exame.abril.com.br/negocios/multinacional-assa-abloy-compra-o-controle-da-papaiz-e-da-udinese/>. Acesso em: 30 jan. 2017.

______. Multinacional Assa Abloy compra o controle da Papaiz e da Udinese. *Diário da Região*, São José do Rio Preto, SP, 29 de dezembro de 2015b. Disponível em: <www. diariodaregiao.com.br/economia/multinacional-assa-abloy-compra-o-controle-da-papaiz-e-da-udinese-1.390455). Acesso em: 30 jan. 2017.

SCHLEPPHORST, S.; MOOG. P. Left in the dark: family successors' requirement profiles in the family business succession process. *Journal of Family Business Strategy*, v. 5, p. 358-371, 2014.

SCHUMAN, A.; STUTZ, S.; WARD, J. L. *A empresa familiar como paradoxo*. Porto Alegre: Bookman, 2011.

SHARMA, P. An overview of the field of family business studies: current status and directions for the future. *Family Business Review*, v. 17, n. 1, p. 1-36, 2004.

______; ______; GERSICK, K. E. 25 years of family business review: reflections on the past and perspectives for the future. *Family Business Review*, v. 25, n. 1, p. 5-15, 2012.

______; RAO, S. Successor attributes in Indian and Canadian family firms: a comparative study. *Family Business Review*, v. 13, n. 4, p. 313-330, 2000.

SILVA JUNIOR, A. da; MUNIZ, R. M. Poder e sucessão: ascensão, declínio e falência de uma gestão familiar em uma empresa capixaba. *Revista Organizações & Sociedade*, v. 10, n. 26, p. 57-74, jan./abr. 2003.

______; MARTINS DA SILVA, P. O.; LEITE DA SILVA, A. R. Sistemas de valores e implicações na governança corporativa em um grupo empresarial familiar. *Organizações & Sociedade*, Salvador, v. 20, n. 65, p. 239-260, abr./jun. 2013.

SILVA, J. C. de S.; FISCHER, T.; DAVEL, E. Organizações familiares e tipologias de análise: o caso da organização Odebrecht. In: ENCONTRO DA ASSOCIAÇÃO NACIONAL DE PESQUISA E PÓS-GRADUAÇÃO EM ADMINISTRAÇÃO, 23., 1999, Foz do Iguaçu. *Anais...* Foz do Iguaçu: Anpad, 1999.

SILVA, R. G.; VALADÃO JÚNIOR, V. M. Cultura organizacional: revelando manifestações que traduzem limites e/ou possibilidades a continuidade de uma empresa familiar. In: ENCONTRO DA ASSOCIAÇÃO DE PÓS-GRADUAÇÃO E PESQUISA EM ADMINISTRAÇÃO, 35., 2011, Rio de Janeiro. *Anais...* Rio de Janeiro: Anpad, 2011.

SILVEIRA, K.; BIEHL, K. A. Análise de ações no processo sucessório das empresas familiares. In: ENCONTRO DA ASSOCIAÇÃO NACIONAL DE PESQUISA E PÓS-GRADUAÇÃO EM ADMINISTRAÇÃO, 27. 2003, Atibaia. *Anais...* Atibaia: Anpad, 2003.

SIMÕES, J. R.; CARRÃO, A. M. R. Um estudo sobre o processo de sucessão numa empresa familiar de pequeno porte. In: ENCONTRO DE INICIAÇÃO CIENTÍFICA DA UNIMEP. 6. 1996, Piracicaba. *Anais...* Piracicaba: Unimep, 1996.

SIQUEIRA, M. M.; FROIS, E. S.; MIRANDA, D. D. F. Aspectos culturais em processos sucessórios: estudo em empresas de transporte de passageiros. In: ENCONTRO DA ASSOCIAÇÃO NACIONAL DE PESQUISA E PÓS-GRADUAÇÃO EM ADMINISTRAÇÃO, 21., 1997, Rio das Pedras. *Anais...* Rio das Pedras: Anpad, 1997.

SOUZA, A. S. L. Re-visitando a latência: reflexões teórico-clínicas sobre os caminhos da sexualidade. *Psicologia USP*, v. 25, n. 2, p. 155-161, 2014.

STEIBEL, D.; HALLBERG, A. E.; SANCHOTENE, B.; VON MENGDEN CAMPEZATTO, P.; DA ROSA SILVA, M.; TIELLET NUNES, M. L. A latência na atualidade: considerações sobre crianças encaminhadas para psicoterapia. *Aletheia*, n. 35-36, p. 51-68, maio-dez. 2011.

TEIXEIRA, L. H. G. A profissionalização na gestão de uma empresa familiar: estudo de caso de uma propriedade rural. *Revista Mundo da Gestão*, v. 1, 2011.

TILLMANN; C.; GRZYBOVSKI, D. Sucessão de dirigentes na empresa familiar: estratégias observadas na família empresária. *Revista Organizações & Sociedade*, v. 12, n. 32, p. 45-61, jan./mar. 2005.

VASSALLO, C. O que está (mesmo) acontecendo no Mappin. *Revista Exame*, 24 fev. 1999. Disponível em: <http://exame.abril.com.br/revista-exame/edicoes/682/noticias/o-que-esta-mesmo-acontecendo-no-mappin-m0051146>. Acesso em: 22 set. 2015.

VERGARA, S. C. *Projetos e relatórios de pesquisa em administração*. 15. ed. São Paulo: Atlas, 2014.

VIEIRA, A. SOUSA NETO, J. A.; ROSCOE, M. T. Relações de influência entre dimensões da transgeracionalidade e dimensões da cultura: estudo de casos de empresas familiares. In: ENCONTRO DE ESTUDOS ORGANIZACIONAIS, 6. 2010, Florianópolis. *Anais*... Florianópolis: Eneo, 2010.

VILAÇA, L. *A transmissão de um legado*: a função do pai e seus desdobramentos na conjugalidade do filho. Rio de Janeiro: Proclama Editora, 2010.

WAGNER, D.; BLOCK, J. H.; MILLER, D.; SCHWENS, C.; XI, G. A meta-analysis of the financial performance of family firms: another attempt. *Journal of Family Business Strategy*, v. 6, p. 3-13, 2015.

YIN, R. K. *Estudo de caso*: planejamento e métodos. 4. ed. Porto Alegre: Bookman, 2010.

ZOCCA, A. P. D. et al. De pai para filho: o fim de uma tradição no setor de transporte rodoviário de cargas. In: SEMINÁRIOS EM ADMINISTRAÇÃO FEA-USP, 11. 2008, São Paulo. *Anais*... São Paulo: Semead, 2008.

Agradecimentos

Ao meu filho, Benjamin, a quem eu amarei por toda a minha vida e que foi a minha principal motivação para a realização deste livro.

Ao meu pai, Antonio Carlos, minha referência de vida e de valores morais e éticos.

À minha namorada, Luanna, pelo seu apoio, companheirismo e paciência fundamentais para a elaboração do trabalho.

Ao meu orientador, ilustre prof. dr. André Luis Fernandes Limeira, um ser humano do bem, exemplo irreparável de pessoa e de profissional.

Ao meu coordenador, prof. dr. Rafael Olivieri Neto, a minha gratidão por ser prestativo e cordial.

À FCU pela oportunidade de cursar o doutorado.

À professora e mestra Maria Candida Torres, nome unanimemente consagrado na área de gestão e negócios, a quem rendo minha imorredoura admiração.

Ao professor e doutor Francisco Barone, modelo ímpar de sabedoria e alto nível de comunicação didática, com meu afeto e gratidão.

Ao amigo Nilson, pela disponibilidade e lealdade.

Às minhas irmãs, Larissa e Melissa, pela experiência e aprendizado por termos trabalhado, juntos, nas empresas de nossa família.

Aos meus sobrinhos Marcelo e Antonio Carlos Neto que contagiam a nossa família com alegria.

Aos meus sobrinhos, João Victor e Maria Fernanda, a quem eu amo muito e que estarão sempre no meu coração e nos meus pensamentos e, também, à sua mãe Clívia.

Ao professor pós-doutor Antônio Freitas, um dos melhores educadores da história do Brasil, reconhecido, invariavelmente, pela imensa disponibilidade para ouvir as pessoas, dialogar e encaminhar soluções.

À Fundação Getulio Vargas pelo sólido apoio para a publicação deste livro.

Aos meus grandes amigos César, Stênio, Victor Augusto e Diogo, a quem, desde a infância, tenho ao meu lado.

A todos os demais que me ajudaram na realização deste sonho, o meu muito obrigado.

Esta obra foi produzida nas
oficinas da Imos Gráfica e Editora na
cidade do Rio de Janeiro